중국친일
매국노

漢奸
(한간)

* 한간(漢奸)이란?
  중국 시대별 단어의 의미가 여러 개 있으나 이 책에선 중국 현대사에서 친일부역을 했던 자들로,
  우리의 '친일파'처럼 중국에서는 친일앞잡이, 매국노, 민족반역자를 칭하는 단어입니다.

중국친일 매국노

漢奸 (한간)

親日 앞잡이들의 추악한 꼭두각시 행각과
中 국민당 항일투쟁 실화 국내최초 공개

이강범

피엔에이월드

 **독자들께**

'반민특위',
우리는 못했고 저들은 했다.
그 안타까움이,
비록 미흡하더라도 이 책을 써야 한다는
의무감이,
계속 머릿속을 떠나지 않게 만들었다

    모든 민족은 선조들이 겪은 영광과 고난의 세월을 늘 기록하고 기억하고자 애쓴다. 그리고 그 기억을 민족이 좀 더 나은 길로 갈 수 있도록 만드는 추동력으로 삼고 싶어 한다. 거기에는 철저한 검토와 성찰이 따라야 함은 물론이겠다. 특히 우리는 그런 면에서 한(恨) 서린 고난도 많았고, 서러움도 많아 들려줘야 할 얘기가 많다. 특히 바로 우리 윗대 어른들 중에는 지금도 생생하게 그 치욕을 기억하는 분들이 많이 계신다. 그에 못지 않게 영광의 시간 역시 짧지 않았지만, 낙인처럼 찍혀있는 고통의 기억이 어전히 훨씬 강렬하다. 그런데도 그걸 다 겪고 건디면서 오늘까지 와서 이제 선진국 소리를 듣게 되었다. 나 같은 60대에게는 선진국이라는 호칭이 좀처럼 실감이 나지 않고 아직은 여전히 어색하다. 하지만 너무 자랑스럽다.

주책없게도 한동안 유튜브 검색창에 '케이팝 랜덤 댄스'를 검색해 들어가 오늘은 세계 어디에서 한국노래에 맞춰 춤을 추고 있나 살피는 게 빼놓을 수 없는 일과였다. 정말 이런 날은 상상도 못했다. 너무 오래된 얘기로 들리겠지만 클리프 리차드의 이화여대 강당 공연을 두고 세상이 망한 것 같이 탄식했고, 그 뒤로도 많은 시간이 흘렀어도 뉴키즈 온 더 블록의 공연장에서의 그 난리를 보고 기성세대들은 '요즘 애들은…' 하고 한숨을 쉬었다. 그 바탕에 깔린 서구문화의 힘에 대한 부러움에서 벗어나지 못한 우리 세대와 지금의 신세대는 전혀 다른 인류라는 생각이 든다. 그 '광란'을 이제 전 세계 젊은이가 하고 있고, 지금 세대 누구도 그걸 보고 한심하다고 하지 않고 뿌듯해한다. 그리고 눈을 한국무대로 돌려봐도 매한가지다. 내한한 유럽이나 미국의 팝가수가 국내무대에서 공연을 해도 거기에 맞추어 떼창을 하고, 중간중간에 치는 멘트를 다 알아듣고 환호하는 젊은이가 가끔 더 놀랍다. 그 가수가 톱스타가 아니라 신인이나 무명이라도 말이다. 그렇게 세상이 달라졌다.

그럼에도 불구하고 우리 기성세대의 희생이 없었다면… 식의 '라떼는 말이야'로 한 마디 더 얹을 생각은 없다. 그저 우리 때와는 비교도 안 되는 경쟁력과 자신감으로 가득 찬 지금의 젊은 세대가 그저 부럽고 장할 뿐이다. 하지만 세대를 떠나 우리 모두가 살고 있는 이 나라가 어떤 고난을 겪고 여기까지 왔는지 젊은 세대들이 조금씩이라도 기억해 주시길 바란다.

필자는 중문과에 입학해서 졸업하고 유학하고 학위를 받고, 운 좋게 대학에서 얼마 전까지 중국 언어와 문화, 고전문학을 강의하고 몇 사람 읽지도 않을 논문을 쓰면서 시간을 보냈다. 연구자 누구나 그렇듯이 평생 중국고전을 공부하면서 감탄을, 공부가 모자라서 탄식을, 그리고 가끔 절망도 하면서 책 속에 등장하는 내가 본받고 싶은 인물들을 흠모하고, 가끔 그에 대한 글을 쓰고… 뭐 그러면서 살았다. 그냥 평범한 중국고전 선생의 길을 걸었지만, 적어도 전공분야에 대한 자부심은 있었다. 하지만 그 속에서 흔히 말하는 막연한 모화(慕華), 혹은 사대(事大)의 인식이 스며들지 않을까 하는 경계는 늘 가지고 있었다.

하지만 솔직히 말해서 그 속에서도 열·등·감은 있었다. 두 개다. 하나는 진시황(秦始皇) 이전의 선진시대(先秦時代)부터 숨 막히게 쌓여 있는 중국고전을 보다 보면 우리 고문헌이 상대적으로 너무 부족하다는 탄식은 어쩔 수 없다. 물론 조선시대부터는 우리도 세계에 자랑할 수 있는 고문헌이 많지만, 우선 무슨 무슨 공정에 대응하기에는 우리 선조가 쓴 고문헌이 너무 많이 소실돼 버렸고, 지하사료를 볼 수 있는 유적 또한 가볼 수 없는 곳에 있으니 탄식을 안 할 수 없다. 그래서 이문진(李文眞)의 『신집(新集)』과 고흥(高興)의 『서기(書記)』와 거칠부(居柒夫)의 『국사(國史)』가 어느 날 갑자기 발견되는 상상을 많이 한다.

다른 또 하나는 바로 '반민특위'이다. 우리는 못했고 저들은 했다. 그 안타까움이, 비록 미흡하더라도 이 책을 써야 한다는 의무감이 계속 머릿속을 떠나지 않게 만들었다.

필자는 중국의 현대사는 물론 중국사 전공자가 아니다. 그래서 역사에 흥미는 있었지만, 교실에서 떠들었을 뿐, 역사 주제의 연구논문이나 책을 쓴다는 생각은 거의 해본 적이 없다. 돌이켜 보면 아마도 전공분야를 벗어날 자신도 없었고, 정작 아무도 별 신경도 안 쓰는데 혼자서 괜히 남의 눈을 의식한 자기검열 탓도 있었을 게다. 사실 나는 아직도 책 표지에 내 이름이 들어가는 것이 두렵기도 하다.

그러다 보니 이 글은 그 귀한 시간 다 날리고 정년하고 나서 필자가 처음으로 쓴 첫 책에 담게 되었다. 여기 나오는 얘기를 학생들과 둘러앉아 재미있게 꾸며서 들려줄 때마다 들었던 말, 근데 왜 이걸 책으로 안 쓰세요? 글쎄 함 써야지? 10년만 기다려 줘~ 하고 어물쩍 넘어간 빚을 이제 조금이라도 갚는다는 마음이다.

그리고 이제 정년을 한 지라 강의도 안 하고 논문지도도 안 하고, '방곡' 하면서 내 마음대로 잠자고 아무 때나 먹고, 꼭 시간 맞춰 안 씻어도 되고, 무슨 옷을 입어야지 하는 고민 없이 시간을 쓸 수 있어 너무 좋다. 그런데 정신 좀 차리고 컴퓨터 앞에 앉아 이런저런 글을 쓸 때까지 거의 네 다섯 달을 잠만 잤다. 아프리카 수사자보다 더 많이 잤다. 행복한 선생노릇 했다고 생각하지만, 그래도 직장인지라 정년까지 버티느라 나름 피로가 많이 쌓였나 보다. 이제부터는 인생의 종반 길인데 시간을 잘 써야겠다. 앞으로 남은 시간 중국에 관한 이런저런 이야기를 힘닿는 대로 쓰면서 살다간 흔적이라도 남겨야겠다는 생각을 한다.

긴장을 푸는 순간 시간만 죽이는 할배가 되기 십상. 아무쪼록 두 눈 부릅뜨고 조금이라도 유용한 사람이 되도록 애써 보려 한다. 상투적인 말이 가끔 가장 진솔한 말이 되기도 하는 법. 그러니 전공과 상관없이 중국의 친일파와 그들에 대한 심판 이야기를 언젠가는 써야지 했던 지난날의 나에게 제출하는 첫 숙제로 독자들께서 너그러이 봐주시면 감사하겠다. 그만큼 서투른 글쓰기이다. 그리고 그동안 말로 빚을 진 여러 벗과 내 '구라'를 재미있게 들어준 나의 지나간 학생들에게 이 책을 드린다.

그리고 이 책이 나오는 데에는 피엔에이월드(PNA World) 허윤 아우님의 독려와 질책에 기댄 바 크다. 그러면서 가끔 칭찬을 빼놓지 않았다. 그래서 나는 갑자기 고래가 되어 버렸다. 이에 특별한 감사의 마음을 전한다. 그리고 까다로운 일본사람들 이름을 정확하게 바로 잡아주면서 응원까지 아끼지 않은 내 친구 권익호 교수에게도 고마운 마음 전한다. 또한 누구나 책을 쓰면 하는 말이라 생각했지만, 막상 원고를 마무리하려고 생각하니 갑자기 신파조가 되어 새삼 가족얼굴이 떠오른다. 열심히 자기 글 쓰고 성과도 내고 있는 아내에게 존경을, 그리고 무탈하게 커주고 시집 장가가서 가끔 애비 앞에서 징그럽게 애정표현하며 사는 아들 딸에게도 아빠의 고마운 마음을 전한다. 며느리와 사위에게도 물론이고…. 앞으로는 모두 빛의 세상에서 살 수 있기를 바란다. 그게 다다.

일흔여덟 번째 광복절을 앞두고 칭연재에서

이강범

 들어가며

매국노 한간들의 친일행각과 中 국민당의 항일투쟁에서 우리가 취할 반면교사는?

우리는 살아가면서 누구나 가끔은 거짓말도 하고 속이기도 하고, 그리고 드물지만 작은 배신도 한다. 선의로 하얀 거짓말, 혹은 악의 없는 장난일 경우는 대부분 유쾌한 작은 소동으로 끝난다. 하지만 악의적으로 인간관계를 망치려고 이간질을 하거나, 오로지 자신의 이익만 챙기려고 그랬다면, 당하는 자 어떤 이는 굳게 버티거나 수용을 하지만, 어떤 이는 그 상처를 견디지 못하고 왕왕 무너진다. 그러니 충성과 의리, 배반과 반역은 역사 속 얘기만은 아니고, 지금도 여전히 우리 주변에서 반복되고 있고, 평범한 우리 역시 이런저런 작은 배반을 하고, 당하고 산다. 작게는 교실에서 직장에서, 심지어 집안에서도…. 과거의 아픈 상처로 남아있는 기억은 회상만으로도 참으로 쓰라리고 슬프다.

그런데 오늘도 우리는 하루아침에 신념을 바꾸고 이전의 자신의 신념과는 정반대 논리를 펴면서 한때 자신이 속했던 집단을 향해 저주에 가까운 독설을 품어 내는 '지도층 인사'의 모습을 본다. 그것도 많이 자주. 너무나 당당한 그 모습에 어이가 없다가, 경멸스럽다가, 우습다가, 신기하다가, 슬퍼지다가, 결국 종내는 연민이 생긴다. 인간사의 당연한 다반사인가? 하지만 아무리 그렇다 하더라도 이것은 한 나라 안에서 벌어지는 작태들이다. 그들이 국민들의 영혼과 정신에 커다란 상처를 주더라도 그래도 집안일이다?

그러나 배반의 대상이 자신의 나라나 동포가 될 때는 전혀 다른 문제가 된다. 선을 넘어도 한참 넘은 것이다.

중·고등학교 역사시간에 우리는 이미 적지 않은 민족반역자 이름을 들었고, 그들의 손에 희생당한 선열들의 눈물 나는 이야기 역시 한참을 얘기할 수 있다. 역사책 속의 민족반역자들은 한때 자신의 가족이나 집단에서 존경받는 지도자였으며, 더욱 큰 인재로 커서 나라에서 크게 쓰였을 사람들이 대부분이다. 이렇듯 빼어난 인재였기에 영달할 수 있었고, 그래서 영달한 뒤 나라도 팔아먹을 기회를 잡을 수 있었던 셈이다. 이완용도 매국노가 되기 전에는 그래도 당대의 빼어난 문화인의 한 명이었다. 그래서 더욱 슬프다. 마음먹는 건 순간이다. 그 순간의 훼절(毀節)이, 인생의 몇 분의 1도 안 되는 짧은 시간의 훼절이 종국에는 역사책을 더럽히는 이름으로 남게 되고, 인생 대부분을 빛내던 광휘(光輝)를 자기 손으로 암담하게 덮어버리는 어리석음을 우리는 자주 목도한다.

가장 가까운 시대, 일본 강점기에 목숨으로 저항하던 수많은 우국지사의 이름을 우리는 많이 잊었다. 하지만 그 희생 위에 나라가 다시 세워지고 70여 년이 지난 지금, 여전히 지뢰밭이긴 히지만, 21세기 초빈에 살고 있는 우리는 다행스럽게도 과거에 경험해 보지 못한 선진국으로 공인되는 경제력과 문화융성을 누리고 있다. 이 같은 성취는 경성 땅 한 가운데서 일경들과 끝까지 총격전을 펼치다 끝내는 자신의 머리쪽으로 총구를 대시던, '천황

들어가며 11

폐하'가 있는 적의 심장 동경(東京)과 이미 적의 '나와바리'로 전락한 상해(上海)에서 폭탄을 품고 뛰어드시던, 그리고 삼장이나 두껍게 얼음이 얼어붙은 중국 벌판에서 피맺힌 눈으로 매국노에게 총을 겨누시던, 감옥에서 동포가 가하는 견딜 수 없는 모욕과 고문을 받으면서 송백처럼 꿋꿋했던 그 모든 분들께 헤아릴 수 없는 빚을 지고 있다는 것 정도는 우리는 잘 알고 또 기억하고 있다.

하지만 또 한편으로 기득권에 붙어 있다 침입해온 외국인으로 주군을 갈아치우고, 동포를 향해 모함을 하고 몽둥이를 쳐들고 심지어 고문을 가하며, 새로운 주인에게 충성을 다하여 부귀영화와 맞바꾼 자들 역시 한 무더기로 뭉쳐져 있었는데, 그들이야말로 우리가 기억에서 지워선 안 될 자들일 것이다.

희망을 주는 좋은 말이지만 곱씹어 보면 참으로 씁쓸한 말이 하나 있다. "어둠은 빛을 이길 수 없다!"

단순히 밤새도록 자신이 좋아하는 작업에 몰두하다가 밝아오는 여명을 바라봐도 작지만 벅찬 마음일 텐데, 하물며 개인적인 어려움에서, 학교나 직장에서의 어려움, 더더구나 사회와 국가의 어려움에서 서서히 벗어나는 것이라면 더할 나위 없이 동감할 수 있는 말이다. 하지만 어둠을 뚫고 올라오는 한 줄기 빛을 바라보며 기꺼워하는 벅찬 시간 전에는 너무나 암담한 긴 어둠의 시작이 있었다는 것을 전제로 하는 표현이기에 이 말을 입에 올릴 때마다 생각이 많아진다. 빛도 어둠을 이길 수 없었기 때문에 한 치도 어김없이 어둠 속으로 끌려 들어가 다시 길고 긴 시간 다시 올 빛을 기다린 것이 아니겠는가. 늘 빛으로 가득한 시간이면 좋겠지만, 역사를 돌이켜 보면 이는 가능한 일도 아니었고 늘 희망사항에 머무르는 바람이었을 뿐이다.

다만 사람이 하는 일이라 부당한 어둠의 시간이 길지 않기를 바랄 뿐이었다. 인고의 시간을 보내고 나서 다시 밝아진 다음에 우리는 어둠 속에 있었던 그 수많은 협잡과 배반, 그리고 악마의 능멸 등등의 전모를 파악하고 해결하고 보상하기에는 빛을 유지하는 짧은 시간이 어림없다는 것을 경험으로 잘 알고 있다. 그래서 곧 어둠이 내릴지도 모르기 때문에 미래를 향한 계획을 세우고 준비하기에도 빠듯한 시간이라고 빨리 갈 길을 재촉 받는다.

역사를 돌아보면 어둠이 길었던가? 빛의 시간이 길었던가? 시대마다 다르겠지만, 빛의 시간은 늘 짧은 것을 알기 때문에 그 시간 귀하게 써가면서 종종거리면서 지금에 이르렀다.

20세기 초반 제국주의가 펼친 피의 역사가 어찌 조선 땅에서만 연출되었겠는가? 우리가 35년이라는 시간 동안 그렇게 수난을 당하고 있는 동안, 중국도 커다란 덩치에 안 어울리게 무력하게 식민지로 전락하면서 수많은 민중이 전란이라는 소용돌이 속에서 감당 못할 능욕과 심지어는 대량학살까지 마주해야 했다.

20세기 초반 남들보다 좀 빨리 밖으로 힘을 뻗칠 준비를 한 동쪽 섬나라는 제국주의의 가장 나쁜 모습으로 갑자기 등장하였다. 순식간에 우리가 흔히 만주로 부르는 동북3성을 삼키고, 이어서 수도 북경(北京)을, 다시 상해(上海)와 남경(南京)을, 다시 홍콩과 남양까지…. 진주만을 건드렸다가 미드웨이 해전을 거치고 종국에는 무조건 항복으로 막을 내렸지만, 일본 군국주의가 동아시아와 동남아시아에 끼친 해악은 실로 형언할 수 없을 만큼 막대했고, 그것이 남긴 생채기는 그보다 훨씬 더 오래, 더 큰 고통으로 지금까지 남아있다.

이 땅에 잔해만 남은 파괴의 흔적과 무자비한 칼날에 날아가 버린 팔

다리처럼 영원히 정착할 곳 없는 억울한 원혼들, 그리고 헤집고 흩뜨려 놓아 너덜너덜해진 민족정신이 받은 치욕의 상처, 모두 백 년을 바라보는 지금도 망각을 기다리기엔 너무 깊고 쓰리다. 그런데 파괴에 앞장서고 칼질을 하며 민족정신을 누더기로 만든 자들이 같은 동포라는 사실이 더욱 아프다. 중국 역시 한 줌도 안 되는 민족반역자 무리들이 흉악하고 거대한 힘을 이뤄 그 혼란과 치욕의 와중에 일본 쪽에 착 달라붙어 그들이 내어주는 꿀을 빨면서 동포에게 총질을 하고, 채찍을 휘두르면서 고문기계에 붙은 전기스위치를 만지작거리고 있었다. 그들의 '활약'으로 일본은 어렵지 않게 동북지역에선 만주국(滿洲國)을, 북경을 중심으로는 화북자치정부(華北自治政府)를, 남경·상해를 중심으로 소위 (僞)중화민국국민정부(中華民國國民政府)를 세울 수 있었다.

이렇게 막을 올린 세 식민지 괴뢰정권의 단막인형극에서는 막대기에 실을 달아 꼭두각시를 조종하는 일본 군국주의 침략자들이 주연, 그리고 기꺼이 그들에게 매달려 부귀와 영광을 구했던 중국인 협력자들이 조연을 각기 맡아 열연한다. 거기에는 인간사 벌어질 수 있는 거의 모든 비극이 망라된다. 같은 시간대 조선반도처럼.

이들이 남긴 수많은 이야기들 중 남경과 상해를 중심으로 세워진 소위 '(僞)중화민국국민정부(中華民國國民政府)' 얘기를 통해 중국의 토착왜구 '한간(漢奸)'들의 추악한 친일행각과 이들을 심판하기 위해 핏빛투쟁을 불사하는 중국 국민당의 항일투쟁 이야기를 해보려 한다.

싣는 순서 | CONTENTS

독자들께   05
들어가며   10
일러두기   21
주요 등장인물 한 줄 소개   22
본문의 주요사건 연표(年表)   27

Ⅰ. 혁명열사 왕정위   29

    1. 왕정위의 일생과 그의 아내 진벽군   32
    2. 찬란했던 젊은 날의 왕정위   37
        1) 아마추어들의 은정교 거사   37
        2) 숙친왕 선기와의 만남   40
        3) 국민영웅의 석방, 그리고「국부유훈」   44
        4) 왕아초의 암살시도, 그리고 윤봉길 의사   47

Ⅱ. 일본 침략과 대(對) 중국공작   53

    1. 중일전쟁 발발과 평화회담   55
        1) 송호회전과 평화회담 제안   57

싣는 순서 | CONTENTS

  2) 국민당의 평화회담 고려   60
  3) 트라우트만의 중재실패와 일본의 야욕   61
  4) 일본 새 정권의 시도   65
  5) 고종무의 월권   66
  6) 장개석의 항전 결심   69
  7) 국민참정회의 결의   70

2\. 조계지 상해와 도이하라 겐지의 공작   72
  1) 상해의 퇴폐적 안락   72
  2) 상해 조계지역   74
  3) 도이하라 겐지와 '중광당'   76
  4) 여간첩 카와시마 요시코   79
  5) 도이하라의 화북공작과 기동방공자치정부 성립   88
  6) 중화민국임시정부 성립   91

3\. 중광당회담과 유력인사 포섭   93
  1) 당소의 포섭과 암살   94
  2) 오패부 회유공작과 의문의 죽음   100
  3) 근운봉 회유공작   103
  4) '문치총통' 서세창의 말년   104
  5) 중광당 회담 서명   106

싣는 순서 CONTENTS

Ⅲ. 왕정위의 탈출과 군통·중통 이야기 ——— 111

1. 왕정위와 용운, 그리고 염전(艶電)　　113
   1) 용운과의 만남　　113
   2) 왕정위 하노이 도착과 염전 발표　　122
   3) 왕정위 암살시도　　132

2. 군통 이야기　　134
   1) '극우적 파시즘'의 역행사와 부흥사　　134
   2) 양행불 암살사건　　136
   3) 사량재 암살사건　　137
   4) 특무처의 군통개편　　141

3. 중통 이야기　　144
   1) CC계　　145
   2) 장개석과 진기미, 그리고 도성장 암살　　146
   3) 중통의 개편　　149

4. 장개석의 왕정위 '제재'　　153
   1) 진공주이 하노이 파견　　154
   2) 상해에서의 군통의 활약　　155

| 싣는 순서 | CONTENTS |

3) 외교총장 진록 암살 156
4) 그 밖의 매국노 암살 158
5) 정묵촌과 이사군의 등장 160

5. 하노이의 총성, 그러나… 162
  1) 김웅백의 증언 167
  2) 일본의 왕정위 재발견, 그리고 귀국 169

Ⅳ. 76호 개업과 언론탄압   175

1. 76호의 개업준비 177
  1) 두월생 포섭시도 177
  2) 대립과 두월생 180
  3) 왕정위 암살단의 상해 입성 185
  4) 청방 계운경과 오사보 186
  5) 왕정위 암살단 일망타진 188

2. 76호의 언론탄압 191
  1) 언론자유의 작은 틈새 '양기보' 193
  2) 주성공 암살사건 195
  3) (僞)중국국민당 제6차 전국대표대회 개최 202
  4) 존슨의 계운경 암살과 여인 205

싣는 순서 | CONTENTS

 왕정위 정권수립과 처절한 항일 — 217

1. 일본과의 밀약과 정부수립   219
    1) 마지막 밀약-일중신관계조정요강   219
    2) 일·왕(日·汪)밀약의 폭로   223
    3) 왕정위 정부수립   224

2. 처절한 항일투쟁   228
    1) 대성병의 왕정위 암살시도   228
    2) 오갱서의 복수와 죽음   236
    3) 76호 두 늑대의 갈등과 색계(色戒)   238
        (1) 정빈여의 가족과 중통   240
        (2) 일본수상 아들 납치작전   247
        (3) 정묵촌과의 만남   248
        (4) 모피가게의 총성   251
        (5) 체포와 순국   254
    4) 상해시장 부소암 암살   259

3. 공작과 배반, 그리고 불신   263
    1) 조풍클럽의 총성과 왕천목   263
    2) 함정에 빠진 왕천목   268
    3) 항일매국노제거단의 붕괴   274
    4) 대립의 역공작, 책반(策反)   276

싣는 순서 | CONTENTS

    5) 훗날의 왕천목   279

  4. 진삼재의 76호 폭파계획   281
    1) 진삼재와 북극공사   283
    2) 진공주의 재등장, 그러나…   286
    3) 진공주의 투항과 한간들의 계산   291

Ⅵ. 그들의 마지막   297

  1. 오사보의 무모함과 그 최후   299

  2. 이사군의 죽음   304
    1) 아메바 독   304
    2) 대립의 '이이제이' 공작   310
    3) 왕만운의 후일담   313

  3. 왕정위 정부의 종말   315
    1) 청향운동   315
    2) 왕정위의 죽음과 남은 사람들   321
    3) 종전, 그리고 대심판   323

글을 마치며   331

🌀 일러두기

1. 중국인명은 한자 발음으로 통일하고, 괄호 속에 한자이름과 중국발음을 병기했음. 단 그리 중요하지 않은 인물은 괄호 속에 한자만 기입했음.
   예) 진공주(陳恭澍: 천꽁수)는 교가재(喬家才)·마한삼(馬漢三)과 함께…

2. 중국인명은 괄호 속에 중국발음대로 썼으며 한국발음에 없는 'f' 발음은 한글로 'ㅍ'로 표기하되 'p' 발음과 구분하기 위하여 'f'로 표기했음.
   예) 재풍(載灃 : 짜이펑feng), 주불해(周佛海: 조우포fo하이) 등

3. 중국지명도 한국발음에 한자를 병기하거나 생략했으며, 중요한 지명에는 중국발음도 병기했음.
   예) 중경(重慶: 충칭)

4. 같은 등장인물이 계속 나오는 경우 처음에만 한글이름(한자이름: 중국발음) 형식으로 병기하고, 그 뒤로는 한글발음으로만 표기한 것도 있음.

5. 한글, 한자의 병기는 한글(한자)의 방식으로 배열했으나, 한글로 풀어서 쓴 경우 괄호 속에 한자를 먼저 쓰고 한글 발음을 작게 병기했음.
   예) 왕정위(汪精衛), 트라우트만(Oskar Paul Trautmann), 중국명 도덕만(陶德曼), 아들급 부하(徒子도자)와 손자급 부하(徒孫도손)

6. 문맥상 왕정위 괴뢰정부이 행위가 명백힌 경우에는 굳이 '(僞)'자를 넣지 않았지만 중경 장개석의 국민정부와 혼동될 우려가 있는 경우에만 앞에 '(僞)'자를 표기했음.

주요 등장인물 한 줄 소개 (가나다순)

대립

도이하라 겐지

두월생

왕정위

왕천목

계운경(季雲卿) 상해 청방의 실력자. 이사군의 사부로, 왕정위 정보기구 76호 설립을 적극 도와주다 장개석 국민정부 정보기구 군통(軍統)의 '나 홀로' 킬러 존슨에게 암살당함.

고종무(高宗武) 원래 장개석 국민정부 아주국장을 지낸 일본통. 왕정위의 평화운동에 동조했으나 최종적으로 홍콩에서 왕정위의 매국조약을 폭로.

김웅백(金雄白) 왕정위 괴뢰정부에서 법률과 재정경제 직책을 두루 거쳤으며, 한간죄로 체포되었다가 1948년에 석방. 자신의 경험을 바탕으로 『왕정위 정권의 시작과 끝』 제하의 책을 남김.

대립(戴笠) '장개석의 칼'로 불렸던 군통(軍統)의 총책임자. 반(反)장개석 인사들을 박해했으나 일본과의 첩보전 지휘 등 활동으로 항일 공로를 인정받음.

대성병(戴星炳) 군통이 왕정위 괴뢰정부에 침투시킨 특무. 광동군벌 포섭을 빌미로 왕정위에게 접근해 암살을 노렸으나 실패하고 총살당함.

도이하라 겐지(土肥原賢二) 일본의 대(對)중국공작 책임자. 만주국부터 왕정위 괴뢰정부까지 모든 과정에 깊이 간여. 일본항복 후 A급 전범으로 교수형에 처해짐.

두월생(杜月笙) 중국 흑사회 300년 이래 최고 인물로 꼽히며 상해에서 가장 영향력 있는 보스이지만 적극 항일에 나서 작지 않은 공헌을 함. 일본이 상해를 점령하자 홍콩으로 가서 생을 마침.

매사평(梅思平) 국민당 중앙법제위원회 위원 출신이나 왕정위 괴뢰정부에 합류해 조직부부장과 내정부부장, 절강성성장 등 요직을 두루 거침. 일본항복 후 총살형에 처해짐.

부소암(傅筱庵) 왕정위 괴뢰정부의 상해시장. 왕정위 암살에 협조하는 척하며 밀고해 대성병 등 군통특무 모두 전멸하게 만듦. 얼마 뒤 집사 주승원에게 암살당함.

사량재(史量才) 가장 영향력 있었던 언론사 경영인. 장개석의 '양외안내' 정책을 맹공하다 군통의 전신인 부흥사 특무에게 암살당함.

심취(沈醉) 군통의 주요인사로서 '4대 금강(金剛)' 중 한 명이나 훗날 대륙에 남아 운남성의 국민당 조직 일망타진에 적극 협조해 정협위원까지 지냄.

애신각라 선기(愛新覺羅 善耆) 만주 황족을 대표하는 철모자왕으로 재풍 암살미수범으로 잡혀온 왕정위를 살려주었음. 일본 간첩 카와시마 요시코가 그의 열네 번째 딸.

양행불(楊杏佛) 국민당 상해당부(黨部) 상무위원이지만 국민당의 파쇼통치에 반대하다 역행사 특무에게 암살당함.

오갱서(吳賡恕) 군통 서기장으로 왕정위 암살을 기도하다가 부소암과 진동생의 밀고로 실패하고 76호에 체포되어 늠녹자살로 순국.

오사보(吳四寶) 흑사회 출신으로 76호에 영입되어 경비담당 경위대장이 되어 온갖 악행을 저지르다 결국 일본군에 의해 독살됨.

오사보　　　이사군　　　장개석　　　정묵촌　　　정빈여

왕만운(汪曼雲) 두월생의 수하로 변호사이자 청방에서도 중요한 인물. 왕정위 괴뢰정부에 부역, 요직을 거쳤으며 후에 한간죄로 투옥되어 76호의 내막에 관한 책을 썼음.

왕아초(王亞樵) 흑사회의 방주이자 정객으로 손봉명을 보내 왕정위를 저격했음. 윤봉길 의사와도 관계가 있으며, 대립이 보낸 자객들에게 죽임을 당함.

왕정위(汪精衛) 만주족의 청나라를 타도하고자 혁명열사로 출발했으나, 일본에 투항해 괴뢰국인 중화민국국민정부의 주석이 되었다가 1944년에 일본에서 병사. 20세기 최악의 친일매국노 '한간'으로 불림.

왕천목(王天木) 군통의 4대 킬러 중 한 명. 군통국장 대립과의 관계도 매우 친밀했으나 76호에 납치된 후 결국 투항해 제1청 청장이 됨. 복잡한 과정 끝에 대만으로 건너가 만년을 보냄.

용운(龍雲) 이족(彝族) 출신의 운남성정부 주석. 왕정위의 월남 탈출 전날 그와 만나서 장개석의 의심을 샀지만 끝까지 항일태도를 견지.

이사군(李士群) 공산당에서 국민당으로 전향해 국민정부의 중통요원이 됐지만 일본에 투항, 정묵촌과 함께 76호를 창설하고 수많은 동포를 고문살해한 인물. 훗날 일본헌병에게 독살당함.

주성공 　　　　진공주 　　　　진벽군 　　　　진삼재 　　　　카와시마 요시코

장개석(蔣介石) 중화민국의 국부 손문의 뒤를 이어 국민당을 장악하고 1949년 공산당에게 패퇴하여 대만으로 철수하기까지 실질적으로 중국을 지배한 '영수'.

장애령(張愛玲) 20세기 중국 최고의 소설가 중 한 명. 정묵촌 암살 미수사건을 소재로 소설『색계』를 썼으며, 호란성과의 불행한 결혼을 시작으로 평생을 불행하게 보냄.

정묵촌(丁默邨) 본래 군통의 3처장까지 지냈지만 일본에 투항해 76호의 수장이 되어 수많은 항일지사를 고문하고 처형했음. 일본항복 뒤 총살당함.

정빈여(鄭蘋如) 중통요원으로 76호의 수장인 정묵촌을 미인계로 유인하려다 실패하고 체포되어 순국. 영화《색계》의 여주인공 왕가지(王佳芝)의 원형.

존슨(詹森) 본명은 윤무훤(尹懋萱)으로 중통의 가장 빼어난 '나 홀로' 킬러. 계운경을 암살했으나 애인 노문영(盧文英)의 허영심 때문에 76호에 체포돼 처형당함.

주성공(朱惺公) 필명은 진검혼(陳劍魂).《대미만보》부간의 편집인으로 왕정위의 시를 개작하여 게재했다가 76호 특공에게 암살당함.

주불해(周佛海) 국민정부 제2부 부부장 등을 거쳤으나 왕정위를 따라 괴뢰정부의 최고위직에 오름. 왕정부의 3호 한간으로 불림.

증중명(曾仲鳴) 왕정위가 아들처럼 아끼던 비서. 하노이로 그를 보러 온 아내 방군벽과 함께 있다가 진공주의 군통 특무에게 왕정위 대신 암살당함.

진공박(陳公博) 한때 공산당에 가입했다가 국민당으로 전향, 그리고 다시 왕정위 정부에 합류해 제2호 한간으로 불림. 일본항복 후 일본으로 탈출했다가 잡혀와 총살에 처해짐.

진공주(陳恭澍) 군통의 '사대금강(四大金剛)' 중 한 명으로 하노이에서 왕정위 암살 지휘, 후에 군통 상해지부 책임자. 76호에 체포되어 전향했다가 다시 대만으로 건너가 만년을 보냄.

진기미(陳其美) 장개석의 정치적 보스로 장개석은 그의 지시로 도성장(陶成章)을 암살함. 장종창(張宗昌)이 보낸 자객에게 암살당함. 장개석은 훗날 조카인 진과부, 진립부 형제를 중용함.

진록(陳籙) 양홍지 유신정부의 외교부장관으로 군통이 보낸 특무에게 암살당함.

진벽군(陳璧君) 왕정위의 부인. 말레이시아 화교 출신으로 반청(反淸)혁명가로 출발했으나 왕정위가 친일매국노로 변신하는데 적극적인 역할을 했음.

진삼재(陳三才) 미국유학을 거친 최고의 전기와 냉장기술 엔지니어. 북극공사를 창설해 큰돈을 벌었으나 왕정위 암살과 76호 폭파를 계획하다 체포돼 고문 끝에 총살당함.

카와시마 요시코(川島芳子) 숙친왕(肅親王) 애신각라 선기(愛新覺羅 善耆)의 딸로서 일본 간첩으로 변신해 큰 '성과'를 낸 자로, 일본항복 후 재판에 회부돼 처형됨.

호란성(胡蘭成) 왕정위 괴뢰정부에서 문화부 고위직을 지낸 한간. 소설『색계(色戒)』의 작가 장애령과 1년도 안 되는 짧은 결혼생활 이후에도 장애령을 평생 불행하게 만든 장본인.

본문의 주요사건 연표^(年表)

날짜	사건 내용
1910. 03. 31.	왕정위, 부의황제의 아버지 애신각라·재풍(愛新覺羅·載灃) 암살미수로 체포
1922. 06. 16.	'영풍함(永豐艦) 사건' 발생
1927. 07. 07.	일본 다나카 기이치(田中義一) 수상, 《대중국정책강령》 발표
1932. 01. 28.	일본의 상해 침략전쟁 1·28사변 발발
1932. 03. 01.	동북지역에 만주국 수립
1932. 04. 29.	상해홍구(虹口)공원에서 윤봉길의사 의거
1932. 11. 13.	사량재(史量才), 대립의 부하 조리군(趙理君)에게 암살
1933. 06. 08.	양행불(楊杏佛), 역행사 특무에게 암살
1934. 03. 01.	부의, 만주국 '황제'로 즉위
1935. 07. 06.	하매협정(何梅協定) 체결로 '화북자치' 시작
1935. 11. 01.	왕아초(王亞樵)가 보낸 자객 손봉명, 왕정위 저격
1935. 12. 25.	'기동방공자치정부(冀東防共自治政府)' 발족, 주석은 은여경(殷汝耕)
1936. 10.	왕아초, 광서 오주(廣西梧州)에서 군통특무에게 암살
1936. 12. 12.	서안(西安)사변 발생
1937. 07. 07.	중일전쟁(7·7사변) 발발
1937. 07. 17.	장개석(蔣介石), 여산담화(廬山談話) 발표
1937. 08. 13.	송호회전(淞滬會戰) 시작. 일본, 평화회담 제안
1937. 10. 01.	일본, 《중국사변처리요강(處理中國事變綱要)》 결의
1937. 10. 25.	국민당 국방회고회의 평화회담 고려
1937. 11. 05.	트라우트만의 중재 실패
1937. 11. 12.	상해 함락
1937. 11. 15.	중경(重慶) 천도 결정
1937. 12. 01.	국민정부(國民政府) 중경에서 정식업무 시작
1937. 12. 13.	남경함락, 남경대학살(南京大屠殺)로 이어짐
1938. 01. 16.	고노에 후미마로(近衛文麿) 수상, "국민당 말고 중국의 새 정권에 기대" 성명
1938. 03. 28.	중화민국유신정부, 남경(南京)에서 성립
1938. 2월초	장개석, 고종무(高宗武)에게 홍콩에 일본문제연구소 설립 지시
1938. 06.	도이하라겐지(土肥原賢二), '도이하라기관(즉 중광당)'을 상해에 설립
1938. 09. 28.	군통, 당소의(唐紹儀) 암살
1938. 11. 20.	왕정위, '중광당'에서 《일화협의기록(중광당밀약)》 서명
1938. 12. 08.	장개석 중경 도착
1938. 12. 16.	장개석 왕정위 마지막 만남
1938. 12. 19.	왕정위 일행 하노이 도착
1938. 12. 22.	고노에 후미마로(近衛文麿) 수상, 제3차 대(對)중국성명 발표
1938. 12. 29.	홍콩 《남화일보(南華日報)》에서 왕정위의 염전(艷電) 발표

날짜	사건 내용
1939. 02. 19.	유신정부 외교부 장관 진록(陳籙), 군통에게 암살
1939. 03. 20.	하노이 고랑가에서 왕정위 암살 미수
1939. 03. 27.	왕정위, '국방최고회의 제54차 상무회의기록' 공표
1939. 05. 05.	왕정위 상해 귀환
1939. 06. 06.	전(前) 총통 서세창(徐世昌) 병사, 85세
1939. 06. 29.	76호, 왕정위 암살단 체포
1939. 08. 30.	《대만만보》편집인 주성공(朱惺公), 76호에 의해 피살
1939. 09. 01.	중국국민당 제6차 전국대표대회 개막
1939. 09. 19.	흑사회 두목 계운경(季雲卿) 암살
1939, 늦가을	계운경 암살범 존슨, 76호에 의해 총살에 처해짐
1939. 12. 04.	직계(直系) 군벌 오패부(吳佩孚) 사망
1939. 12. 21.	중통 요원 정빈여(鄭蘋如), 76호 주임 정묵촌(丁默邨) 암살미수
1939. 12. 24.	조풍클럽(兆豐總會) 암살사건
1939. 12. 30.	왕정위, 《일중신관계조정요강(日支新關系調整綱要, 즉 일왕(日汪)밀약)》서명
1940. 01. 03.	고종무와 도희성, '일중신관계조정요강'초안《대공보(大公報)》에 폭로
1940. 02. 08.	정빈여 순국. 22세
1940. 03. 30.	남경에서 왕정위 괴뢰정부 수립
1940. 07. 26.	후미마로 내각, 《기본국책요강》, 즉 '대동아공영' 선언 발표
1940. 11. 30.	《중일기본조약(中日基本關系條約)》체결, 왕정위 정권 승인
1940. 10. 02.	진삼재(陳三才) 순국. 39세
1940. 10. 11.	상해시장 부소암(傅筱庵), 군통에게 암살
1940. 11. 30.	일본, 왕정위와《중일기본관계조약》을 체결하고 왕(汪)정부 승인
1941. 07. 01.	왕정위 정부, '청향(淸鄕)위원회'를 만들고 '청향운동'에 돌입
1941. 12. 07.	일본, 진주만 공습 감행
1942. 06. 07.	일본, 미드웨이 해전에서 참패
1943. 01. 09.	왕정위 정부, 영국과 미국에게 선전포고
1943. 09. 09.	76호 부주임 이사군(李士群), 일본헌병에게 독살
1944. 11. 10.	왕정위, 나고야 제국대학 병원에서 사망. 61세
1945. 08. 15.	일본 '천황', 무조건 항복 선언
1945. 09. 02.	일본 외상 시게미쓰 마모루가 미주리호 함상에서 항복문서에 서명
1945. 09. 09.	중국침략 사령관 오카무라 야스지가 항복문서에 서명
1946. 01. 21.	장개석의 명령으로 왕정위의 무덤을 폭파, 시신은 비밀리에 화장
1946. 03. 17.	비행기 추락으로 대립(戴笠) 사망
1947. 07. 05.	정묵촌 사형 집행

I

혁명열사 왕정위

Chapter I 혁명열사 왕정위

1. 왕정위의 일생과 그의 아내 진벽군
2. 찬란했던 젊은 날의 왕정위
    1) 아마추어들의 은정교 거사
    2) 숙친왕 선기와의 만남
    3) 국민영웅의 석방, 그리고 「국부유훈」
    4) 왕아초의 암살시도, 그리고 윤봉길 의사

혁명열사 왕정위

20세기 최악의 민족 반역자, 중국어로 '한간(漢奸: 한지엔)'으로 불리는 왕정위(汪精衛: 왕징웨이)가 이끌었던 친일 괴뢰정부의 정식명칭은 '중화민국국민정부(中華民國國民政府)'이다. 하지만 보통 왕 주석의 이름을 따서 '왕정위정부', 혹은 줄여서 '왕정부', 아니면 일본의 괴뢰정권이라는 의미로 가짜를 뜻하는 한자 '위(僞)'를 앞에 붙여 '(僞)왕정부'라고 부른다.

이들 반역집단에 대한 이야기에는 민족반역자와 그들을 뒤에서 조종하는 극우정치인들, 일본군인들, 그리고 그들의 반대쪽에서 목숨을 걸고 생사의 혈투를 벌였던 항일지사들이 등장한다. 이들은 같은 시대 한반도와 비슷한 비극의 무대 위에서 배주 대낮이나 깜깜한 밤을 가리지 않고 지옥도(地獄圖)를 연출한다. '왕정위정부'라는 일본의 꼭두각시 정권을 이야기하자면, 우선 그 우두머리인 왕정위부터 이야기하지 않을 수 없다. 그는 20세기 초반 중국의 단연 원톱 미남자로, 목숨 따윈 던져버린 열혈 혁명청년에서 죽음을 각오

한 자객으로, 어느 날 눈 떠보니 최고의 민족영웅으로, 다시 가장 유력한 정치지도자에서 20세기 최악의 매국노로 전락하면서 인간이 보여줄 수 있는 최고와 최악을 한바탕 막장드라마처럼 다 보여주고 떠난 사나이였다. 그의 영광의 시간은 길었고 치욕의 시간은 짧았지만, 인생의 10분의 1밖에 되지 않은 짧은 말년의 오욕이 그의 영광되고 화려한 일생을 다 덮어버린다.

1. 왕정위의 일생과 그의 아내 진벽군

왕정위 일생을 요약·정리해보면 다음과 같다. 그는 1883년, 즉 광서(光緒) 9년 5월 4일, 광동(廣東) 번우(番禺)에서 태어났다. 본명은 조명(兆銘: 자오밍), 자(字)는 계신(季新: 지신)이며, 선대에는 강서성(江西省)의 무원(婺源)에서 살았으나, 후에 절강(浙江)성의 소흥(紹興)으로 이주하였다. 소흥은 우리나라 중국요리식당에서도 맛볼 수 있는 소흥주(紹興酒: 사오싱지우)의 고향이지만, 그보다는 20세기 중국 최고의 문호 노신(魯迅: 루쉰)의 고향으로 더 유명하다.

왕정위의 유년시기 집안 환경은 매우 빈한하였다. 열서너 살 무렵 부모가 연이어 세상을 떠나자 큰형의 엄한 감독 아래 성장한다. 훗날 사람들은 어린 시절의 즐거움이 거의 없었던 기억이 그를 겁 많고 자존감이 떨어지고 우유부단한 성격으로 만들었을 것이라고 얘기한다. 하지만 이는 훗날 호사가들의 결과론적인 얘기이고, 청년시절의 왕정위는 피가 끓고 있었다. 당시 만주족이 통치하는 청나라를 뒤엎으려는 무장투쟁에서 왕정위는 뜨거운 열정과 함께 넘치는 재기로 혁명을 고취하는 데 앞장섰으며, 필명도

'정위(精衛: 징웨이)'로 정하였다. 정위는 중국신화에 등장하는 새 이름으로, 중국신화가 기록돼 있는 대표적인 고서『산해경(山海經)』에 새가 된 한 소녀에 대한 기록에서 새 이름 '정위'가 나온다.

본래 여왜(女娃: 뉘와)라는 이름의 소녀로서 염제(炎帝: 옌띠)의 딸이었다. 그런데 해 뜨는 걸 보고 싶어 아버지 몰래 동해로 가 배를 띄웠다가 그만 물에 빠져 죽고 만다. 그 영혼이 작은 새로 환생해 자기가 원통하게 빠져 죽은 바다를 메우기 위해 서산(西山)에서 나무와 돌을 물어 와 바다에 던졌다고 한다. 그렇게 한다고 바다를 메우는 건 당연히 불가능하지만, 불가능한 줄 알면서도 불굴의 의지로 끝까지 밀고 나가는 상징으로 이 새의 이미지는 훗날 받아들여진다. 그래서 오늘날 중국 유치원생들이 보는 그림책에도 등장하는 고사성어 '정위전해(精衛塡海, 정위가 바다를 메우다)'의 주인공이 되었다.

비극적이지만 꺾이지 않은 의지를 상징하는 이 작은 새 정위를 필명으로 취한 왕정위의 혁명의지 역시 정위와 통했다. 그만큼 불굴의 의지로 스스로 갈고 닦아 불가능해 보이는 혁명에 도전하겠다는 뜻을 다짐하는 것이리라. 확실히 그때 그는 그랬다. 혁명열정이 넘쳤고, 빼어난 문장과 시로 혁명을 노래했으며 직접 폭탄을 들고 청 말기의 무능한 만주귀족을 처단하기 위해 나선 혁명가였다.

이해를 돕기 위해, 먼저 이후의 왕정위 행적을 연대별로 간략하게 살펴보자. 1905년, 중국동맹회(中國同盟會)에 가입했으며《민보(民報)》의 주필을 한 번 역임한 바도 있다. 1910년, 청나라 마지막 황제인 선통제 애신각라 부의(愛新覺羅 溥儀: 아이신쥐에루어 푸이)의 생부이자 섭정왕인 애신각라 재

젊은 날의 왕정위 젊은 시절 왕정위는 누구보다 의기 있고 혁명에 목숨을 던질 수 있는 열혈청년이었다.

풍(載灃: 짜이펑feng)을 암살하려다 미수에 그치고 체포되었으나, 1911년 신해혁명 발발 후 석방되었다. 이어서 원세개(袁世凱: 위엔스카이)와 협력했으며, 국사공제회(國事共濟會) 조직에 참여했다가, 원세개가 사망한 뒤에는 손문(孫文: 쑨원, 즉 손중산孫中山, 1866-1925)을 따랐다. 1923년, 손문을 받들어 국민당(國民黨)을 개조하고 4대 정책을 시행하였다. 1925년, 국민정부 주석 겸 군사위원회 주석에 임명되었다. 그후 1932년, 남경 국민정부의 행정원 원장과 외교부 부장이 되었으며, 장개석(蔣介石: 장지에스)을 도와 공산당 토벌에 전력을 다하고, 대외적으로는 일본과 협력할 것을 주장하는 '중일제휴(中日提携)'를 주창하였다. '만주사변'이 터진 이후이지만, 그 당시에는 국제간 어떤 합종연횡을 하는 게 국익에 도움이 되는지를 놓고 촉각을 세우던 시기였으므로, 중일제휴는 하나의 정치적 견해였지 아직은 본격적인 반역을 의미하는 것은 아닌 것으로 억지로 이해해 줄 수도 있겠다. 그러나 문제는 일본의 침략이 노골화되기 시작하고부터이다.

1937년 7월 7일 중일전쟁(일명, 7·7사변), 즉 항일전쟁이 발발한 후에 국민당 부총재와 중앙정치위원회 주석 및 국민당 참정회(參政會) 의장이 된 왕정위는 1938년 11월 24일, 홍콩에 있는 심복 고종무(高宗武: 까오쭝우)와 매사평(梅思平: 메이쓰핑) 등에게 전보를 보내 일본 측이 내건 평화조건을 받아들이라고 지시하고, 매국협약인 《일중협의기록(日華協議記錄)》과 《양해사항》을 맺게 한다. 그러나 진행이 여의치 않자 12월에 중경을 떠나 월남의 하노이로 탈출한다.

이후 하노이에서 암살을 모면한 후 1939년 5월 5일, 중국으로 다시 돌아오는 배 위에서 일본의 이마이 타케오(今井武夫)와 밀담을 통해 자신이 수반인 괴뢰정부를 세울 의향을 표명하고, 일본당국과 의견을 교환할 채비를 했다. 중국 상해로 돌아온 왕정위는 장개석에게 전보를 띄우고 공개적으로 일본에 투항, 한간(漢奸)으로 전락한다.

동년 5월 31일에 왕정위는 주불해(周佛海: 조우포fo하이)·매사평·고종무 등 11명과 일본으로 건너가 히라누마 키이치로(平詔麟一郎) 내각요인들과의 회담이후 연말에 일본과 매국조약인 '일본-지나 신 관계 조정요강(日호新關係調整綱要)'을 체결한다. 1940년 3월 30일, 남경에서 괴뢰정부를 수립, 주석 겸 행정원 원장에 취임하고 일본제국주의의 이른바 '대동아성전'을 지지한다. 그리고 1944년 11월 10일, 일본 나고야에서 61세로 병사한다. 그러니까 왕정위가 본격적으로 한간이 된 기간은 대략 1938년부터 1944년 죽을 때까지 마지막 6년이다. 하지만 위에서 언급한 대로 만년의 훼절로 영광이 훨씬 많았던 육십 평생을 그대로 다 날려 버렸다.

학창시절, 국사시간에 우리 현대사에도 큰 발자취의 인물들이 민족의 스승으로 역사에 남을 수 있었던 명예로운 일생을 마지막 몇 년 때문에 스스로 걷어찬 것을 보면서 잘 이해가 가지 않으면서 안타까워했던 기억이 새롭다. 영화의 한 대사처럼 "대일본제국이 그렇게 빨리 망할 줄 몰랐으니까" 그랬을까? 1945년에 일본이 항복할 줄 알았다면, 공포스러울 만큼 견고한 일본이 그렇게 빨리 무너져 내릴 줄 알았다면, 그들은 당연히 매국의 길을 안 가고 저항의 길로 들어섰을까? 그랬을 수도 있겠다. 하지만 일본멸망을 미리 알았다면, 오히려 더 빨리 이익을 취하고 재빨리 '튀는' 길을 찾는 부류도 적지 않았으리라. 그래서 만년 훼절에 대한 비판은 결과로 본 아쉬움일 뿐, 한 치 앞을 내다보기 힘들었던 그때는 자신의 판단이 백번 옳았으며, 자신이나 집안을 위해 다행스럽고 영광된 선택을 했다고 대견스러워했을 것이다. 그래서 식민지 2등 국민으로 살면서도 채만식의 소설 『태평천하』 속 윤직원 영감처럼 "오죽이나 좋은 세상이여, 오죽이나… 제 것 지니고 앉아서 편안허게 살 태평세상, 이걸 태평천하라구 허는 것이여, 태평천하!"라고 하며 가슴을 치는 것이다. 해방 후에도 그 많은 친일부역자들이 "그래 너희들이 그 시대를 살아봤어? 그때는 그럴 수밖에 없었다니까"라고 당당하게 소리칠 수 있었을 것이다.

그렇게 왕정위는 일본이라는 침략자 강도에게 기꺼이 문을 열어주고 예의를 차려 그 품에 안겼다. 존경받던 정치지도자의 이 같은 변절은 그 무게만큼이나 항전하던 조국과 동포들에게 큰 충격을 줬다. 중경(重慶: 충칭)의 국민정부를 탈출해 세운 이른바 '왕정위 괴뢰정권'은 전쟁의 불꽃 속에서 바람 속 등불처럼 불과 5년만 존재하다 타고 남은 재처럼, 폐가가 무너지듯 스러져갔다. 하지만 그 짧은 5년 동안 왕정위가 중국인들에게 남긴 상처는 너무나 컸다. 그 역시 평생 품었던 꿈도 오명과 함께 사라져 버렸고.

그리고 왕정위를 이야기할 때 뺄 수 없는 사람은 그의 아내 진벽군(陳璧君: 천삐쮠)이다. 그녀는 20세기 최악의 여자 매국노로 불리는데, 남편 못지않은 한간행위로 남편인 왕정위의 일생에 끼친 영향은 매우 컸다. 둘이 만난 것도 기이한 인연이라 할 수 있는데 잠시 보자면 이렇다. 신해혁명 직전까지도 손문(孫文: 쑨원)의 혁명노선은 중국 내에서의 잇단 무장봉기 실패로 일시적인 침체기에 빠져있었다. 왕정위는 손문의 지시로 우선 동남아시아 일대를 돌며 다시 혁명의 동력을 모색하면서 무장봉기 준비와 함께 선전활동도 강화하고 있었다. 강연을 지속하면서 혁명모금 활동을 했는데, 말레이시아의 페낭(Penang)에도 여러 번 들렀다. 이때 열여섯 살의 한 화교 소녀가 줄곧 왕정위를 따라 그의 강연을 들으며 나도 저 사람처럼 혁명에 투신하겠노라 마음먹고 적극적인 모금활동은 물론 자신도 적지 않은 돈을 기부한다. 이렇게 사춘기 때부터 짝사랑하던 왕정위와 마침내 결혼에 이르게 되는데, 바로 이 소녀가 진벽군이다. 그녀는 남편의 권력을 자신의 것으로 여기는 대단히 격렬한 성격의 여장부로, 때로는 결정적인 순간에 억압적인 태도로 남편의 판단을 흐리게 하고 외골수 매국의 길로 내몰았다. 왕정위를 동정하는 사람들은 만약 그런 아내를 만나지 않았더라면 그가 그렇게까지 폭주기관차가 되진 않았을 것이라고 아쉬워하기도 하지만, 그럴 수도 있고 아닐 수도 있는 다 부질없는 이야기.

2. 찬란했던 젊은 날의 왕정위

1) 아마추어들의 은정교 거사

그렇다면 왕정위의 매국노로의 변절을 이야기하기 전에 일생 대부분을 차지하는 그의 휘황(輝煌)한 역사부터 좀 더 들여다보자.

그는 어렸을 때 집안 환경이 매우 빈한했지만 공부는 게을리 하지 않았다. 1904년, 스물한 살이 된 왕정위는 광동성이 파견하는 유학시험에 통과, 일본에서 법학을 공부할 기회를 얻게 된다. 그가 일찍이 쓴 자술에서, 일본에서 헌법을 공부하면서 비로소 국가의 주인은 국민이며 주권이 국민한테 있다는 이른바 '주권재민(主權在民)'의 관념을 처음 알았다고 술회한 적이 있다. 그와 동시에 왕정위의 눈에는 산더미처럼 거대해지는 대일본제국이 경이롭게 보이면서, 동시에 중국은 따라잡기 힘들겠다는 열패감을 가지게 된 시기이기도 하다. 1년 뒤, 그는 프랑스와 독일 등 유럽 각국을 전전하다 일본으로 온 손문을 처음 만나게 되는데, 그 만남을 계기로 왕정위는 이 혁명선구자 옆에서 거의 20년간 줄곧 자리를 지킨다. 즉 1905년 손문이 중국동맹회(中國同盟會)를 창립할 때 왕정위와 황흥(黃興: 황싱), 진천화(陳天華: 천티엔화) 등 8명은 함께 동맹회 회칙의 기초자가 된다. 동시에 왕정위는 동맹회가 발간하는 《민보(民報)》의 주요 투고자 역할도 맡는다.

당시 손문은 청나라의 전제제도를 점차 개량하여 입헌군주제로 나아가야 한다고 여기던 '개량파'(혹은 '입헌군주파')와 치열한 논전을 전개하였다. '혁명파'인 그는 중국이 나아가야 할 길은 오직 혁명을 통해 이민족인 만주족의 청나라 조정을 뒤집어엎고 한족의 나라를 다시 찾는 방법밖에 없다고 확신하였다. 하지만 '혁명파'의 지도자가 된 손문이 동분서주해 조직하고 일으킨 여러 번의 봉기가 실패로 돌아가자, 해외 각지에서 젊은이를 헛된 죽음으로 몰아간다는 비난이 고조되었고, 자연히 혁명의 열기도 식으면서 지지부진한 상태에 빠진다. 이에 왕정위는 생사를 가를 수 있는 결단을 내린다. 즉 1909년 암살단체를 발족시키고 청 조정의 최고위 황족을 직접 격살, 혁명의 불길을 다시 일으키고자 했다. 그 방안으로 청나라의 고위 황족을 암살하기로 하고, 결국 네 살에 불과한 청의 마지막 황제 선통제(宣統帝) 애신각라 부의(愛新覺羅 溥儀: 아이신쥐에루어 푸이)를 대신해 실권자가 된 황제의 아버지 섭정왕(攝政王) 애신각라 재풍(짜이펑feng)을 암살대상으로 지목한다.

드디어 그가 출퇴근길에 지나가는 은정교(銀錠橋) 밑에 폭탄을 설치해 폭사시키는 계획을 짜고, 거사준비에 들어간다. 우선 1910년 1월 황복생(黃復生) 등 동지와 함께 북경에 잠입, 까마귀골목(鴉兒胡同) 동쪽에 있는 은정교 돌다리를 현장답사한 후 가게를 하나 얻어 수진(守眞) 사진관이라는 간판을 걸고 거사본부로 삼는다. 이어 폭탄을 넣고 땅에 묻을 쇠통을 철물점에 주문하고, 도화선 연결 폭파 모의연습까지 마친다. 요즘처럼 타이머 작동 기폭장치가 없던 때라, 도화선이 타들어가는 시간을 예측해 점화를 해야 했으므로 결코 이 또한 쉬운 작업은 아니었다. 그래서 일단 다리 밑에 폭탄을 묻는 것까지 완수한 뒤 거사일을 1910년 4월 2일로 잡았다. 하지만 도화선에 불도 붙여보지 못하고 모두 체포되고 마는데, 나름 신중을 기한다고 인적이 드문 한밤중에 폭탄 묻는 작업을 했지만, 운 나쁘게도 목격자가 있었고, 바로 신고가 들어갔던 것.

잠도 안자고 깊은 밤중에 수상한 그림자를 목격한 그 사내에게는 좀 엉뚱하지만 '슬픈' 사연이 있었다. 그는 그 동네에서 인력거를 몰던 인력거꾼이었는데, 평소에 귀가가 늦는 아내가 이웃집 사내와 바람이 났다고 의심하고 있었다. 그래서 아내가 외간남자와 함께 있는 현장을 잡으러 근방을 서성거리고 있었던 차에 수상한 그림자를 보고 바로 경찰에 신고했고, 황궁 주변인지라 즉시 출동한 경찰은 현장에서 폭탄이 든 쇠통을 수거하면서 바로 수사에 들어갔던 것. 만주 황족을 해치려 한 사건인 만큼 초비상이 걸렸지만, 예상 밖으로 싱겁게 사건은 종결된다. 즉 수거한 쇠통에는 제조한 철물점 상호가 새겨져 있었고, 경찰이 급습한 철물점에서 주문자 이름과 주소가 쉽게 확보되었다. 왕정위와 동지들은 바보처럼 자기들이 머물고 있던 수진 사진관 이름과 주소까지 사실 그대로 기재해 놓았던 것이다. 그야말로 애국애족 정신에 불탄 청년들의 의거라고 하기엔 치밀하지 못한 너무나 아마추어 같은 민망한 거사가 돼버렸다.

14일간의 수사 끝에 조정의 민정부 경찰은 그들 모두를 일망타진해 심문에 들어간다. 그때가 1910년 3월 31일이니 신해혁명이 성공하기 한 해 전이었고, 왕정위 나이 스물일곱이었다. 또 일설에는 신고한 사내가 아내 때문이 아니라 한밤중에 큰 것이 마려워 나와 다리 밑 근방에서 볼일을 보다, 수상한 그림자를 발견하고 크게 소리치는 바람에 왕정위와 황복생은 도망가고 순찰 중이던 경찰이 바로 왔다는 설도 있다. 아무튼 이웃주민의 신고로 일을 망치게 된 건 틀림없어 보인다.

지금도 중국의 화장실은 사람들 입에 곧잘 오르곤 하는데, 당시 북경 한 가운데의 위생시설에 대해선 당연히 민망한 얘기가 적지 않다. 그리고 북경에 가면 짬내어 은정교와 그 옆 까마귀 골목에 한번 가보시기 바란다. 옛날엔 한적하고 조용한 골목이었지만 지금은 습찰해(什剎海) 호수도 옆에 있어 술집으로 가득 찬 관광유흥지로 변해 좀 아쉽긴 하지만, 흥미가 있는 분들은 어설픈 왕정위가 동지들과 함께 폭탄 파묻던 장면을 떠올리며 맥주 한 잔 하시길.

그때는 황족, 그것도 황제의 부친에 대한 암살기도는 3족 내지 5족을 멸하는 판결을 피하고 단독처형만 받아도 행운으로 받아들이던 시대였다. 오직 죽음밖에 없다고 모두 체념했지만, 상황은 전혀 예상 밖으로 흘러갔다. 이 사건은 황족 숙친왕(肅親王) 애신각라 선기(愛新覺羅 善耆: 아이신쥐에루어 산치)가 맡게 되었다.

2) 숙친왕 선기와의 만남
숙친왕 선기, 그는 확실히 당시 무능하고 부패한 만주족 황실에서 국제정세에 대해 보기 드문 식견을 가지고 있던 황족이었다. 그는 병자호란 때 조선을 침략한 청태종 황태극(皇太極: 황타이지. 우리나라에선 흔히 '홍타이지'로 표기됨)의 장자 숙무친왕(肅武親王) 호격(豪格: 하오꺼)의 10대 후손으로 철모자왕(鐵帽子王) 가문의 계승자였다. 철모자왕이란 청 황실에서 다른 친왕(親王: 왕보다 더 높은 작위)들 보다 더 우대받고 특권을 누리는 열두 집안을 가리키는데, 그 중 여덟 집안이 청나라 개국 때 전공을 세운 황친 종실과 그 후예들이다. 그들은 강등도 되지 않고 영원히 작위를 누리며 세습되는 특권이 있음은 물론, 태묘(太廟)에도 배향(配饗)되는 광영을 누렸다. 선기는 그들 중 한 가문일 뿐만 아니라, 여덟 집안의 어른이기도 했다.

그렇지 않아도 범인이 누군지 궁금해 하던 선기는 왕정위를 심문하면서 눈앞에 있는 이 최고의 미남 국사범을 죽일 생각이 없어졌다. 남자도 일단 잘 생기고 볼 일이다. 더욱이 왕정위가 쓴 「혁명의 추세(革命之趨勢)」, 「혁명의 결심(革命之決心)」, 그리고 죽음을 앞두고 쓴 「고별동지서(告別同志書)」 등을 읽어보니 정치적 입장은 전혀 다르지만, 글 속에는 마음을 격동시키는 무언가가 있었다. 말하자면 왕정위는 빼어난 문장력을 구사할 수 있을 뿐만 아니라, 목숨도 내던질 수 있는 보기 드문 청년지사였던 것이다.

훗날 많은 사람이 평가하듯이 누구에게나 선의의 미소와 함께 친절하게 성의를 다하는 이 미남자는 사람들로 하여금 한 번만 만나도 호감을 갖게 하고 자신의 팬이 되게 하는 매력을 가지고 있었다. 그의 이런 매력은 훗날 왕정위 정치자산의 가장 큰 밑바탕이 된 것은 물론이다. 선기 또한 정치적 성향이 매우 개방적이고 시국변화에 대한 인식이 비교적 냉철해, 현실을 인정하고 한 발 물러나 입헌군주제를 찬성하는 개방적인 태도를 가진 사람이었다. 그리고 나름대로 인재를 아끼는 마음도 컸기에 이 황족 암살미수범을 살려 주기로 마음먹었을 뿐만 아니라, 이 인재를 자기 사람으로 만들고 싶었다.

그래서 황실 최고 어른이라는 자신의 신분에 구애받지 않고, 선기는 여러 번 감옥으로 그를 찾아가 이대로 의미 없는 죽음을 맞이하기 보다는 자기 옆에서 기울어져 가는 청나라를 다시 일으켜 세우는데 힘을 보태주기 바란다고 회유했다. 선기도 진심이었고, 죽음의 판관을 마주한 왕정위도 올곧고 강직하였다. 왕정위는 선기의 달콤한 회유에 꿋꿋한 자세를 버리지 않고 죽음을 각오하고 나선 의기를 꺾지 않고 처분대로 다 받아들이겠노라고 응수한다. 두 사람이 만날 때마다 그 자리는 열띤 토론장으로 변해 격론이 오고 갔지만 누구도 누구를 승복시킬 수가 없었다.

그때 북경 시내에는 한 수의 시가 입에서 입으로 전해졌다. 왕정위가 처음 체포당했을 때, 청나라의 법정에서 '대역부도, 입즉처참(大逆不道, 立即處斬)', 즉 대역무도하니 즉시 참수에 처한다는 판결을 받았었다. 그 당시 왕정위가 옥중에서 지은 '피포구점(被逮口占)', 입에서 나오는 대로 즉흥적으로 읊는다는 제목이 붙은 이 오언배율(五言排律)의 옥중시는 북경시민들 사이로 순식간에 퍼져나갔다. 시는 다음과 같다.

      銜石成癡絶, 滄波萬里愁. (함석성치절, 창파만리수)
      孤飛終不倦, 羞逐海鷗浮. (고비종불권, 수축해구부)
      姹紫嫣紅色, 從知渲染難. (차자언홍색, 종지선염난)
      他時好花發, 認取血痕斑. (타시호화발, 인취혈흔반)
      慷慨歌燕市, 從容作楚囚. (강개가연시, 종용작초수)
      引刀成一快, 不負少年頭. (인도성일쾌, 불부소년두)
      留得心魂在, 殘軀付劫灰. (유득심혼재, 잔구부겁회)
      靑磷光不滅, 夜夜照燕臺. (청린광불멸, 야야조연대)

절절한 정위새는 돌을 물고 바다에 던졌지만, 만경창파 만 리에 수심이 가득하다.
홀로 날아가도 지칠 줄 모르고, 물결 따라 떠가는 갈매기도 부끄러워했다.
아름답게 피어오른 붉은 꽃들 보니, 물들이기 어렵다는 것을 알겠더라.
다시 아름답게 꽃 필 때가 오면, 누군가 그 핏빛 자국을 알아보겠지.
연(燕) 땅에서 강개하게 노래하던 형가처럼, 내 의연하게 죄수가 되리니.
칼을 끌어 목을 쳐도 통쾌한 마음이라, 청년의 호방함을 저버리지 않으리라.
오직 내 영혼이 남아 전해지고 내 남은 몸이 재가 된다 해도,
내 혼의 파란 불은 꺼지지 않고 밤마다 연대(燕臺)를 비치리라.

얼마나 호방한가. 초개같이 목숨을 던지고 혁명에 뛰어든 사내의 강개함과 비분이 그대로 와 닿는 듯하다. 그래서 '강개편(慷慨篇)'이라는 제목으로 더 알려졌다. 이 시를 당시 왕정위의 결연함에 비추어 필자 나름대로 풀어 보자면 이렇다.

정위(精衛)가 돌을 물고 자기가 빠져죽은 바다를 메우려한 것처럼, 나는 오로지 청나라 타도의 일념으로 노력했지만 만 리 바다를 눈앞에 둔 정위처럼 근심이 가득하다. 나 홀로 혁명을 해도 지칠 줄 모르는 것은 갈매기처럼 물결 떠가는 대로 몸을 맡기는 것이 부끄러웠기 때문이다. 아름답게 핀 붉은 꽃을 보면 물들여서 그런 색이 나온 것이 아니라 본래 그런 붉은 색이더라. 내 다시 꽃으로 피어나면 물들이지 않은 붉은 핏자국이 서린 나를 알아보는 사람이 있겠지. 진시황을 암살하려다 실패한 형가(荊軻)가 친구 고점리(高漸離)와 술 마시고 노래하고 마주보고 울었듯, 내 의연하게 이제 죄수의 몸이 되어 죽으리라. 내 목을 쳐서 죽는다 해도 이 열혈청년의 호방함을 저버리지 않는 통쾌한 일이로다. 다만 내 남은 육신이 재가 되고, 내 영혼이 남는다면, 내 혼의 파란 불이 꺼지지 않고 옛날 연소왕(燕昭王)이 인재를 모았던 연대(燕臺) 위를 비치겠노라.

이 시가 민간으로 흘러들자 그야말로 죽음을 눈앞에 둔 혁명가의 노래로 사람들의 심금을 울렸다. 특히 "慷慨歌燕市, 從容作楚囚. 引刀成一快, 不負少年頭" 네 구절은 북경의 모든 시민이 읊조리는 '명시'가 되었고, 감옥 가까이에 방을 잡고 옥바라지를 하려던 진벽군에게는 그야말로 애를 끊는 한 수가 아닐 수 없었다. 그래서 편지를 써서 출옥하면 당신에게 시집가겠노라는 절절한 구혼의 편지를 옥중으로 보냈고, 혁명에 몸 바친 감옥 속의 청년은 점잖은 말로 이를 완곡히 거절했으나, 종국에는 목숨을 거는 그녀의 사랑을 받아들인다.

이런 왕정위에게 선기는 꽤 깊은 인상을 받았는지, 측근에게 "내가 만약 황족으로 태어나지 않았으면, 난 일찌감치 혁명당에 가입해 조정에 반기를 들었을 거야!"라고 농담처럼 말하기도 했다. 왕정위 역시 목숨이 달린 제안을 일언지하에 거절하는 강개함을 보이면서도 한편으로는 선기의 우아한 화법과 멀리 내다볼 줄 아는 탁견에 속으로 적잖이 감탄하고 있었다. 훗날 누군가 선기에 대한 인상을 묻자 왕정위는 "대단한 정치가(一位了不起的政治家)"라는 한 마디로 그를 평하기도.

3) 국민영웅의 석방, 그리고 「국부유훈」

물론 왕정위가 죽음을 두려워하지 않는 강골의 지사라서 살 수 있었던 건 아니다. 숙친왕은 숙친왕대로 청 조정의 통치가 이미 막판으로 몰려있는 위기의 시기에 혁명당 사람 하나 죽여 봐야 시국에 아무런 보탬이 되지 않으므로, 적극 회유책을 쓰는 것이 더 낫겠다는 정치적 판단을 하고 있었다. 거기다 당시 중국 각지에서 일어나는 이민족, 즉 청의 통치를 종식시키기 위한 끊임없는 무장봉기를 이전처럼 강경하게만 대처할 수 없는 청 조정의 무력감, 혹은 우유부단함도 작용하였다. 결국 왕정위는 선기의 적극적인 무마와 구명으로 자신의 행위에 비해서는 턱없이 가벼운 '조정정책을 오해'했다는 죄명으로 '영원한 감금(永遠監禁)'이라는 일종의 무기징역 판결을 받고 기약 없는 감옥살이에 들어가게 된다.

그러나 바로 이듬해인 선통(宣統) 3년, 즉 1911년 10월, 호북(湖北)성의 무창(武昌)봉기와 이어지는 난주(灤州)의 장소증(張紹會: 장사오쯩)과 남천위(藍天蔚: 란티엔웨이)의 정변 등 사방으로부터 압력을 받고 있던 청 조정은 결국 혁명당에 대한 결사(結社) 금지를 푼다. 이어서 정치범들에게 특사를 내렸는데, 선기는 청 조정에 왕정위와 황복생 등 그의 동지 3명을 석방해달라는 건의를 올렸고, 그들은 곧 석방자 명단에 올랐다. 그렇게 천운으로 출옥한 그날, 왕정위는 자신이 신생 공화국 중화민국에서 집집마다 다 아는 민족의 큰 영웅이 돼 있다는 사실을 알게 된다. 그야말로 하룻밤 자고 났더니 슈퍼스타가 된 셈인데, 당시 북경에서는 왕정위의 모습을 보기 위해 사람들이 쏟아져 나와 골목이란 골목은 모두 텅 비었다는 얘기가 있을 정도였다. 그때부터 왕정위는 정치적으로 일생 중 가장 휘황한 나날을 보내게 된다. 우선 전에 모셨던 손문이 그를 불렀고, 그 틈에 '총을 가진' 실권자인 원세개도 사람을 보내 만날 것을 요청하였다. 이런저런 숙고 끝에 원세개에게 밀려난 손문을 찾아가 다시 혁명의 길로 매진하면서, 그 후로도 순탄하게 그의 곁을 마지막까지 지키며 점차 국민당 내에서 자타공인의 2인자로 올라서게 된다. 하지만 손문이 1925년에 급서하자 역설적으로 왕정위의 정치생명에는 일생일대 가장 중요한 전환점이 마련된다.

중국인들에게 매우 익숙한 "혁명은 아직 끝나지 않았으니 동지들은 계속 노력해야 한다.(革命尙未成功, 同志仍需努力)"로 시작하는 「국부유훈(國父遺訓)」은 지금도 중국인이라면 남녀노소 모두 외우고 있는 혁명의 명언인데,

사실 이는 왕정위가 쓴 문구다. 즉 손문이 회복 가망이 없고 정신도 계속 혼미한데다 임종이 임박하자 참모들은 손문이 남기는 유훈이 있어야겠다는 논의 끝에 당내 최고의 문장가인 왕정위에게 초안을 잡게 하였다. 그리고 혼수상태에서 가끔 잠시잠깐 정신이 돌아오는 손문에게 왕정위의 초안을 들려주고 손문이 고개를 끄덕이는 승인을 얻어 「국부유훈」으로 발표하게 된 것이다.

왕정위의 이런 역할은 훗날 국민당 내에서 그가 최고의 지위를 차지하게 해주는 정치적 자산이 된다. 하지만 붓을 들어 사람을 감동시키는 능력은 군대를 지휘하는 능력과는 별개였다. 그리고 정치적 적수들과 치열한 싸움을 치르면서 한 걸음씩 헤쳐 나오는 투쟁경력 또한 없는 것도 험한 정치판에선 치명적인 약점이었다. 붓으로 확보한 정치적 영향력으로 각기 지역을 기반으로 한 군벌들과 각축전을 벌이지만, 총과 대포, 심지어 비행기까지 동원하는 그들의 막장 공세 앞에서 결국 급격하게 힘을 잃어갔다. 더구나 국민당 내에서 손문의 후계자로서, 또 2인자로서 거리낄 것 없이 확고한 지위를 확보한 것으로 보이던 왕정위 앞에 '총을 가진' 장개석이 돌연 나타나 단시간 내에 당 권력의 최상부로 진입한다. 다시 말해 왕정위 정치 생명을 결판내는 숙적으로 떠오른 것이다.

장개석이 혜성처럼 정계에 떠오른 계기는 '영풍함(永豐艦) 사건'이었다. 즉 손문과 합작하기로 했던 광동군벌 진형명(陳炯明: 천줘밍)이 북벌문제로 손문과 사이가 틀어지자 1922년 6월 16일에 갑자기 광주(廣州)의 총통부에 포격을 가하였다. 손문은 급히 영풍함으로 피신하였고, 긴급 연락 받은 장개석이 밤낮을 가리지 않고 급히 와서 진형명의 군대와 전투를 치르면서 40여 일 동안 손문 부부의 모든 면을 끝까지 돌봐주고 지켜주었다. 이 일로 장개석은 손문의 신임을 크게 얻게 되어 국민당 내에서 정치적 발판을 마련하게 되고, 이후 장개석은 왕정위의 행위를 좌우하는 절대적인 상수가 되었다. 그리고 영풍함은 손문의 서거 이후 그를 기념하기 위하여 중산함으로 개명하여 지금까지 잘 보존되어 있다.

4) 왕아초의 암살시도, 그리고 윤봉길 의사

그런 장개석-왕정위 간의 불안한 대치상황에서 1935년 11월 1일, 국민당 4차 6중 전회에서 왕정위는 왕아초(王亞樵: 왕야챠오)라는 사람이 보낸 자객 손봉명(孫鳳鳴: 쑨펑feng밍)이 쏜 총에 무려 네 발이나 맞는 사건이 일어난다. 급히 병원으로 이송 후 수술로 세 발은 제거했으나, 척추에 박힌 총알은 끝내 제거하지 못하고, 여생을 고통 속에 보내다 1944년 사망하는 직접적 원인의 하나가 된다.

이날 대회가 끝나고 참가자 전원이 1층으로 내려와 기념사진을 찍는 차례가 되었지만, 장개석이 갑자기 몸이 안 좋다고 1층 현관으로 내려오지 않는 바람에 사진사로 가장하고 장개석을 기다리던 손봉명이 저격대상을 왕정위로 바꿔 쏜 것이다. "매국노 한간을 타도하라!(打倒 賣國 漢奸賊!)"라는 소리와 함께 총성이 울렸고, 왕정위는 그 자리에 쓰러졌다. 남편의 피격사실을 들은 왕정위 아내 진벽군은 달려와 펄펄 뛰며 장개석에게 따지고 들었다. "장 선생, 이 사람이 마음에 안 들면 말로 하면 될 일이지, 꼭 이렇게 지독한 방법을 써야 했나요?"라고 소리쳤다. 졸지에 암살교사자가 돼버린 장개석은 속으로 매우 분노했으나 그 자리에서는 별 말없이 상황을 수습했다. 하지만 이 사건은 장개석이 왕정위 부부를 더욱 혐오하게 되는 계기가 된다.

장개석은 큰 정치를 하기엔 도량이 너무 작다는 평가를 받고 있었다. 반드시 죽여야 할 인물은 언젠가 꼭 '손'을 보거나, 복수할 것을 잊지 않는 속좁은 파시스트의 면모를 보여주고 있었다. 장개석은 그 자신이 진기미(陳其美: 천치메이)의 지시로 도성장(陶成章: 타오청장)을 암살함으로써 몸을 일으킨 자객출신이라 그 자신도 늘 암살위험에 놓여있었다. 몇 해 전, 1931년 6월에도 여산(廬山)에서 암살기도가 있지 않았던가. 그날도 예감이 좋지 않아 사람들이 많이 모인 자리에 가지 않으려고 치통을 핑계로 1층 사진 찍는 곳에 내려가지 않고 있었는데, 공교롭게도 그 대신에 왕정위가 총을 맞는 바람에 의심을 살만 했다. 하지만 사실 이 암살미수 사건과 장개석은 아무런 관계가 없었으며, 처음부터 왕아초의 단독 기획으로 손봉명을 보내 장개석을 죽이고자 한 것이었다. 결국 이 사건으로 왕아초는 옛 친구이지만 이제는 장개석의 허리에 차는 칼-'패검(佩劍)'으로 불리던 정보부장 대립(戴笠: 따이리)의 수하에게 쫓기다 결국 처참하게 죽임을 당하게 된다.

그런데 방금 언급된 왕아초에 대해선 조금 얘기할 필요가 있겠다. 그는 '암살왕'으로 불렸던 유명한 강호(江湖)의 인물로 '도끼방(斧頭幫 부두방)'이라는 흑사회 조직의 방주(幫主)였을 뿐만 아니라, 동시에 당시 제법 영향력 있던 정객이기도 했다. 1932년 4월 29일, 상해 '홍구(虹口: 홍코우)공원', 즉 지금의 '노신(魯迅: 루쉰)기념공원'에서 일본 '천황'의 생일을 축하하는 천장절 및 전승기념식 행사가 거행됐는데, 이 자리에서 일어난 매헌(梅軒) 윤봉길 의사의 도시락 폭탄의거를 잘 기억하실 게다. 일설에 의하면 원래 폭탄이 2개였는데, 도시락 폭탄은 땅에 내려놓고 수통 모양의 폭탄을 던졌다고도 한다. 아무튼 윤 의사의 이 거사로 관동군 상해 파견 군사령관 시라카와 요시노리(白川義則) 대장과 상해의 일본 거류민단장 가와바다 사다쓰구(河端貞次)는 현장에서 즉사, 제3함대 사령관 노무라 키치사부로(野村吉三郎)

중장은 실명하고, 제9사단장 우에다 켄키치(植田謙吉) 중장은 다리가 절단 됐으며, 주중공사 시게미쓰 마모루(重光葵)는 한쪽 다리를 잃는 등 일본군에게 막대한 손실을 입힌다. 아쉽지만, 윤봉길 의사와 김구 주석과의 만남, 그리고 의거 과정, 또 체포에서 순국으로 이어지는 과정에서 윤 의사가 보여준 누아르 필름과 같은 처절하지만 당당한 사나이의 모습 등은 여기에서는 생략한다. 다만 위에서 말한 대로 여기에 왕아초의 이름이 등장하는 이유를 간단히 덧붙일 필요는 있어 보인다.

윤봉길 의사의 이 도시락 폭탄을 제조해 준 사람이 바로 왕아초로 알려져 있기 때문이다. 당시 기술로는 폭발물 제조 후 성능확인 차 인적이 없는 곳에서 여러 번 폭발실험을 거쳐야 했는데, 김구 임시정부는 폭탄을 제조해 실험을 진행할 형편이 되지 못했다. 이에 작지 않은 무장조직을 가지고 있던 왕아초가 이 부분을 도와줬다는 것이다. 그러나 여기에서는 큰 쟁점이 하나 있다. 한국의 자료에는 윤봉길 의사에게 폭탄을 제조해 건네준 사람은 왕아초가 아니라, 당시 상해 병공창 주임 김홍일(金弘一, 혹은 김홍일金弘壹. 중국이름은 왕웅王雄)이라고 되어있기 때문이다. 그는 당시 신분으로 보아 폭탄 제조와 실험까지 문제없이 해낼 수 있는 위치에 있었다. 김홍일 장군은 1926년 중국 국민혁명군에 가담하여 장개석(蔣介石)의 북벌에 함께 했으며, 이후 거의 20여 년 동안 항일전투의 직접참전은 물론, 중국군 현역군인으로 임시정부의 김구 주석을 도와 윤봉길과 이봉창 의사의 거사를 지원하는 등 조국의 독립운동을 배후에서 적극 지원하였다.

해방 후 귀국하여 한국전쟁에서 공을 세우고 주중대사와 외교사절 단장 등으로 활약하다가, 1961년 5·16군사정변으로 국가재건최고회의 의장 고문과 군정 외무부장관을 지냈다. 하지만 1965년 한일협정을 반대해 박정희와 결별하고, 1967년 이후 정계에 투신해 제7대 국회의원이 된 뒤, 1971년 유진산(柳珍山)이 물러난 뒤 한때 당수 권한대행을 맡기도 했다. 어린 시절의 필자에게는 1971년 신민당 리더의 한 명으로 연일 신문에 사진이 나오면서 들리던 항일의 얘기가 신기했던 기억이 아직 남아있다. 그 뒤 박정희의 삼선개헌과 유신체제에 반대하고, 만년에 광복회 회장을 맡았던 그는 1980년에 여든두 살로 생을 마감한다. 그는 중국 광야에서 직접 총을 들고 싸웠고, 해방 후 귀국해서 만주군관학교 출신이 주류를 이루던 그 시절에 반일의 기치를 명확하게 든, 보기 드문 항일투사 출신 정치인이라 귀하게 생각된다.

하지만 왕아초는 왕아초 대로 윤봉길 의거에 매우 깊이 관계가 있는 것 또한 부인하기 힘들어 보인다. 필자가 구해본 몇 개의 자료를 종합해 보면, 왕아초가 시라카와 대장을 제거하기 위해 국민당 방진무(方振武) 장군과 의기투합하고, 다시 백범 김구를 소개 받고, 이어 김구의 소개로 도산 안창호(安昌浩)를 비밀리에 만나 거사를 모의하고 거사자금을 지원하는 장면까지 제법 자세하게 서술되어 있다. 이어서 윤봉길 의사를 만나 필요한 폭탄을 지원한 뒤, 거사에 성공하기까지 초조하게 기다리다가 성공소식에 기뻐하는 모습과 김구 일행에게 홍콩으로 피신할 것을 권했으나, 김구 주석이 거절하는 장면까지 실감나게 묘사하고 있다. 그리고 어디에도 김홍일의 이름은 언급되어 있지 않다. 매헌의 의거와 행적을 기록한 한국자료에는 반대로 왕아초가 언급되지 않으며, 한 편의 논문에서만 매헌 지사께서 중국 흑사회의 도움을 받았을 리가 없다는 정도로 언급이 돼있다. 하지만 이는 흑사회 인물로만 알려진 왕아초에 대한 오해에서 나온 이야기로 보이며, 여러 정황으로 보아 폭탄을 제조해 주는 과정에서 왕아초가 직·간접적으로 간여한 것은 사실로 보인다. 그래서 이 부분에 대한 좀 더 정밀한 자료연구와 진일보한 사실관계 파악은 해당 분야 전공연구자에게 기대하고자 한다.

그리고 여담이지만 주성치가 제작하고 주연한 영화 《쿵푸허슬》에서 까만 양복을 입고 도끼를 든 사내들이 대거 등장하는 장면이 기억나시는지? 매우 간악한 악당으로, 또 희극적으로 만화같이 등장하지만, 이 장면은 바로 주성치가 왕아초의 도끼방에게 바치는 오마주로 보는 해석이 많다. 온통 의미 없는 수다와 말장난으로 가득해 보이지만, 주성치 영화만이 가지는 해학과 사회풍자가 품고 있는 부드러운 칼은 별도의 긴 평론이 필요할 만큼 영화사적인 의의가 있다고 평가받고 있다.

이 또한 영화 속 중국 이야기의 재미있는 소재인 바, 자세하게 이야기 할 다음 기회를 기약해 본다.

아무튼 왕정위는 장개석과의 권력투쟁에서 점차 밀려나게 되는데 말보다 주먹이 정의가 되던 그 시절 상황으로 보아 필연적인 결과였다. 위에서 말한 대로 왕정위의 잘생긴 얼굴과 함께 늘 온화하고 우호적이며 공손한 말투는 매우 사람들의 호감을 샀으며, 자연스럽게 왕정위의 큰 정치적 자산이 되었다. 이는 평생 웃는 얼굴을 거의 보여주지 않는 장개석의 이성적이고도 엄숙한 표정이 주는 딱딱한 군인의 이미지와 늘 선명하게 대비되는 부분이다. 하지만 그 잘생긴 얼굴이 사람을 끌어들이는 데는 유리했을지 모르지만, 계속 붙잡아두는 데에는 그리 성공적이지 못했다. 인간적인 매력이나 카리스마, 아니면 나누어 줄 이익이라도 가지고 있어야 하는데 그렇지 못했던 것이다.

Ⅱ

일본 침략과
대(對)중국공작

Chapter Ⅱ 일본 침략과 대(對)중국공작

1. 중일전쟁 발발과 평화회담
　　1) 송호회전과 평화회담 제안
　　2) 국민당의 평화회담 고려
　　3) 트라우트만의 중재실패와 일본의 야욕
　　4) 일본 새 정권의 시도
　　5) 고종무의 월권
　　6) 장개석의 항전 결심
　　7) 국민참정회의 결의

2. 조계지 상해와 도이하라 겐지의 공작
　　1) 상해의 퇴폐적 안락
　　2) 상해 조계지역
　　3) 도이하라 겐지와 '중광당'
　　4) 여간첩 카와시마 요시코
　　5) 도이하라의 화북공작과 기동방공자치정부 성립
　　6) 중화민국임시정부 성립

3. 중광당회담과 유력인사 포섭
　　1) 당소의 포섭과 암살
　　2) 오패부 회유공작과 의문의 죽음
　　3) 근운봉 회유공작
　　4) '문치총통' 서세창의 말년
　　5) 중광당 회담 서명

일본 침략과 대(對)중국공작

1. 중일전쟁 발발과 평화회담

1937년 7월 7일, 우리에게는 '중일전쟁'으로 알려져 있는 '7·7사변(혹은 노구교盧溝橋사변)'이 터지면서 본격적인 전면전으로 전환되는데, 시시각각으로 불리한 전황은 국민당 내 한가한 권력투쟁을 용납할 수 없게 만든다. 일단 온 힘을 다해 일본침략에 대항해야 하는 비상시국임을 모두 공감했기 때문이다.

'7·7사변'이 발발하자 왕정위는 항일전쟁의 앞길에 대해 줄곧 걱정이 태산 같았다. 이 과정을 좀 더 자세하게 들여다보면 왕정위의 태도는 전황에 따라 계속 변하는 모습을 보여주고 있음을 알 수 있다. 전쟁 초기만 해도 왕정위의 항전의지는 장개석 못지않았다. 즉 1937년 8월에 들어서서 처음 중국과 일본 군대가 상해에서 교전할 때만 해도 왕정위는 "군사적으로 저항하지 않는다는 것은 외교적으로도 할 수 있는 말이 없다는 것이다. 또 외교적으로 힘을 얻어

'저항'을 접은 장년의 왕정위 장개석 못지않게 항전의지를 보이던 왕정위는 이후 무력과 외교를 같은 무게로 중시하더니, 중국의 잇단 패전에 '저항'은 언급 없이 '외교'만 입버릇처럼 반복한다.

야 군사적인 승리도 더욱 손에 넣을 수 있게 되는 것이다."라고 하면서 무력과 외교를 똑같이 중시하는 태도를 보인다. 그리고 군대의 사기를 높이려 애쓰면서, 심지어 공산당인 팔로군(八路軍)의 대일(對日)저항에 대해서도 "애국의 뜻을 잘 알고 국토를 지키는 책임을 다하고 있다."고 상찬(賞讚)해 마지않았다. 하지만 그 뒤로 중국군대가 계속해서 패배하면서 승리의 전기가 마련되지 않자 왕정위는 이제 전쟁의 수렁에서 벗어날 수 없다는 좌절감과 앞길이 보이지 않는다는 절망감에서 헤어나지 못한다. 그렇게 절망이 계속되면서 점차 '저항' 두 글자를 입에 올리지 않았고, 결국 '외교' 두 글자를 입버릇처럼 반복한다. 점차 일본의 군국주의, 특히 관동군의 위세에 잔뜩 위축되면서, 군사적으로 중국은 절대 일본 상대가 되지 않는다고 여기게 된다. 그가 보기에 일본에 항전을 한다는 것은 국가와 민족 전체가 침략에 항거하다가 희생될 뿐이었다.

요란하게 전쟁을 치르는 와중에 전쟁의 비참함과 슬픔을 문인의 섬세함으로 그려내는 그의 비감함은 장개석이 풍기는 냉정함 보다는 사람들에게 깊은 인상을 심어주게 된다. 하지만 거기까지다. 정치 지도자의 감상적인 비애가 현실에 무슨 도움이 되겠는가. 전쟁에서 감상에 빠진 지도자만큼 위험한 존재도 없다. 그 섬세한 감정이 비단 자기비하에 그치는 것이 아니라, 왕왕 자신을 바라보고 있는 수많은 사람들을 절망으로 몰아가기 때문이다.

그래서 왕정위가 생각한 타개책은 이른바 '평화(和平화평)운동'이었는데, 이렇게 전쟁을 하다가는 서로 손실이 너무 막대하므로 협상을 통해 평화를 모색해 보겠다는 취지였다. 그의 이런 생각에 장개석도 처음에는 완전히 거부하는 태도를 보이지 않았지만, 상황은 한가롭게 평화협상을 운운할 수 없을 정도로 급박해졌다. 장개석이 곧 항전의지를 굳히자 일말의 희망을 가지고 있던 왕정위는 본격적으로 자신과 뜻을 같이 하는 수하 몇 명과 함께 평화운동을 별도로 추진하게 된다.

여기서 우리가 꼭 기억해야 할 인물들이 등장한다. 그들 중 소수를 제외하고 상당수는 훗날 모두 특급 한간(漢奸)으로 변신한다. 주로 평화회담을 주장하는 주화파로 구성되어 있는데, 왕정위를 필두로 고종무(高宗武: 까오종우)·주불해(周佛海: 조우포fo하이)·진공박(陳公博: 천공뽀)·매사평(梅思平: 메이쓰핑)·도희성(陶希聖: 타오시성) 등이다. 그들은 모두 군대 경험은 없었고, 무기라고 해봐야 기껏 붓으로 자기주장을 관철시킬 방법밖에 없는 문인들이었다. 평화시기라면 별 문제가 없었겠지만 전쟁이 벌어지고 있는 판국에 냉정한 군사적인 분석과 판단을 우선하지 않고, 이른바 정치공학적인 주장만을 펼칠 경우 근본적인 판단착오로 절단 날 위험성을 안고 있는데, 확실히 그들의 주장은 너무 순진한 구석이 있었다. 평화회담을 내세우던 그들은 결국 매국적 밀약인 '중광당 협약'을 맺게 되는데, 거기까지 가는 과정을 조금 시간을 거슬러 올라가 짚어보자.

1) 송호회전과 평화회담 제안

1937년 7월 7일 중일전쟁 발발 이후로 순조롭게 남하하던 일본의 3개 사단은 8월 13일, 상해 근교에서 중국군의 완강한 저항에 부딪혔다. 중국은 75개 사단과 9개 여단 등 무려 75만 명을 동원해 저지에 나섰는데, 중·일 쌍방이 100만 대군을 투입한 이 대회전을 '송호회전(淞滬會戰, 혹은 8·13전역, 제2차 송호항전)'이라고 부른다. 이 전투는 1945년까지의 '8년 항전' 초반의 가장 격렬하고도 중요한 전투로 꼽힌다. 중국군대의 사상자가 30여만 명, 사력을 다한 일본군 역시 사상자가 6만여 명에 이를 정도로 중일전쟁 과정에서 규모도 가장 크고, 사상자도 가장 많은 치열한 전쟁이었다.

석 달 동안 웬만한 작은 도시의 인구만큼 젊은이들이 몰살당한 셈이었다. 11월 12일 상해가 함락당할 때까지 일시적으로 일본군의 남진을 저지해, 일본군이 장담한 '석 달 안에 중국 멸망'을 무산시키고 장기전으로 들어가는 계기를 만들었다고 자위하기에는 중국군의 희생이 너무 참담하였다. 그만큼 중국군과 일본군의 전력 차이는 현격했다.

총살형 직전의 중국군 1931년 만주사변 발발로 시작된 일본의 중국침략은 1937년 7월 7일부터 1945년 8월 15일까지의 중일전쟁으로 그 절정과 함께 패망을 맞는다. 사진은 일본군 총부리 앞에 무릎을 꿇고 공개처형을 기다리고 있는 중국군의 모습.
출처: Everett Collection / Shutterstock.com

중국의 손실이 훨씬 더 참담했지만, 일본 역시 커다란 상처를 입었다. 무엇보다 전쟁을 도발하기 전 일본은 속전속결로 이 전쟁을 마무리 짓겠노라고 큰소리를 쳤지만, 상해에서의 저항에 부딪혀 속전속결은 이미 물 건너간 것이 가장 뼈아팠다. 8월에 시작된 전쟁이 9월이 다 지나가도록 승전보는커녕 오히려 시간을 끌면서, 가장 중요한 보급문제가 더욱 심각해져 본래 계획한 침략 시나리오와 크게 어긋나게 된다. 적지 않게 당황한 일본군부와 정계는 숙의에 숙의를 거듭한다. 몇 차례 긴급회의 결과, 10월 1일 내각총리·외상·육군장관·해군장관 등 4명이 공동으로 '군사행동의 성과와 적절한 외교조치를 조화시켜 사변을 최대한 빨리 종식'시키는 것을 골자로 하는《중국사변처리요강(處理中國事變綱要)》을 결의하였다. 이어서 일본의 외무대신 히로타 코키(廣田弘毅)는 담화를 발표하면서 대외적으로 중국 측과 평화회담을 교섭하겠노라는 발언으로 진일보한 협상의 가능성을 내비쳤다. 이 발언이 나오자 왕정위는 평화회담으로 나라를 구할 수 있는 기회가 왔다고 여겼다. 역설적으로 송호회전의 처참한 패배가 오히려 승자인 일본이 평화회담을 제안하는 계기를 만들었다는 얘기인데, 일반적으로 예상하던 것과는 전혀 다른 시나리오가 만들어진 셈이다.

전쟁을 치르고 있는 중에, 그것도 승전보를 계속 울리고 있는 중에 일본이 갑자기 인도적 평화주의자로 바뀐 건 더욱 아닐 터인데, 불쑥 튀어 나온 평화회담 운운은 어딘가 앞뒤가 맞지 않는다. 거기다 제3국의 조정까지 받아들일 수 있다는 점을 공표한 이유는 무엇일까? 이에 대해서는 일본이 무한정으로 물자공급을 할 수 없는 제약 때문이라고 보는 관점이 대체로 설득력 있어 보인다. 즉 일본은 당시 상대적으로 우수한 무기를 보유하고 있었음에도 불구하고, 섬나라라 물자공급에 근본적인 한계가 있었는데, 유한한 병력과 보급으로 중국 전체를 점령하겠다는 큰 그림을 그리기에는 현실적인 제약이 매우 컸다. 그래서 일본이 선택한 책략은 한 편으로는 군사적 타격으로 중국이 굴복할 것을 압박하면서, 다른 한 편으론 정치적 유혹으로 항복을 이끌어내어 싸우지 않고 승리하는 목적을 달성하고자 하는 계략을 전개하는 것이었다.

2) 국민당의 평화회담 고려

한편 일본이 직면한 곤란함과는 별개로 중국 역시 송호회전 이후에도 시시각각 전황이 불리하게 돌아가면서, 1937년 10월 25일이 지나자 남경의 국민당 정부는 국방최고회의를 열어 정전문제를 논의하는 비밀회담을 갖는다. 국민당 정부는 일본이 직면한 보급문제보다 오히려 훨씬 더 불리한 상황에 놓여있었기 때문이었다. 즉 보급을 걱정하기 이전에 눈앞에 전개되는 전쟁에서 이미 줄줄이 패망하고 있었던 것. 최소의 예비부대를 제외한 현역부대는 모두 작전에 투입되었지만, 인명손실이 계속 크게 나고 있는데다 탄약과 장비, 그리고 후방에서의 군량과 의복 등의 보급이 교착상태에 빠진 점을 감안하지 않을 수 없었다.

그래서 유리한 조건이라면 정전, 혹은 단기간 휴전을 고려할 수 있다는 쪽으로 결론을 내렸다. 일본도 내심 조급한 마음이 있어 평화회담을 꺼냈지만, 중국은 그보다 훨씬 더 급박한 막바지에 몰려있었다는 얘기이다. 결과적으로 석 달이나 끈 이 송호회전은 11월 12일 상해가, 그리고 바로 한 달이 지난 12월 13일 남경이 함락되고 바로 비극적인 '남경대학살(南京大屠殺도살)'로 이어지면서 일단 막을 내리게 되는데, 함락 직전까지 전쟁의 막후에는 전쟁만큼이나 치열한 교섭과 담판이 이뤄지고 있었던 것이다. 그렇다면 막후교섭과 담판 그 내용이 궁금할 터, 잠시 알아보자.

3) 트라우트만의 중재실패와 일본의 야욕

1937년 11월로 접어들자 전황은 중국에 극도로 불리하게 변하면서 상해 함락 일주일 전인 11월 5일, 국민당 정부 국방최고위원회 주석인 장개석(蔣介石: 쟝지에스)은 구체적 조정역할을 맡고 있는 중국주재 독일대사 트라우트만(Oskar Paul Trautmann, 중국명 도덕만陶德曼)을 접견한다. 트라우트만은 그 자리에서 일본 측이 제시한 이른바 7개의 평화조건을 장개석에게 전달하는데, 그 주요내용은 ①내몽골 자치, ②화북지역에 비무장지대 설정 후 친일정권 수립, ③상해의 비(非)군사지역 확대, ④항일활동 중지, ⑤공동반공(反共), ⑥일본제품 관세인하, ⑦중국거주 일본거류민의 권리존중 등이었다.

이를 살펴본 장개석은 받아들이기 어렵다고 난색을 표한다. 장개석이 트라우트만을 만나고 있는 그때 일본이 증파한 제10군단은 항주만(杭州灣)에 상륙해 상해를 향한 협공작전을 펴고 있었다. 그리고 11월 12일, 상해는 함락되었고, 일본군은 계속해서 서쪽으로 진격하여 남경을 위협하기에 이른다. 전황이 급전직하하자 평화회담은 없었던 일이 되었고, 국민당 정부는 11월 15일 저녁, 국방 최고회의를 소집해 중경(重慶: 충칭)으로 임시수도를 옮길 것을 결정한다. 그래서 대한민국임시정부도 한반도와는 좀 생뚱맞게 거리가 먼 사천성(四川省) 중경까지 국민정부를 따라가게 된 것이다. 거기서 전열을 다시 정비하고 광복군을 창설한 대한민국임시정부의 경우 총사령 지청천(池靑天), 참모장 이범석(李範奭)을 중심으로 1·2·3지대로 편성해 비교적 체계적으로 활발한 항일활동을 전개할 수 있었다. 이때 김원봉(金元鳳)의 조선의용대가 광복군 제1지대로 편입되면서 김원봉은 광복군 부사령관으로 등장했으며, 일본군을 탈출한 장준하(張俊河)·김준엽(金俊燁) 등이 광복군에 합류한 것도 이때이다. 광복군에 대해서는 뿌듯함과 함께 아쉬움을 금할 수 없으니, 포탈에서 검색창이라도 한번 쳐보시기 바란다.

한편 이 과정에서 장개석이 평화회담을 받아들이지 않은 것을 왕정위는 여전히 이해할 수 없었다. 다시 몇 차례 갑론을박을 거치면서 장개석의 태도에 약간의 변화조짐이 보이긴 했다. 즉 12월 2일. 트라우트만이 남경으로 와서 다시 장개석과 회견하고 양국의 정전문제를 주선하고 현안을 논의한다. 그러자 장개석은 이번에는 일본과 대화를 진행할 수 있다는 뜻을 분명하게 밝힌다. 일본이 제안한 조건이 망국의 조건까지는 아니라고 판단되면 이를 기초로 논의해 볼 수 있다는 것이었다. 이 소식을 전해들은 왕정위는 장개석의 이런 태도변화에 매우 기뻐했다. 그래서 12월 6일, 한구(漢口: 한코우)에 있는 중앙은행에서 왕정위는 국방최고회의 제54차 상무위원회 회의를 소집하고 주재하는 자리에서 트라우트만의 중재를 더 이상 기다릴 것 없이 받아들이기로 결정한다. 훗날 왕정위가 일본에 투항한 뒤, 이 회의내

남경 함락에 환호하는 일본군 일본은 1937년 11월 12일 상해(上海)를 함락한데 이어 같은 해 12월 13일 남경(南京)까지 진격, 함락시킨다. 사진은 허물어진 성곽 위에서 남경 함락을 기뻐하며 환호하는 일본군의 한 분견대 모습.
출처: Everett Collection / Shutterstock.com

용을 폭로함으로써 평화를 이야기한 것은 나뿐만 아니라 장개석도 마찬가지였다는 주장을 하게 되는데, 이 이야기는 뒤에서 다시 하기로 한다.

하지만 일주일이 지난 12월 13일, 남경까지 마침내 함락되자 기세가 오른 일본은 다시 태도를 바꾼다. 이제 남경을 점령한 만큼 당연히 값을 더 높여 부르겠다는 속셈. 일본은 다시 4개항의 조건을 새로 얹어 제시한다. 그 골자를 보면 경제적 배상은 물론이고, 필요하다고 판단되는 곳에 '비무장지역'을 설정하고, 거기에 '특수기구'를 설립한다는 내용이었다. 여기서 특수기구란 정권을 뜻하는 것이므로 일본인 마음대로 친일 괴뢰정권을 세우겠다는 것을 의미하였다. 장개석의 입장에서 이런 요구는 망국의 조건이라고 해도 지나치지 않았다. 즉 국민당 정권의 정통성과 존재 자체를 무시하고 공개적으로 중국을 분열시키겠다는 말과 다름이 아니지 않은가. 논의가 오고가는 중에 왕정위와 당시 행정원 부원장이자 장개석의 손위 동서인 공상희(孔祥熙: 콩샹시)는 계속해서 평화회담을 주장했지만, 장개석은 받아들일 여지가 전혀 없다며 단칼에 잘라버린다. 장개석이 평화회담으로 나가겠다는 결심을 끝내 하지 않자, 초조하게 회담결과를 지켜보던 '평화주의자' 왕정위는 크게 실망할 수밖에 없었다.

어느 시대를 막론하고 전쟁이 일어나면 주전파와 주화파로 나뉘는 것은 자연스럽다. 그들의 명분은 둘 다 나름의 객관성과 설득력을 가지게 마련. 그러나 상대가 누구이고 시기와 상황이 어떤지, 또 명분과 타이밍도 맞아야 한다. 보통은 비분강개한 주전파가 명분을 가져가지만, 간혹 결과적으로 주화파의 명분이나 판단이 백성들에게는 옳은 경우도 있다. 그래서 잠시 항복 얘기* 하나를 해볼까 한다.

* 초주의 당위·명분 내세운 항복권유와 제갈씨 3대의 결사항전

263년, 삼국시대 위(魏)나라 등애(鄧艾)의 대군을 앞에 둔 촉나라 조정에서 대책회의가 열리는데, 침통한 분위기 속에서 초주(譙周)는 위나라에게 빨리 항복할 것을 황제인 후주(後主) 유선(劉禪, 유비의 아들)에게 극력 건의하게 된다. 하지만 후대의 사가들 중 초주의 주장과 건의를 비난하지 않고 오히려 지지하는 사람이 훨씬 많다. 초주가 보기에 유비의 아들 유선이 통치하는 촉나라는 이미 부패하고 무능해 위나라 군대에 저항한다면 죄 없는 백성들만 도륙될 뿐, 저항은 아무런 의미가 없으니 이런 나라는 빨리 망하고 백성들에게 새로 살길을 열어주는 것이 마땅하다는 것이다.

초주는 당시 촉(蜀)나라를 대표하는 명망 있는 학자이자 관료로서 존경받고 있었고, 훗날 우리에게 익숙한 연의(演義) 형식의 소설이 아닌 정사(正史) 『삼국지(三國志)』를 찬술한 대역사가 진수(陳壽, 233-297)도 그의 제자였다. 일찍이 유비에게 황제로 등극할 것을 적극 권했던 사람도 초주였고, 바로 그 아들 유선에게는 항복할 것을 강력하게 권하는 사람 역시 초주라는 아이러니를 보여주지만, 조정의 원로대신으로 결코 자신의 안위와 이익을 탐해서 그런 게 아니었으므로 그의 주장은 설득력이 있었다. 초주의 주장은 '동족상잔'의 비극을 면해야 한다는 당위와 명분에 맞는 이른바 '해내일통(海內一統)'이라는 중국인의 지상목표로 가는 길로 이해할 수 있겠다.

그럼에도 불구하고 충신 제갈량(諸葛亮)이 오장원(五丈原)에서 병사하고, 그의 장남 제갈첨(諸葛瞻)과 장손인 제갈상(諸葛尙) 부자는 등애의 대군을 맞아 수도 성도(成都)로 가는 길목인 면죽(綿竹) 방어전에서 함께 전사하고 말았는데, 이 3대에 걸친 제갈씨 집안의 충성은 초주와는 다른 방식으로 목숨을 던진 희생으로 참으로 감동스런 울림을 준다.

애기가 잠시 옆으로 흘렀지만, 동족끼리의 전쟁에서 대량살육은 피할 길이 없다면 상황에 따라 주화(主和)를 주장할 명분이 있겠지만, 외적의 침략에 맞서있는 20세기 중국에서 주화를 주장하는 것은 전혀 다른 이야기이다.

왕정위의 평화추구는 상대도 잘못 골랐고, 명분도 없었고 타이밍도 안 맞았다. 트라우트만이 와서 양국을 조정하려는 시도가 있기 전부터 왕정위를 둘러싸고 있는 주화파는 있었지만, 외적들이 나라를 유린하고 동포를 도륙하는 때의 평화구걸은 굴종과 항복과 다름 아니기 때문이다.

4) 일본 새 정권의 시도

1938년 초, 국민당 정부가 트라우트만의 조정을 거절하고 난 그 무렵, 일본에서는 강경파가 득세해 고노에 후미마로(近衛文麿) 수상이 "일본제국은 앞으로는 국민당 정부를 대상으로 여기지 않으며, 대일본제국과 협력할 수 있는 중국의 새 정권이 수립되고 발전하기를 기대한다…."는 내용의 제1차 대(對)중국 성명을 발표한다. 그러자 양국은 서로 대사를 불러들이며 외교관계가 단절되는 사태를 맞는다. 그리고 이 성명의 진짜 의도는 무엇인가를 두고 국민당 내에서는 주화파나 주전파 모두 고개를 갸우뚱거리고 있었다. 장개석도 골똘히 생각에 빠진다. 왕정위는 일본의 이 성명을 보고 중국의 앞날은 오직 정치적 협상과 타협에 달렸음을 더욱 확신한다. 여기에 더해, 그렇다면 내가 일본이 생각하는 대화의 상대가 아닐까 하는 기대가 이때 내심 슬슬 올라오기 시작했다고 사람들은 말한다.

여기서 일본은 한 마디로 전쟁판에서 외교와 정치적 담판으로 평화를 모색해 보자는 명분을 내세워 보고, 국민당이 이를 수용하지 않으면 국민당 정부와는 별도로 자신이 직접 관할하는 괴뢰정권을 세워 점령지역을 식민지로 고착화시키겠다는 의도를 확실하게 천명한 것으로 해석할 수 있겠다. 그래서 왕정위는 또 다른 꿈을 꾸기 시작한다.

5) 고종무의 월권

이와는 별도로 한 사람을 얘기할 시점인데, 고종무(高宗武: 까오쫑우, 1905-1994)라는 인물이다. 그는 일찍이 일본유학을 하고 돌아와 외교방면에서 일을 하고 있다가, 1932년에 창간된 국민당 외교부 기관지 성격의 『외교평론(外交評論)』에 전문집필진으로 위촉된다. 여기서 그는 중일전쟁 전후의 일본에 관한 분석을 비롯, 14편의 시사평론을 폭풍같이 연달아 투고해 주목을 받던 중 그해 장개석이 국방설계위원회(國防設計委員會)를 발족시키고 전문가와 명망가들을 영입할 때 고종무는 일본전문가로 초빙된다. 그리고 2년 뒤 외교부 일본과(科) 과장에 이어 그 이듬해인 1935년 5월 아주사(亞洲司) 사장(司長), 그러니까 우리로 치면 아주국장이 된다. 당시 그의 나이는 불과 서른이었다.

그 무렵 동북의 일본 괴뢰국인 만주국(滿洲國)이 우표에 만주국 연호를 쓰자 국민정부는 이 우표가 붙은 우편과 화물을 받아들이면 만주국 승인을 의미하므로 모든 우편과 화물에 대한 수취거부를 단행한다. 그 뒤 일본 압력에 대응해 협상대표로 나가게 된 고종무는 몇 개의 우편 전달국을 지정, 거기로 들어오는 우편물에 별도제작된 특별우표를 붙이되 '만주국'이라는 글자는 모두 지우고 통과시키는 것으로 협상을 타결한다. 이로써 고종무는 대일외교의 고수로 인정받게 되는데, 이후에도 일본과의 교섭 때마다 그는 빠질 수 없는 멤버로 활동한다. 그의 이와 같은 활동은 교섭 성공여부와 관계없이 일본의 유력한 지인들과의 관계가 자연스레 형성되었고 몸값 역시 계속 높아졌다. 그리고 커지는 자만심과 함께 점차 간도 커졌다.

1937년 7월 7일 중일전쟁이 터지자 마침 병원에 입원해 있던 그는 병상임에도 들뜬 마음으로 기회가 오기를 기다리고 있었다. 7월 31일, 드디어 고종무에게 기회가 온다. 장개석이 그를 불러 일본에 대한 견해를 묻자 고종무는 자기에게 중책을 맡겨주시면, 고노에 후미마로(近衛文磨) 일본수상을 만나 직접설득, 화북(華北)지역에서 일본군대가 철수하도록 하겠노라고 말한다. 장개석은 많이 들떠 오버하는 이 서른두 살짜리 청년의 말에 그 자리에서 가타부타 언질을 주지 않는다. 그런데 같은 날 오후, 밖에서 막 돌아온 왕정위가 고종무를 급히 찾더니 그와 오랜 시간 대화를 나눈다. 이때 고종무의 '포부'를 들은 왕정위는 앞서 무반응의 장개석과는 달리 매우 좋은 생각이라고 칭찬을 해주자, 이에 한껏 들뜬 고종무는 그날 저녁 바로 남만주철도주식회사, 즉 만철(滿鐵)의 남경 사무소를 찾아가 소장 니시 요시아키(西義顯)에게 만철 총재를 통해 후미마로 수상과 직접 교섭할 수 있도록 해달라고 조른다. 물론 니시 요시아키는 장개석이 직접 한 말은 아닐 것으로 의심했지만, 일단 일본에 돌아와 일본군 참모본부에 보고는 한다. 하지만 이미 무력으로 쓸어버릴 구상을 하고 있던 일본군부는 들은 척도 하지 않았다.

그 사이 11월 초 트라우트만의 중재도 실패로 끝나고, 11월 12일에는 상해가 함락되고, 남경까지 일본 폭격기가 날아오기 시작한다. 이즈음 남경 서류만(西流灣) 8호에 자리한 국민정부 제2부 부부장 주불해(周佛海) 관저 지하실에 모인 비관과 낙담에 빠진 정객들의 얼굴엔 근심만이 가득했다. 이 전쟁은 해봐야 필시 참패로 끝날 것이니, 외교교섭을 통해 전쟁을 끝내는 방법 밖에 없다고 여기고 있었다. 그 중에서 고종무는 상객이었다. 자연히 늘 함께 자리하는 왕정위와는 굳이 의견을 주고받지 않아도 마음이 통하는 바였다. 왕정위는 고종무가 작성한 대일외교 교섭방안을 장개석에게 가져갔으나 장개석으로부터 아직 시기가 아니라는 답변만 돌아온다. 그러자 고종무의 마음속에는 슬슬 배신의 싹이 트기 시작한다. 내 말을 들어주고 존중해주는 사람은 왕정위 선생밖에 없다. 이제 내가 기댈 사람은 왕 선생뿐이다. 고종무의 결심은 점점 굳어 갔다. 그러나 이듬해인 1938년 1월에 위에서 언급한 일본의 제1차 대중국성명으로 외교관계가 단절되자, 고종무는 돌연 한가한 사람이 되었다. 잘 나가다가 느끼는 일종의 적막감이랄까, 고종무는 그걸 견디지 못했다. 수시로 주불해(周佛海)와 논의하며 다시 일본과의 협상 길이 열리고 자신이 다시 역할을 맡을 수 있기를 고대했다. 주불해는 "이제 우리들은 어디에서 죽을지도 모르겠다."는 식의 탄식을 자주 했는데, 고종무도 같은 마음이었다. 이 무렵 비서실 격인 시종실(侍從室)제2처 부주임이던 주불해는 장개석에게 고종무를 추천한다. 매우 쓸 만한 인재인데 그냥 두지 마시고 홍콩으로 보내 일본에 대한 정보를 수집하도록 하면 어떠신지요? 장개석은 주불해의 속마음을 읽지 못하고 그 건의를 받아들인다. 그리고 매달 홍콩 돈 6000원을 군사기밀비에서 지출해 고종무의 활동비로 쓰도록 조치한다. 그 후 군사위원회 비서실장 나군강(羅君强)이 고종무에게 발행한 군용출장 증명서에는 '고특파원종무(高特派員宗武)'라고 성과 지위 다음에 이름을 쓰는 중국 방식의 여섯 자가 찍혀있었다.

곧바로 홍콩으로 출장 간 고종무는 '일본문제연구소'를 설립하고 일본방면의 정보를 수집하기 시작했다. 그런데 고종무는 6월 하순이 되자 대담하게도 일본으로 건너가 적국의 정계와 군부요인들과 직접 접촉을 시도한다. 현재 남아 있는 자료에 의하면 고종무의 행동은 자의적으로 저지른 개인행동이었으며, 그때까지 장개석은 이런 상황을 전혀 몰랐던 것으로 보인다. 주전파와 주화파, 즉 장개석과 왕정위 사이에 낀 형국이 된 고종무는 여러 번 자신이 처한 어려움을 토로하곤 했는데, 이 점이 독자적인 행동을 결행하게 된 계기로 작용했다고 할 수 있겠다. 고종무는 심정적으로 왕정위의 주화(主和)노선에 동조하는 입장이었지만, 현 시국을 장악할 수 있는 사람은 그래도 장개석밖에 없다는 믿음도 없지 않았다. 그래서 만약 그가 자신의 답답한 마음을 그대로 직언한다면, 장개석 위원장께서 지금 시국을 심사숙고하셔서 하루라도 빨리 일본과의 평화회담에 나서보시라는 내용으로 요약할 수 있겠다. 하지만 그와는 별도로 자신의 임무 또한 나름 착실히 실행하여 일본을 분석한 보고를 올리게 된다.

6) 장개석의 항전 결심

한 달 뒤인 1938년 7월 25일, 장개석은 왕정위에게 고종무가 올린 보고서를 함께 검토하자고 약속을 잡는다. 이때만 해도 왕정위는 일본인들이 자신을 중시하는 것에 내심 흡족해 하면서도 정치적 라이벌인 장개석의 자리까지 차지해야겠다는 야심까지는 없었던 것으로 보인다. 다만 장개석에게 일본과의 평화회담에 적극적으로 나설 것을 강력하게 요청할 생각이었다. 하지만 권력의 최고정점에 서있는 장개석으로서는 자신의 권력이 걸려있는 건 물론, 전면적인 항일을 주장하는 군부와 민족감정으로 격앙된 민심의 향배도 고려하지 않을 수 없었다. 더욱이 전황이 불리함에도 항일에 대한 국민들의 의지가 전에 없이 높았기에 무기를 내려놓고 평화를 구걸하는 회담을 열어야 한다는 목소리를 꺼낼 분위기는 더더군다나 아니었다. 이런 점을 잘 알고 있는 왕정위는 자신의 평화구상이 국민당 내부를 통과하기란 불가능하다는 현실을 점차 심각하게 받아들인다. 그때 왕정위의 머릿속에 스쳐 지나간 생각은 기왕 일본에 가있는 고종무를 활용해 일본 고위층과 대화채널을 마련해 보자는 것이었다.

1938년 10월이 돼도 전선에서는 광주(廣州)와 무한(武漢)이 연달아 함락되었다는 안 좋은 소식만 계속 들려왔다. 왕정위는 외국기자들과 회견하는 기회를 이용해 우리 국민정부는 회담의 문을 완전히 닫지 않았으며, 일본과 평화회담을 할 용의가 있다는 점을 여러 번 암시한다. 또 이 시기 일본은 왕정위에게 발맞춰 그의 심복이자 국민당 중앙법제위원회 위원이었던 매사평(梅思平: 메이쓰핑)을 통해 이제는 정면으로 나서서 별도의 정부를 수립할 것을 희망한다는 뜻을 전달한다.

7) 국민참정회의 결의

이때 나온 웃지 못할 에피소드 한 가지—본격적으로 일본과의 항전시국으로 접어들자 국민당 정부는 각 정파를 불문하고 일종의 최고 자문회의인 국민참정회(國民參政會)를 만들었다. 여기에는 공산당도 참여했는데, 물론 이는 장학량에 의한 서안사변(西安事變)이 1936년 크리스마스 이브에 극적으로 타결되면서 거둔 성과인 '제2차 국공합작'의 결과물이었다. 그래서 모택동(毛澤東)을 필두로 진소우(陳紹禹)·진방헌(秦邦憲)·임조함(林祖涵, 즉 임백거林伯渠)·오옥장(吳玉章)·동필무(董必武), 그리고 훗날 중국수상이 되는 주은래(周恩來: 조우언라이)의 부인 등영초(鄧穎超: 떵잉차오) 등 7명이 이름을 올렸다.

1938년 7월, 1차 회의가 무한(武漢: 우한)에서 열린 이후 1948년 3월에 해산할 때까지 모두 4회에 걸쳐 13차례의 회의가 열린다. 초기의 국민참정회 의장은 왕정위가, 그리고 지금도 천진(天津)에 있는 명문대학인 남개(南開: 난카이)대학의 설립자이자 총장이었던 명망 있는 교육가 장백령(張伯苓: 장뽀링)이 부의장을 맡았다. 1차 대회 후에는 중경(重慶: 충칭)으로 국민정부가 옮기면서 장개석이 의장을 맡는다. 겉으로는 최고자문회의의 간판을 달았지만, 그 실상을 들춰보면 사정이 좀 다르다. 즉 정파가 모인 모든 회의가 힘을 가지기 위해선 집행권한이 있어야 하는데, 국민정부가 공포한《국민참정회조직조례(國民參政會組織條例)》에 따르면 국민참정회는 국민정부의 시정보고를 청취하고 자문하고 건의하는 권한은 있지만, 참정회를 통과한 결의안을 국민정부가 반드시 집행할 의무는 없다고 돼 있었다. 그러므로 장개석 입장에서는 모든 여론을 수렴한다는 그럴듯한 모양새는 갖추어 놓았지만, 자신이나 국민당의 의사에 반하는 어떤 건의도 배척할 수 있는 장치를 마련해 놓은 셈이었다. 그럼에도 불구하고 모임 자체나 결의안이 갖는 정치적 무게는 작지 않았으므로 참정원의 구성원 200명은 열심히 회의에 참석한다.

1938년 11월 2일 다시 국민참정회가 개최될 무렵, 참정의원이자 싱가포르 화교로서 명망 있는 기업가이며 교육가인 진가경(陳嘉庚: 천지아껑)이 싱가포르에서 전보를 보냈다. 30자의 이 전보에서 그는 세 가지 제안을 했는데, 그 내용은 "일본 도적들이 우리 땅에서 물러나기 전에 모든 공무원이 누구에게라도 평화조건을 말할 경우 일률적으로 매국노 국가의 도적으로 그 죄를 논한다.(日寇未退出我國土之前凡公務員對任何人談和平**條件**槪以漢奸國賊論)"라는 것이었다. 그리고 이 제안은 1938년 11월 2일, 중경에서 발행되는 국민당 기관지 《중앙일보(中央日報)》에도 공개적으로 기명기사로 게재되었다.

참정회 안에서 참정의원의 모든 언론은 법률의 보호를 받고 있으므로, 왕정위는 반드시 이 제안을 회의에 보고해야 했다. 이 전보를 보고 내심 매우 불쾌해진 왕정위는 제안을 참정회에 넘기기 전에 수하들을 시켜 장난을 친다. 즉 제안 속의 '조건(條件)' 두 글자를 삭제해 버린 것. 이 두 글자는 왕정위가 극력 주장했던 평화'조건'을 가리키는 것이라는 건 누가 봐도 알 수 있었으므로 그의 불쾌한 마음은 충분히 짐작하고도 남는다. 그래서 회의에 정식으로 교부한 제안은 30자가 아니라 28자였다.

제안이 토론에 부쳐지자 큰 논쟁이 붙었다. 주로 왕정위를 중심으로 한 주화파가 반대토론에 나서면서 수정을 요구했는데, 자신들의 보스 왕정위가 보면 제일 찔리는 단어라서 그랬는지 매국노와 국가의 도적을 의미하는 '한간국적(漢奸國賊)' 4자를 삭제하라는 것이었다. 최종 통과에 부치자 왕정위 일파는 다시 재수정을 요구한다. 이번엔 '공무원' 세 글자를 삭제하라는 것이었다. 왕정위 자신부터 국가기관의 공무원이었으므로, 평화회담을 요구하는 자신에게로 향하는 창끝을 빼버리고 싶었던 게다. 다시 21자로 줄어 처리됨으로써 결국 최종적으로는 매우 애매모호하고 치욕스러운 내용으로 변질돼 버렸다. 그러나 최종문구는 더욱 줄어들어 "일본 도적이 이 땅에서 물러나기 전에 평화안을 이야기하면 안 된다.(日寇未退出國土之前, 不得言和案)" 14자로 통과되었다. 진가경의 본래 뜻을 완전히 왜곡시킨 채 적들이 침략하고 있는 이때 나올 수 있는 결의안으로 보기엔 너무나 어처구니없는 내용이 아닐 수 없다.

국민참정회 결의가 대외적으로 공포되기 전에 국방최고회의의 비준을 거쳐야 하는 규정이 있었는데, 거기에서 간신히 '공무원' 세 글자가 다시 부기되어 올라갔고, 결국 국민참정회 공식문서가 되어 11월 2일 국민당 기관지 《중앙일보》에 보도된다.

2. 조계지 상해와 도이하라 겐지의 공작

1) 상해의 퇴폐적 안락

위에서 중일전쟁이 터지고 파죽지세로 밀고 내려오던 일본군이 상해에서 중국군의 격렬한 저항에 부딪쳐 석 달 동안의 송호회전으로 발이 묶여 있다가, 결국 상해가 함락되고 연이어 남경까지 함락되며 '남경대학살'의 참극으로 이어진다고 언급했다. 여기서 잠시 일본군의 손에 떨어진 당시 상해 속으로 들어가 보기로 한다.

1938년 6월, 중일전쟁이 이미 1년 가까이 지속되고 있었으므로 전시(戰時) 특유의 음울함과 처연함, 그리고 격앙된 분노가 교차하는 분위기가 중국사회 전체를 짓누르고 있었다. 하지만 같은 시기 전쟁은 아랑곳하지 않고 남녀가 어울려 쌍쌍이 춤추는 장면이 전개되던, 그 당시 상해 배경의 영화를 인상 깊게 보면서도 생경한 느낌이 들었던 기억이 없으신지? 전시에 그런 향락이 공공연하게 가능했던 곳은 중국에서도 유일하게 한 도시, 바로 상해였다. 정확하게 말하자면 상해에서도 외국세력이 장악하고 있던 조계(租界)지역만은 외국세력에 기대어 전쟁의 비참함 따위는 초월한 채 전쟁 전부터 누려오던 향락과 사치를 탐닉하고 있었다. 물론 이는 전쟁과는 상관없는 극히 일부계층의 얘기이지만. 상해에서 치외법권(治外法權)의 특권을 누리던 서구열강들의 힘이 상존하고 있었고, 전쟁 중에도 중립을 표방하고 있었기에 이런 기형적인 평화를 누릴 수 있었던 것이다. 물론 그 속에서도 서구열강의 한 멤버였던 일본의 막강한 힘을 상해시민들은 생활 속에서 피부로 느끼게 된다.

지금은 추억의 영화가 된 이소룡(李小龍) 주연의 《정무문(精武門)》이라는 홍콩영화를 기억하시는지? 1972년 제작이니 이미 50년이 지난 영화이지만, 실화를 바탕으로 한 이 영화는 여전히 이소룡이 남긴 네 편의 완성작(1970년 이전 조연작과 연속극 제외) 중 가장 걸작으로 꼽는다. 그 이유는 아마도 이소룡의 다른 영화가 비교적 단순한 선악의 대결에서 화려한 발차기와 함께 권선징악의 결말을 보여주는 구조인 것에 반해, 이 영화는 식민지 2등 국민이 마주한 거대한 불가항력의 외세라는 대립구조 속에 민족의 울분과 굴욕을 무술로 폭발시키는 서사구조 때문일 것이다. 이 영화가 개봉된 이듬해인 1973년, 영화 《사망유희(死亡遊戱)》 촬영 중 급사하는 이소룡은 이로써 '중화영웅'의 이미지로 각인된다.

정무문으로 몰려온 일본인들이 들고 왔던 '동아시아의 병든 놈들(東亞病夫동아병부)'이라고 쓰인 액자와 공원에 들어가려고 하는 이소룡(극중 이름은 진진陳眞:천전)을 인도 경비원이 막으면서 손으로 가리킨 '개와 중국인은 들어오지 마시오(狗與華人不得入內)'라는 안내판이 가장 중국인을 치욕에 떨게 하는 장면일 것이다. 물론 뒤이은 이소룡의 호쾌한 발치기에 다 나가떨어지지만, 그것으로 피압박 민족의 굴욕이 해결되겠는가. 결국 총을 들고 있는 서양인을 포함한 순포(巡捕)들을 보고 이소룡이 달려 나가면서 뛰어오르자 동시에 총소리가 나면서 정지되는 엔딩장면은 묵직한 탄식을 자아낸다. 일본 제국주의는 그만큼 무서웠다. 도대체 왜 이렇게 되었을까? 그렇게 된 배경은 잠시 설명이 필요하다.

2) 상해 조계지역

조계(租界)는 두 나라가 협정을 통해 상대나라의 일부지역에서 본국과도 같은 행정자치권과 치외법권을 누릴 수 있도록 설정한 합법적인 거주지를 말한다. 즉 조계를 내주는 입장에서는 자기 땅에서 주권을 행사하지 못하고, 그곳에 사는 자국인도 외국의 통치를 받는 처지가 되는 것이다. 즉 외국인이 들어와서 자국인에게 영사재판권을 행사해도 아무런 이의도 제기할 수 없는 주권상실의 치욕을 당하는 것이다. 특히 중국의 경우 아편전쟁 이후 각종 불평등 조약으로 중국 땅을 떼어주고 주권을 행사하지 못하는 식민 혹은 반(半)식민 상태를 제일 상징적으로 보여주는 곳이 이들 조계지역이라고 하겠다.

　1845년 11월 15일에 상해에 처음으로 영국조계가 설립되었으니, 거의 한 세기에 가까운 세월을 중국 속 영국 땅으로 내주고 지냈다. 그 뒤로 열강들이 다투어 중국 전 지역에 조계지역을 설정하기 시작했는데, 영국이 일곱 곳, 일본이 다섯 곳, 프랑스가 네 곳, 독일이 두 곳, 러시아가 세 곳, 이탈리아가 한 곳, 오스트리아-헝가리 제국이 한 곳, 벨기에가 한 곳, 영미가 공동으로 상해공공조계 한 곳, 서구 열강 아홉 개 나라가 공동으로 하문(廈門) 지역에 고랑서(鼓浪嶼)공공조계 한 곳을 차지하였다. 정말 유럽의 웬만한 나라는 거의 기회를 놓치지 않고 모두 한 자리씩 차지한 셈이다.
　그런데 일본은 천진(天津)·한구(漢口)·소주(蘇州)·항주(杭州)·중경(重慶) 등 다섯 곳에 조계지를 가지고 있었지만, 상해에는 없었다. 이는 영국 등 서구

기형적 평화 속 '상하이 조계'　상해의 조계지역은 당시 중국의 식민 혹은 반식민 상태를 제일 상징적으로 보여주는 곳으로, 치외법권의 특권 하에 중립을 표방, 전쟁 전에도 전쟁 중에도 향락과 사치를 탐닉하며 기형적인 평화를 누렸다. 사진은 당시 상해 조계의 한 시가지 모습.
출처: 4045 / Shutterstock.com

열강들이 일본을 견제한 결과이지만, 1937년 7월 중일전쟁이 터지자 이 기회에 일본군은 공공조계의 북쪽과 동쪽지역을 중국군을 공격하는 기지로 삼고 진격해 들어갔다. 그래서 공공조계 가운데를 지나는 소주하(蘇州河)를 경계로 북쪽이 일본군의 관할이 되자 사람들은 이곳을 '상해일본조계'라고 부르게 되었다. 중국군 역시 일본이 점령한 공공조계의 북쪽과 동쪽을 맹렬하게 공격해 약70%의 일본조계가 파괴되었다. 그러나 공공조계의 나머지 중심부와 서쪽, 그리고 남쪽은 영국·미국·이탈리아 군대가 방어하며 일본과 중국 사이에서 중립을 지켰는데, 1937년 11월에 상해가 일본군에게 함락되자 완전히 일본군의 손아귀에 들어가고 만다.

이때부터 1941년 12월 태평양전쟁이 발발할 때까지 4년의 시간을 외로운 섬의 시기, 즉 '고도시기(孤島時期)'라고 부른다. 그러나 이 지역의 중국 기구들은 정상적으로 운영이 되었으며, 전란 통에 중국인 40만 명이 밀려 들어 이 중립지대에서 피난살이를 시작한다. 그리고 사방에서 조여 오는듯한 불안 속에서도 위에서 말한 대로 마치 전쟁하고는 상관없는 섬처럼 나름 번영을 누리면서 온갖 퇴폐적 향락 또한 빠지지 않는 욕망의 도시가 된다. 하지만 이 욕망의 도시, 화려한 상해 밖은 전쟁 중이었으므로 눈에 보이진 않았지만, 더욱 큰 그림을 그려 더 큰 이익을 챙기려는 음모와 협상을 비롯한 막후의 치열한 전개는 당연지사. 특히 상해를 장악한 일본은 점령지 통치를 공고하게 할 공작에 착수하게 되는데, 여기에는 빠질 수 없는 인물이 하나 등장한다.

3) 도이하라 겐지와 '중광당'

그는 도이하라 겐지(土肥原賢二: 1883-1948)라는 인물로 점령지 통치계획을 세우고, 이를 실현하기 위한 막후공작을 거치면서 익힌 경험을 바탕으로 다시 상해지역 공작에 나섰다. 일본 괴뢰국인 만주국을 동북에 세우는데 이미 풍부한 경험을 쌓으면서 혁혁한 공을 세운 터라 먼저 동북에서의 그의 '공로'를 잠깐 따라가 보자.

우리에게도 '특무부대'라는 명칭은 낯설지 않다. 해방 직후 남한에는 미군정청 국방사령부에 정보과가 설치된 것을 시작으로 1948년 특별조사과에서 다시 특별조사대로, 1949년 방첩대로, 1950년 특무부대(CIC)로 개칭되는데, 그 유명한 특무부대장 김창룡 저격사건으로 특무라는 단어가 정치공작의 이미지와 겹치면서 깊은 인상을 남긴다. 그 후 1960년 육군 방첩부대로 개편되었다가 1968년 보안사령부로, 1977년 국군보안사령부로 확대 개편된다. 이어지는 신군부의 정권장악으로 두 명의 보안사령관 출신 대통령이 등장하게 되는데, 여기선 이후 역사이야기는 할 필요가 없겠고 1991년 국군기무사령부로, 2018년 군사안보지원사령부로, 그리고 2022년 11월 1일자로 국군방첩사령부에 이르고 있다.

도이하라 겐지 만주국에 이어 왕정위 괴뢰정부까지 대(對)중국전략의 총책임자였다. 종전 후 교수형에 처해진다.

조금 길게 한국의 군 정보기구 이야기를 한 것은 우리에게 '특무부대'와 '보안사'만큼 여론조작과 반대자 색출과 탄압, 민간인과 정치인 사찰 등의 그림자를 드리운 기관이 없었는데, 그와 똑같은 역할을 일본인들이 만든 특무기구가 수행하고 있어 우리에게 이 단어가 주는 어두운 색살의 인상이 짙기 때문이다.

도이하라는 지금도 우리가 만주(滿洲)라고 부르는 동북지역을 근거지로 한 봉계(奉系, '봉파' 혹은 '봉천파')의 수령인 장작림(張作霖: 장쭈어린)을 1928

년 6월 4일, 심양(瀋陽)에서 가까운 황고둔(皇姑屯: 황꾸툰)역에서 폭사시킴으로써 북양정부의 북경통치를 끝내게 한 '황고둔 사건'의 막후인물이다. 그리고 우리가 '만주사변'으로 알고 있는 1931년 '9·18 사변'을 기획하고 실행에 옮겨 만주국을 세운 막후의 기획자이기도 하다. 일본군대의 특무기관 역시 작전지역이나 점령지에서 첩보활동을 하면서 교란작전이나 선전을 위한 여론조작 등을 수행하는 종합 정보기구 역할을 했다. 만주지역의 경우, 9·18, 즉 1931년의 만주사변 발발 때부터 중일전쟁이 일어나는 1937년까지 활동하다가 같은 해 12월에 폐지된다. 만주국을 세우려면 먼저 지도자로 내세울 허수아비가 필요한데, 동북의 중심지인 봉천(奉天, 즉 심양瀋陽)에서 특무기관의 책임자였던 도이하라는 두말할 필요 없이 천진의 일본조계 안에 있는 정원(靜園)에 머물고 있던 마지막 황제 부의(溥儀)를 떠올리고 공작에 착수한다. 그 전후 과정을 정리하면, 도이하라는 1930년 10월 관동군의 명령을 받고 동북지역에 특무기관을 세워 당시 동북을 지배하던 군벌 장학량(張學良: 장쉬에량)의 세력을 와해시키는 작업을 했다. 1931년 8월 16일에 봉천특무기관장으로 임명된 그는 일본으로 가서 공작보고를 하고, 한 달 뒤인 9월 18일 만주사변이 터지던 당일 봉천으로 귀임한다. 그러니까 이후 동북의 전반적인 공작에 대한 중요한 임무를 일본에서 부여받은 것이었다.

도이하라는 9월 22일에 열린 향후 공작방향을 논의하는 회의에서 만주지역에 일본을 맹주로 하는 '국가'를 세워야 한다고 강력히 주장하였고, 곧 일본군부의 비준이 떨어진다. 이어 10월 25일, 그는 당시 북경 자금성에서 쫓겨나 천진의 일본조계에 머물고 있던 마지막 황제 부의에게 접근해 동북으로 갈 것을 회유한다. 자금성에서 쫓겨난 뒤 7년가량의 시간을 천진에서 보내던 부의는 점차 외국사절의 환대와 함께 개방적인 생활을 하면서 알게 된 서구열강의 문물에도 눈을 뜨게 된다. 하지만 정작 부의에게 필요한 도움을 주는 외국은 거의 없었고, 의례적으로 대하는 외교적 요식행위인 경우가 대부분이었다. 부의는 자신을 계속 비호해주는 일본에 더욱 의지하게 되면서 점차 마음속에 품고 있던 복벽(復辟), 즉 다시 황제자리에 오르는 꿈을 실현시켜줄 수 있는 유일한 파트너는 일본이라고 여기게 된다. 일본은 이 틈을 파고들었다. 도이하라는 몇 번이나 계속 찾아와 동북으로 갈 것을 설득했고, 부의는 결국 도이하라가 내미는 조건에 동의하고 동북행 여정에 오른다.

같은 해 11월 부의는 도이하라의 협조 아래 천진에서 여순(旅順)의 대화여관(大和旅館)으로 비밀리에 숨어들었고, 다시 순조롭게 봉천에 도착할 수 있었다. 이듬해인 1932년 3월 1일 일본은 드디어 동북지역에 만주국을 세우고 부의를 집정(執政) 자리에 올렸다.(만주국 황제로 즉위한 것은 2년 뒤, 1934년 3월 1일) 그리고 9월에는《일본만주의정서(日滿議定書)》를 체결, 일본은 만주국을 정식으로 승인하고 만주국도 만주에서의 일본의 특수이익을 승인한다. 그러니까 도이하라는 동북에서 부의를 포함한 식민지 운영계획을 세우고 이를 실행하는 모든 과정을 현지 관동군의 협조를 얻어 총지휘한 인물이었다.

4) 여간첩 카와시마 요시코

여기서 잠깐 부의를 동북으로 빼돌리는 영화 같은 스토리에 등장하는 여간첩 이야기를 들려드리고자 한다. 일본 공작원들은 부의를 동북으로 빼돌리는 데에는 성공했지만, 천진에서 급하게 탈출하느라 부의의 황후인 완용(婉容: 완롱)을 챙기지 못해 그녀는 여전히 천진에 남아 있었다. 동북에서 만주국을 '건국'시키려면 반드시 완용이 있어야 하므로 일본군은 다시 공

남장한 카와시마 요시코 만주황족 출신으로 일본을 위해 온 힘을 다한 그녀는 죽음에도 많은 의문을 남겼다.

작에 나선다. 그리고 이를 담당할 공작원으로는 늘 남장을 하고 다니는 매력 있는 일본여인이 선발된다.

카와시마 요시코(川島芳子: 1906-1948)라는 이름을 가진 이 여인은 1931년 11월, 여느 때와는 다르게 얼굴에 화려한 화장을 하고 입술에는 빨간 립스틱을 바른 요염한 모습으로, 여자옷을 입은 남자수행원을 대동하고 완용의 거처에 나타난다. 며칠 뒤 숙소인 정원(靜園)에는 소문이 하나 돌았다. 즉 숙친왕(肅親王)의 열네 번째 딸의 친구가 병으로 사망해 관을 밖으로 운구해야 한다는 것. 이렇게 완용을 넣은 관 하나가 공개리에 밖으로 나왔고, 이후 아무런 제약 없이 여순까지 도달한다. 이 일본여인의 도움으로 남편을 만날 수 있게 된 완용은 탈출여정이 위험한 모험이었음에도 아주 만족해하고 고마워했다. 그래서 어머니가 남겨준 비취 귀걸이를 이 일본 여공작원에게 선물한다.

그런데 요시코는 파란만장한 삶을 살았고 죽어서도 지금까지 수수께끼를 남긴 여인이라 좀 더 이야기를 할 만하다. 우선 이름이 많다. 일본이름은 카와시마 요시코, 중국이름은 김벽휘(金碧輝: 진삐훼이), 그보다 앞선 진짜 이름은 애신각라 현우(愛新覺羅 顯玗: 아이신쥐에루어 시엔위)이다. 애신각라라… 그렇다 그녀는 본래 청나라 황족, 그것도 청나라가 망할 때까지 온갖 특권을 누리는 철모자왕(鐵帽子王)의 열네 번째 딸이다. 위에서 언급한 왕정위를 끝까지 살려주고 싶어 했던 숙친왕(肅親王) 애신각라 선기(愛新覺羅·善耆)의 딸이다. 만주황족의 딸이 요시코가 된 데에는 아버지 선기의 고뇌가 그대로 투영되어 있다는 것을 짐작할 수 있겠다.

　1911년, 청나라가 멸망하자 가장 명망 있는 황실어른 중 한 명이었던 선기는 일본의 힘을 빌려 다시 나라를 되찾는다는 나름 원대한 계획을 세운다. 기초 작업으로 딸 현우를 일본의 실력자 카와시마 나니와(川島浪速)에게 양녀로 보냈는데, 서로 협력해 만주와 몽골을 중국에서 분리 독립시키겠다는 포부였다. 그래서 딸 현우는 이름을 일본식으로 바꾸고, 어렸을 때부터 철저한 군국주의 사상과 함께 정치·군사·정보 등 각 방면의 교육을 받게 된다. 일본에서 성장하면서 그녀에게 접근한 일본청년은 없지 않았으나, 애틋한 연애감정을 키워나가기엔 불행하게도 머릿속엔 여느 사춘기 소녀와 달리 온통 시국, 시국만 가득 찬 소녀이었다. 그러다 양부인 카와시마가 이상한 소리를 한다. 양녀 요시코의 열네 번째 오빠인 애신각라 헌입(憲立: 시엔리)에게 "그대의 부친 숙친왕은 어진 사람이고, 나는 용감한 사람이다. 만약 어진 이의 피와 용감한 이의 피가 합쳐져 거기서 낳은 아이라면 분명히 어짐과 용감함을 겸비할 것이다." 무슨 소리인가? 환갑이 다된 양아버지는 양녀를 첩으로 들이고 싶어 오빠에게 동의를 구하는 게 아닌가.

　그리고 1924년 열일곱의 요시코는 양아버지에게 몹쓸 짓을 당한다. 슬픔과 분노로 가득 찬 요시코는 일기에 썼다. "대정(大正) 13년 10월 6일, 나는 영원히 여자를 그만둔다." 다음날 일본식으로 머리를 빗은 그녀는 꽃을 단 일본옷을 입고 소녀 결별사진을 찍은 뒤 일본식 남자머리로 깎아 여성의 신분과 영원히 결별한다. 그녀의 이해하기 힘든 남장에는 이런 소녀시절의 비극이 자리하고 있었던 것이다.

이후 회색의 우울함은 그녀의 마음속에 그대로였지만, 겉보기에는 완전히 변했다. 얌전한 황실공주에서 매인데 없이 내키는 대로 행동하면서 점차 광기를 드러내기 까지. 그리고 남장하는 것에 그치지 않고 이렇게 해야 여성에서 영원히 벗어날 수 있다고 자기최면을 걸 듯 승마·검술·사격 등 남성스포츠를 닥치는 대로 배우고 익혔다.

점차 극단적인 성격으로 변해가는 그녀를 옆에서 말없이 지켜봐주던 남자친구에게 요시코는 수시로 미친 듯 소리쳤다. "난 살기 싫어. 다 끝내고 싶어!" 남자친구는 서서히 지쳐갔다. 어느 날 요시코가 또 그런 소리를 하자 남자친구가 가슴에 차고 있던 총을 그녀 앞에 내민다. "그래 좋아. 죽고 싶으면 죽어!" 그러자 요시코는 한 치의 망설임도 없이 총을 들어 자신을 향해 방아쇠를 당겼다. 총알이 왼쪽 갈비뼈를 관통했지만 다행히 빠르게 조치를 취해 생명에는 지장이 없었다. 청혼까지 한 이 남자친구 이와타 아이노스케(岩田愛之助)와는 결국 헤어진다.

며칠 있다 요시코는 양부의 파렴치 행위를 사람들에게 공개한다. '미투'를 한 셈인데, 일본에서는 지금도 한국하고는 비교도 안 될 정도로 참 어려운 결단인데, 그때는 오죽했겠는가. 별다른 반응이 없었다. 이때 양부와 결의형제를 맺은 숙친왕 아버지는 이미 세상을 떠난 이후라 그녀는 북경에 있는 오빠 헌입(憲立)에게 편지를 보내 대책을 의논한다. 오빠는 황급하게 답장을 썼다. "그래도 절대 공개적으로 결별은 하지 말거라. 용기를 가지고 함께 잘 지내기 바란다. 양아버지도 반성하실 거야. 이미 발생한 일, 잘 해결해 보자꾸나."

요즘 식으로 말하자면 가해자와 분리조치를 취하지 않고 계속 한집에

살라는 얘기인데, 무슨 이런 오빠가 다 있나 싶지만, 요시코의 양부가 '조국의 회복'을 위한 협조와 연합의 대상인데다 일본의 실력자라는 정치적 고려가 다른 모든 것을 덮어서 그랬으리라. 양부는 미안했는지 요시코를 가고시마(鹿兒島)로 보내 요양하게 한다. 이때 양부 집에는 요시코 말고도 열여덟 번째 오빠 헌개(憲開: 시엔카이)와 막내동생 헌동(憲東: 시엔똥, 선기의 21번째 막내아들)도 함께 살았는데, 헌개는 곧 일본육사에 입학해 집을 떠났고, 헌동만 남았지만 서로 매우 불편해 결국 여순(旅順)으로 떠나면서 일단 카와시마 집안과는 인연이 끝나게 된다.

참고로 숙친왕(肅親王) 애신각라 선기(愛新覺羅 善耆)는 21명의 아들과 요시코를 포함한 17명의 딸을 두었다. 그리고 막내 헌동의 얘기는 짧게나마 소개할 만하다. 헌동은 후에 일본육사를 졸업한 뒤 아저씨뻘 되는 부의(溥儀: 푸이)가 '황제'로 있는 만주국으로 갔다. 일본에서 온 조카를 매우 반긴 '황제'는 그를 만주군 고사포 부대에 배속시키고 빠르게 진급을 시켰지만, 그는 사실 항일에 뛰어든 공산당의 지하당원이었다. 일본항복 후에야 그의 신분이 밝혀졌으며, 만주군의 각종 고급정보를 제공한 그의 항일공로를 높이 평가받아 2002년 88세로 세상을 떠날 때까지 높은 대우를 받았다. 누나 요시코와는 완전히 반대의 길을 걸은 셈이다.

한편 가고시마에서 고뇌의 나날을 보내던 요시코는 계속 오빠 헌입에게 편지를 보내 중국으로 돌아가게 해달라고 요청하지만, 오빠는 같은 말만 반복한다. 지난날은 잊고 아버지의 유지를 항상 유념 하자꾸나…

사춘기 소녀 요시코에게 그런 일이 일어났던 1924년 그해 연말, 아직 자금성에 살고 있던 마지막 황제 부의에게 최후통첩이 날아든다. 청 황제라는 존호(尊號)와 황실우대를 모두 폐지하겠다는 군벌 풍옥상(馮玉祥: 펑Feng 위샹)이 보낸 선포였다. 이 일로 황실은 크게 동요하게 되는데, 이때 공교롭게도 심각한 경제위기를 맞은 일본이 이를 타개하기 위해 다시 중국에 눈독을 들이기 시작한다.

1927년 7월 7일, 다나카 기이치(田中義一) 수상은 동방회의를 소집해 《대중국정책강령(對華政策綱領)》을 발표하고, 이어서 본격적으로 중국 동북지역을 경영하겠다는 내용의 《만주몽골에 대한 적극정책(對滿蒙積極政策)》을 '천황'에게 올리는 형식으로 작성한다. 이것이 유명한 '다나카상소(田中奏折)'이다. 이 소식을 들은 요시코 양부 카와시마는 뛸 듯이 기뻐하며 드디어 다시 기회가 왔다고 좋아한다. 실패한 만몽독립에 서광이 비친다고 생각한 카와시마는 즉시 대련(大連: 따리엔)에 사무소를 내고 다시 숙친왕 집안과 연락을 취하려 한다. 관동사령부에서 숙친왕에게 떼어준 땅이 대련에 있었고, 양부는 거기 노천시장의 이익을 노렸던 것이다.

하지만 요시코는 단칼에 양부의 요청을 거절하고, 1927년 여름에 중국으로 돌아와 이름도 김벽휘(金碧輝: 진삐훼이)로 다시 바꾼다. 하지만 아버지가 심어준 만몽연합이라는 유지는 잊지 않았는지 여순(旅順)에서 몽골왕족 감주이찰포(甘珠爾紮布: 깐주얼짜뿌)와 결혼한다. 신랑의 아버지는 일찍이 요녕(遼寧)지역의 대지주의 아들로 현지 청년들을 모아 작지 않은 무장조직을 이끌던 파포찰포(巴布扎布: 빠뿌짜뿌)였다. 중국자료에서는 그를 부를 때 몽골의 비적(匪賊)이라는 뜻으로 흔히 '몽비(蒙匪)'라는 수식어를 앞에 붙인다. 그러나 1916년에 대청제국을 다시 일으킨다는 맹서를 하늘에 올리고 거병했다가 동북군벌 장작림(張作霖)에게 크게 당하고, 이어서 북양정부의 직계(直系)부대와의 전투에서 대포를 맞고 전사한다. 그러므로 아들 감주이찰포는 일본육사를 졸업하고 돌아온 쇠락한 집안의 그저 그런 중급 장교였던 것이다.

신랑은 처음 요시코를 보자마자 상사병에 걸린다. 온갖 수단방법을 마다 않고, 그리고 정성을 다한 끝에 마침내 그녀의 마음을 사로잡는다. 몽골 실력자의 아들과 만주 철모자왕의 딸의 결혼은 매우 성대했다. 결혼식에는 만주귀족들은 물론 몽골귀족들과 고관들, 그리고 일본의 고관들도 빠지지 않았다. 그러곤 장장 15일에 걸친 결혼피로연이 열린다. 신랑은 한때 '초원의 늑대'라고 불렸으며, 일본과 결탁해 몽고종사당(蒙古宗社黨)이라는 정치결사를 이끌었던 부친의 유업을 이어 쇠락한 집안을 다시 일으켜야 한다는 사명감에 가득 차 있었고, 이런 집안 분위기는 요시코와 비슷했다. 하지만 신랑은 곧 여느 권문세가 도련님처럼 안일에 빠져들었다. 망해버린 조국을 다시 찾아야 한다는 절실함에서 두 사람은 너무나 차이가 컸다. 자신을 남자로 여기고, 남장을 즐겨 하면서 큰일을 할 사람으로 자부하던 새댁은 결혼한 지 1년이 좀 지나 가출을 감행했고, 곧바로 일본 관동군에 접근해 신임을 얻고 간첩이 된다.

이후 1931년, 대련으로 파견된 요시코는 친일단체에서 활동하며 현지의 반일활동에 대처하는 공작을 벌이다 점차 조직을 활용해 동북군벌 장학량(張學良: 장쉬에량)의 군대배치 등 대량의 고급정보를 빼내는데 성공한다. 이 같은 그녀의 공작첩보는 관동군이 같은 해 9월 18일에 발동할 만주사변을 획책하는데 크게 기여하게 된다. 이후 우리가 심양(瀋陽)으로 익히 알고 있는 봉천(奉天)과 일본군 점령지를 드나들며 빼어난 미모와 사교술, 그리고 탁월한 중국어·일본어 능력으로 일본군에게 없어서는 안 될 공작원의 입지를 확보한다. 거기에 새로 익힌 영어 실력까지 더해 각 지역 조계의 서양인들과의 친선교류에도 많은 힘을 쏟는다.

1931년 만주사변 결과, 이듬해에 만주국이라는 일본 괴뢰정권이 세워졌다. 만주국은 그녀의 빼어난 공작성과를 인정, 1933년 안국군총사령(安國軍總司令)과 화북인민자위군총사령(華北人民自衛軍總司令) 등의 직함을 부여한다. 일본군부는 그녀의 첩보공작 능력을 정예 장갑사단 하나에 맞먹는다며 찬사를 아끼지 않는다. 이후 그녀는 남장간첩이라는 평범한 호칭 말고도 '동방의 마녀(東方女魔)'로 불린다.

후일담을 조금 얘기하자면, 시간이 지나 도조 히데키(東條英機)가 등장하고 일본은 중국전선 하나만 해도 물자보급에 어려움이 많았는데, 1941년 12월 7일 진주만 공습으로 도발한 태평양전쟁으로 전선이 무한히 길어지자 더욱 병력자원과 물자부족에 시달리게 되었다. 이에 도조는 장개석의 국민정부와 평화회담을 할 생각을 한다. 이때 잠시 임무에서 벗어나 동경에서 한가하게 지내고 있던 요시코는 다시 천재일우의 기회가 왔다고 생각하고 도조의 부인인 카츠코(勝子)에게 전화를 건다. "중요한 일이 있으니 꼭 수상 각하에게 전해 주세요. 장개석 군대의 많은 장군하고 제가 친하니, 중국과의 회담을 꼭 성사시킬 수 있어요." 이 말을 전해들은 도조는 안색이 확 변하며 짜증을 냈다. "일본이 아직은 그런 여자 없으면 안 될 지경은 아냐!" 하지만 실제로 요시코가 전해준 중국방면의 정보는 빠르고 정확했다. 내심 놀란 도조는 여러 생각 끝에 북경 헌병사령관인 타미야(田宮) 중좌에게 요시코의 안전을 책임지라는 전보를 친다. 그리고 다시 야심만만하게 북경으로 들어온 요시코는 동흥루(東興樓)라는 큰 식당의 여사장으로 등장, 북경에 나와 있는 국민당 간부들과 넓게 접촉하면서 회담에 필요한 정보를 수집하기 시작한다. 얼마 안 가 요시코는 미색과 온갖 수완을 발휘해 자신의 신변보호를 책임진 타미야 중좌를 자신의 포로로 만든다. 이렇게 북경에서의 공작환경을 절대적으로 자신에게 유리하게 만든 뒤, 요시코는 회담에 필요한 일을 진행해 나갔다.

요시코는 자신이 활용할 수 있는 모든 기회를 최대한 활용해 점차 북경의 일본 유력인사와 일본 앞잡이들과 교류를 넓혀간다. 한번은 연회를 열고는 '카와시마 요시코의 생일을 축하합니다. 북중국 방면군 사령관 타다하야오(多田駿)'라고 적힌 은빛 편액을 들고 들어오게 해 그 자리에 있던 모든 이를 놀라게 한다. 일종의 자기과시를 통해 자신의 공작활동을 순조롭게 하려는 좀 유치한 의도였지만, 아무튼 효과가 있었는지 그 뒤로도 계속 순조로웠다. 그녀는 한층 더 대담해진다. 이미 한간(漢奸)으로 공인된 주불해(周佛海: 조우포fo하이)와 진공박(陳公博: 천꽁뽀) 등 왕정위 정부인사들은 물론, 국민당 장개석 주변의 인물까지 두루 통해 결국 전쟁시기 첩보공작의 가장 꼭대기에 있는 국민당 정보부인 군통(軍統)의 대립(戴笠: 따이리)과도 선이 닿았다. 요시코는 대담하게 일본이 남경 국민당 정부에 깔아놓은 일본특무와 북경에서 암약하고 있는 일본 측 첩보망의 명단을 넘기겠다는 거래를 넣었다. 선수는 선수를 알아보는 법인가. 대립은 당연히 이 복잡한 신분의 여인이 그동안 해온 첩보활동에 감탄하는 부분이 적지 않았기에 기꺼이 이 거래를 받아들이려고 한다.

자신도 모르는 이유로 자신이 몸담은 조직에게 쫓기는 맷 데이먼의 영화 《본(The Bourne)》 시리즈가 영화 속에서만 등장하는 허구의 세계가 아닌 것이 실감나는 장면이다. 대립은 자신의 오른팔인 당현추(唐賢秋: 탕시엔치우)를 북경 약재상으로 꾸며 요시코와 접선하도록 한다. 그러나 이 공작은 수포로 돌아가는데, 얼마 안 있어 일본군이 버마(지금의 미얀마)로 진격하자 중국원정군이 큰 위기에 빠지게 되면서 이 접촉이 중단되었다는 설과 함께 실제 대립이 이 명단을 받고도 고의로 명단 속 일본정보망을 건드리지 않아 오히려 요시코가 일본군부의 의심을 하게 만들어 진행이 흐지부지되었다는 설도 있다.

어찌됐든 이와 상관없이 중일전쟁 8년 동안 중국인들의 항일항전과 4년 이상 끌어온 태평양전쟁의 와중에 요시코가 할 수 있는 역할은 상대적으로 서서히 줄어들었고 그래서 점점 그녀의 존재감은 잊혀져갔다. 이를 견디지 못한 요시코가 킬러 20명을 깔아놓고 이런저런 횡포를 부리고 돈을 노리기도 했다고 하는데, 일본이 태평양과 동남아 등 모든 전선에서 밀리면서 요시코는 점차 역사의 흐름과는 상관없는 인물이 되어갔다. 일본항복 후 북경에 남아있던 요시코는 군통 특무(特務, 정보요원)에게 체포되어 한간죄(漢奸罪)로 기소, 1948년 3월 25일 북경 제1 감옥에서 총살되었다. 그때 그녀 나이 마흔 한 살. 하지만 그녀의 이야기는 여기서 끝나지 않는다. 이때 총살당한 여자는 요시코가 아니라는 소문과 함께 대신 죽었다는 여자의 이름까지 나온다. 소문을 잠재우려 국민당 정부는 시신까지 공개했지만, 신원확인이 불가능하다는 유족의 항의가 제기되어 의혹만 증폭시켰다. 그리고 70년대까지 동북지역에 살았던 방(方)씨 할머니가 사실은 요시코라는 등 이에 따른 매우 많은 뒷얘기도 흥미 있으나, 이 얘기와 함께 1945년 8월 15일 일본패망 후 얘기는 다음 기회로 미루기로 하고, 이제 다시 도이하라 얘기로 돌아가 보자.

5) 도이하라의 화북공작과 기동방공자치정부 성립

위에서 동북에서의 공작을 성공적으로 마친 도이하라의 얘기를 했는데, 그는 이후 1935년에 다시 화북으로 파견되어 '큰 일'을 하게 된다. 이번에는 천진 주둔 일본군 사령관 타다 하야오(多田駿)의 계획에 따라 화북지역에서도 화북지역 5개 성(省)을 실질적으로 식민지로 만드는 작업인 화북자치(華北自治, 혹은 '화북5성자치'나 '화북특수화')를 실시해 실질적으로 제2의 만주국을 만든다는 책략을 수립하게 된다.

그래서 도이하라는 국민정부군 29군 군장인 송철원(宋哲元)과 하북성 주석 상진(商震) 장군, 산동성 주석 한복구(韓復榘)와 산서 수원(綏遠, 내몽고 서남부)를 관할하는 수정공서(綏靖公署) 주임 염석산(閻錫山) 등 네 명의 화북지역 실력자들을 앞세워 '화북자치정권(華北自治政權)' 수립을 꾀한다. 하지만 이들 네 명 모두가 응하지 않아 계획은 결국 실패로 돌아간다. 하지만 그는 이후에도 계속 공작을 진행해 결국 실질적으로 화북방면을 장악하는 '화북자치'를 성사시키고 만다. 이 화북자치는 복잡한 공작과정을 거쳐 당시 국민당의 북경군 대리위원장이었던 하응흠(何應欽: 허잉친)과 천진(天津) 주둔 일본사령관 우메즈 요시지로(梅津美治郎) 사이에 맺은 조약의 결과였다. 결국 화북지역에서 국민당의 조직과 군대를 철수하며, 반일단체와 반일활동을 단속한다는 굴욕적인 조건으로 1935년 7월 6일 조인된 이 협정은 당사자 두 사람 이름의 첫 글자를 따 《하매협정(何梅協定)》이라 부른다. 그 결과, 화북의 5개 성(하북·산동·산서·차하얼察哈爾: 지금의 하북성·산서성·내몽고자치구와 북경시의 일부, 그리고 수원綏遠: 내몽고 서남부)에 대한 군사적 침략은 멈췄지만, 정치·군사·경제 등 모든 부문을 실질적으로 일본군대가 장악하게 된다. 이 과정에서도 역시 도이하라는 중국의 각 지역 지도자들과 담판하고 또 위협을 가하는 등 할 수 있는 모든 수단을 동원해 화북자치를 성사시키는 핵심역할을 수행히었다.

또 도이하라는 화북자치의 성사와는 별개로 나름 플랜B를 실행해 작으나마 명실상부한 자치정부를 세우고자 했다. 그래서 하북성의 군정(軍政)

대권을 장악하고 있던 은여경(殷汝耕: 인루껑)이 자치선언을 하게 만들고, 1935년 12월 25일, 은여경이 주석에 해당하는 정무장관으로 '기동방공자치정부(冀東防共自治政府)'를 발족시키는데 성공한다. 비록 면적 8천200㎢에 인구 500만 명을 관할하는 소규모 자치정부였지만, 만주국에 이어 관내(關內), 즉 산해관 안에서는 처음으로 세워진 일본의 괴뢰정권이었다. 정권이 성립되자 은여경은 바로 남경 국민당 정부에서 이탈할 것을 선언하고, 일본의 이익을 충실하게 반영하는 각종 정책을 폈다.

자치정부의 매국행위가 이어지자 화북지역의 정국은 더욱 요동쳤으며 국민들의 성토 또한 끊이질 않았다. 그러자 남경의 국민정부는 은여경을 전국에 수배하는 조치를 내린다. 1937년 7월 7일 '노구교(盧溝橋) 사변', 즉 중일전쟁이 터지고 얼마 안 된 7월 29일 통주(通州)를 지키던 보안대 소속 관병 수천 명이 제1 총대장 장경여(張慶余)와 장연전(張硯田)의 지휘 하에 반정(反正)을 선언하고 통주의 일본군대와 매국노들에게 공격을 개시해 은여경을 생포한다. 하지만 곧 일본의 반격이 시작되고 수십 대의 비행기까지 날아와 폭격을 가하자 북경을 거쳐 서쪽으로 퇴각할 수밖에 없었다. 이 사건은 확실히 일본군에게 작지 않은 타격을 주었다. 그 와중에 은여경은 요행히 탈출할 수 있었지만, 이 일로 일본의 의심을 받아 석 달이나 구금되는 신세가 된다.

이듬해인 1938년 2월이 되자 은여경의 자치정부는 일본이 막 새로 출범시킨 또 하나의 괴뢰정부인 중화민국임시정부로 편입된다. 은여경은 훗날 왕정위 괴뢰정부가 세워지자 다시 (僞)국민정부 대리주석 겸 행정원 원장이 된 왕정위의 초청을 받아 남경으로 가서 일본이 항복할 때까지 전국경제위원회 특파위원과 운하관리 주비처(治理運河籌備處) 주임 등의 직위를 누린다. 훗날 일본이 항복한 뒤 한간죄로 체포되어 1947년 총살로 생을 마감한다.

6) 중화민국임시정부 성립

이제 '중화민국임시정부'라는 또 하나의 괴뢰정부가 등장하게 된다. 위에서 말한 대로 화북자치정권의 성립은 실패로 돌아갔지만, 그건 몽둥이를 들고 위협할 때의 얘기이고, 이제 정식으로 전쟁까지 일으켜서 화북지역을 다 점령까지 한 마당에 일본 입장에선 점령지에서 유력인사를 상대로 아쉬운 소리 해가며 회유공작을 펼 필요가 없어졌다. 1937년 7월 7일에 개시한 중일전쟁은 월말도 되기 전에 북평(北平, 즉 북경)을 중심으로 한 화북일대를 순식간에 점령하는 전과를 거둔다. 그러니까 북경과 천진은 물론 산동과 하북성(河北省)의 중남부, 산서성(山西省)과 내몽고 중부지역을 포함하는

일장기 환영인파 1937년 7월 7일에 시작된 중일전쟁에서 일본은 7월이 끝나기도 전에 북경(北京)을 중심으로 한 화북일대를 점령한다. 사진은 북경 거주 일본인, 특히 남녀 어린이들이 일장기를 흔들며 반자이(Banzai 만세)를 외치는 모습이 이채롭다.
출처: Everett Collection / Shutterstock.com

광대한 지역이 일본군의 손아귀에 떨어졌다.

그리고 점령 초기부터 바로 작업에 착수했던 일본인들은 남경이 함락되던 12월 13일 다음 날인 14일 이 임시정부를 발족시켜 버린다. 이를 '화북임시정부' 혹은 '북평임시정부'로 부르기도 한다. 그러다가 뒤에서 살펴볼 왕정위정부가 1940년 남경에 들어서자, 북경의 이 임시정부는 '화북정무위원회(華北政務委員會)'로 개편된다. 여기에 왕극민(王克敏: 왕커민)과 탕이화(湯爾和: 탕이허) 등 특급한간들이 등장하지만, 탕이화는 곧 폐암으로 병사하고, 왕극민은 계속해서 왕정위 정부에 등장하므로 여기선 그들의 구체적 행적은 줄이기로 한다.

여기까지 동북과 화북지역에서의 도이하라의 공작을 이야기했는데, 도이하라는 이제 무대를 상해와 남경을 중심으로 한 점령지 화동(華東)지역으로 옮겨 새로운 공작에 착수한다. 그동안의 탁월한 대(對)중국 공작성과를 인정해, 일본정부는 1937년 중일전쟁이 발발한 이듬해인 1938년 정식으로 도이하라 특무기관의 설립을 승인하고 본격적인 대중국 첩보기관으로 발족시킨다. 1938년 6월, 도이하라는 일본으로 귀국, 육군과 해군 및 중국 주둔 대표로 이뤄진 '대중국특별위원회(對華特別委員會)'에 참가해 중국점령지역에 통일된 괴뢰정권을 세우는 책임을 맡고, 이어서 이를 기획하고 수행하는 기구인 '도이하라기관'을 상해에 설립하게 된다. 그는 야전 경험이라고는 거의 없는 전형적인 첩보장교로서 대중국 정보전의 최고책임자를 지낸 보기 드문 군인이었다.

그는 아오키 노부즈미(靑木宣純)와 반자이 리하치로(坂西利八郎)를 이어 세 번째 화동지역 공작 최고책임자로 임명되어 다시 상해에 등장한다. 이후로도 그는 계속해서 사단장 7방면군 사령관과 교육총감 제1총군 사령관 등 본국의 요직을 거쳤지만, 훗날 일본이 항복한 뒤 A급 전범으로 기소되어 1948년에 처형된다. 그만큼 이 시기 중국침략의 결정적인 순간 곳곳에 빠짐없이 등장하는 중요한 인물이 도이하라였다.

이렇게 동북3성과 화북지역 일본 첩보기구의 총책으로 침략전쟁은 물론, 무자비한 암살 등 어둠 속 공작으로 동북과 화북지역에서 혁혁한 공훈을 세운 도이하라 겐지가 이제 화동(華東)공작에 착수했으니 조만간 핏빛 회오리가 상해에 몰아칠 것을 예고하고 있었다. 상해에 나타났다는 것은 일본의 대(對)중국 공작이 이제 새로운 단계로 접어들었음을 의미했다. 도대체 전쟁 중의 중국에서 어떤 음습한 음모가 꾸며지고 있는 것일까?

3. 중광당회담과 유력인사 포섭

1938년 6월에 발족한 도이하라(土肥原)의 특무기관은 곧 '중광당(重光堂)'으로 개칭하고 상해에 사무소를 개설했다. 이는 앞으로의 친일 괴뢰정부가 특무기구의 공작차원에서 수립될 것이라는 사실을 암시하는 대목이다. 기구가 설립된 후 첫 단계로 도이하라의 지휘 아래 거물 매국노들을 포섭, 그들을 앞잡이로 한 괴뢰정권을 수립하겠다는 계획을 세웠다. 그리고 그 첫 포섭대상으로 당소의(唐紹儀: 탕샤오이)·오패부(吳佩孚: 우페이푸fu)·근운붕(靳雲鵬: 진윈펑) 등 당시 유력자들을 지목하고 차례로 접근하지만 소기의 성과를 거두지 못한다.

이들 세 사람은 당시 피(被)점령지 상해에 남아 있는데다가 그들의 사회적 명망이나 영향력으로 보아 일본에 협력만 해준다면 이용가치가 매우 높았기에 적극적인 포섭대상으로 삼을만했다. 그러므로 그들에 대한 일본의 포섭공작과 이를 대하는 세 사람의 처신을 들여다볼 필요가 있겠다. 난세엔 순간의 선택이 일생의 명운을 가르는 경우가 참으로 많았기에 우리에게도 작지 않은 타산지석이며, 또한 그 과정들을 거쳐 왕정위가 최종 낙점되므로 그 과정을 살펴보는 것은 의미 있어 보인다.

1) 당소의 포섭과 암살

당소의(1862-1938)라는 인물은 당시 상당히 영향력 있는 정치가이자 외교관이자 교육가로서 북양(北洋)대학과 산동(山東)대학의 총장을 역임했으며, 한때 조선 주재 총영사를 지냈으니 우리와도 약간의 인연이 있는 셈이다. 중화민국 건국 후 최초의 내각총리직을 수행하기도 했으며, 후로도 계속 영향력 있는 정치활동을 했지만, 중일전쟁에서 상해가 일본에 함락되자 그의 선택과 운명은 파국으로 치닫게 된다. 그때 상해에는 이상한 소문이 돌기 시작했는데, 즉 일본이 이른바 중국인을 내세워 중국을 제어하는 '이화제화(以華制華)' 방책을 세우고, 그 책임자로 당소의를 가장 적합한 인물로 지목, 도이하라 등이 책임지고 회유공작을 꾸미고 있다는 거였다. 그래서 '총통' 당소의를 필두로 하는 '화중임시정부'를 세우고 궁극적으로는 장개석의 국민당 정부를 대체할 작정이라는 것이다.

그런데 이 소문은 상당히 신빙성이 있어 보였는데, 당시 국민당 정보기관이 이미 '화중임시정부'의 예비 내각 구성원의 구체적 명단까지 확보한 상태였기 때문에 더욱 그랬다. 물론 하마평에 오른 사람들의 수락을 받은 것이 아닌 공작단계 차원의 명단이었지만, 훗날의 행적으로 보아 상당수는 이미 적극 동조하고 있었던 것으로 보인다. 이 정보에 근거하여 국민당 정보기구인 군통(軍統)과 중통(中統)은 여러 경로를 통해 친일 매국행위에 나서 일본에게 이용당하지 말 것을 경고한다. 또 광주(廣州)에 자리한 '항적후원회(抗敵後援會)'는 1938년 3월 상순, 당소의에게 전문을 보내 일본 점령지역에서 빠져나와 빨리 남쪽으로 내려오라고 재촉하기도. 이어 동월 19일에는 광주지역 인사와 사회단체가 모여 회의를 열고, "만년에 훼절하여 명예를 추락시키고, 더러운 이름을 만년 동안 전하게 되지 않도록 하시라."는 간곡한 전문과 함께 2만 원의 여행경비까지 보낸다. 그러나 당소의는 돈도 받지 않고, 아무 반응도 보이지 않으며 침묵으로 일관했다. 아마도 상해라는 '외로운 섬' 속에 떨어져 있는 상황에서 누구에게도 잘못 보이고 싶지 않아 나름 중립을 취한 것으로 변명해 줄 수도 있겠지만, 이때 당소의는 일본 쪽으로 상당히 기운 듯한 의심을 살만큼 애매한 태도로 일관했다. 전시에 이런 태도는 자칫 양쪽에서 총을 겨누게 만드는 구실을 주기 딱 좋은 처신이었다.

1938년 9월 28일 오전, 도이하라는 당소의 사위의 안내를 받아 당소의의 집으로 직접 찾아가 일본에 협조하여 적극 나서줄 것을 요청하는 긴 이야기를 나눈다. 이 회동정보는 곧바로 임시수도 중경에 보고되었고, 보고를 받은 장개석은 즉시 군통국장인 대립(戴笠: 따이리)에게 '똑똑한 놈'을 보내 당소의를 제거하라는 명령을 내린다. 이에 대립은 '군통4대 킬러'의 한 명이자 평소에 가장 아끼는 심복인 조리군(趙理君: 자오리쥔)에게 그 임무를 맡긴다. 조리군은 탐문 끝에 평소 사치스런 서양식 호화요리를 즐기던 당소의가 골동품을 좋아하는 취미가 하나 더 생겨시 자주 골동상에게 가서 도자기나 청동기 등을 산다는 정보를 입수한다. 그래서 당소의가 골동 도자화병 하나를 점찍어 두었는데, 골동상이 10만 원을 불렀다는 소식을 듣고는 거액을 주고 그 화병을 구입, 골동 상인으로 가장해 당소의의 집으로 찾아간다.

경비원을 통해 용무를 밝히자 어렵지 않게 응접실까지 들어갔으며, 만년에 골동품에 빠지면서 골동품 상인을 반가운 얼굴로 맞이한 당소의에게 조리군은 가져온 화병의 특색을 상세하게 설명하며 일흔여섯 살의 노인을 혹하게 하였다. 그러고는 말끝에 사실 이보다 색도 더 좋고 더 오래되었지만, 가격은 이것보다 그리 비싸지 않은 화병이 하나 있는데, 원하신다면 직접 가져와 보여드리겠다고 미끼를 던진다. 그 말을 들은 당소의는 기뻐하면서 다시 만날 약속을 잡는다. 이번 방문은 대성공이었다. 조리군은 당소의 집의 내부구조, 보안상태 등을 어렵지 않게 파악할 수 있었다. 급하게 수하들을 소집해 임무를 어떻게 완수할 것인지를 논의했는데, 소리나는 총 대신에 도끼로 결행하기로 하고, 거사 후 도피로 확보에 중점을 둬 차량 여러 대를 집 부근에 대기시키기로 한다.

약속한 날, 두 개의 도자 화병을 들고 다시 방문한 조리군을 응접실에서 맞은 당소의는 조리군이 꺼낸 화병을 돋보기 끼고 찬찬히 들여다보더니 매우 흡족해하며 손에서 놓을 줄을 모른다. 조리군은 노인네 옆에 바짝 붙어 앉아 설명을 이어나갔다. 기회를 보던 조리군은 왼쪽 소매에 넣어둔 도끼를 꺼내 당소의의 뒷덜미를 내리쳤다. 당소의는 비명도 한번 제대로 못 지르고 그 자리에서 쓰러졌고, 밖에서도 방심했는지 경호원들도 전혀 낌새를 채지 못했다. 조리군은 태연하게 도자기 화병을 챙긴 뒤 밖으로 나와 문밖에 서 있는 경비원에게 "나리께서 응접실에서 기다리시는 동안 빨리 가서 더 좋은 화병 몇 개 더 가져와 고르시게 하려고 하니 여기서 잠깐 기다려 주세요. 곧 오겠습니다."라고 하고는 재빨리 자리를 떴다. 그러고는 문밖에서 기다리던 부하 특무요원들과 차를 타고 도망쳤다. 조금 있다 경비원에게 발견된 당소의는 아직 숨이 붙어 있었으나 곧 절명하고 만다.

여기까지 보면 한 명의 친일 매국노를 처단한 '거사'로 보이지만, 이 사건의 경우 사실 그렇게 간단하지가 않다. 그가 죽은 뒤로도 몇 십 년 동안, 심지어 최근까지도 그의 죽음에 대한 의혹이 끊이지 않고 있기 때문이다. 특히 1980년대에는 '당소의 학술연구토론회'까지 개최되는 등 그가 한간(漢奸)인지 여부를 탐구하는 시도가 적지 않게 이뤄졌는데, 대체로 한간으로 규정지을 분명한 증거가 없다는 결론으로 의견이 모아진다. 즉 이미 일흔여섯의 노인이 외부활동을 활발하게 한 것도 아니고, 거의 두문불출로 집안에서 대부분의 시간을 보내며 골동품 수집과 감상에 심취했다는 정황 설명에 더해 좀 더 객관적인 반박 몇 개를 보면 다음과 같다.

첫째, 당소의는 시종 일본의 투항권유를 거절했으며, 한간이 되었다는 증거가 어디에도 없다. 다만 일본측 공작책임자인 도이하라와 밀담을 했으며, 일본인들과 왕래가 있었던 것은 사실이다. 그리고 당소의의 '범아시아주의'가 일본의 이른바 '대동아공영'과 유사한 점은 있지만, 이 역시 추상적인 구상에 그친 것일 뿐이다. 또 결국에는 일본인들과의 왕래 일절사절과 함께 도이하라와 맺었다고 소문난 《평화구국선언(和平救國宣言)》 또한 발표된 적도 없으며, 누구도 그 내용이나 원본을 제시하지 못하고 있다.

둘째, 암살을 시행한 군통국마저도 확실한 증거를 제시하지 못하고, 거사 후 오히려 장개석 위원장이나 국민당 중앙 명의로 당씨 유족에게 위로전문이나 위로금을 전달하는 것이 좋겠다는 내용의 건의를 하고 있다.

셋째, 국민당 당국은 한 번도 공식적으로 당소의가 한간이라고 선언한 적이 없으며, 되레 그가 죽은 뒤 공상희(孔祥熙·쿵샹시)와 심지어 장개석까지 당씨의 유족에게 조전을 보내는 동시에 공식적으로 장례비 5천 원을 지급하고, 그 평생의 사적을 역사에 기록하도록 하였다.

결과적으로 장개석이 암살을 지령하고 다시 자신이 처단한 사람 유족에게 위로전문까지 보내는, 전시가 아니라면 좀 이해하기 힘든 상황으로 전개된 것이다. 그만큼 그 속에는 미묘한 흐름이 있었다는 의미로도 읽힐 수 있는데, 우선 당시 시대상황을 잠시 눈여겨 보자. 즉 일본은 이미 국민정부를 대화상대로 인정하지 않는다는 성명을 발표하면서, 한편으로는 당소의 등에 대한 포섭공작을 진행하면서 새로운 '중앙정부' 설립을 공언하고 있었다. 거기에 전황은 갈수록 국민당에 불리하게 돌아가 무한(武漢)이 함락되고 국민정부는 계속 서남쪽으로 밀려 나가고 있는 형국이었다. 또 본인의 의사와는 무관하게 '당소의계'로 불릴만한 친일 분자들이 당소의를 추대해 장개석을 대신한다는 일본의 방안을 흘리고 다녔다. 또 군통에는 일본이 무한을 점령한 뒤 새로운 정부를 세운다는 정보가 속속 들어오고 있었으므로, 결국 일본이 당소의로 장개석을 대체하려 한다고 분석하기에 딱 좋은 정황이었다. 이런 정보보고를 접한 장개석에게는 안 그래도 당소의와 나이 차이도 많고 까다로운 노인네라 좀 껄끄러웠는데, 자신을 대체한다니 사적인 권력욕으로도 이는 그냥 넘어갈 수 없는 사안이었고, 공적으로도 의심스런 것은 제거하고 봐야 하는 전시 지휘관의 입장에서 결국 처단명령을 내리게 되었다는 말이다. 그리고 멀리 떨어진 중경에서 정보기구의 보고에 의지하는 처지라 좀 더 냉철한 판단을 내리기 힘들었을 수도 있겠다.

하지만 결국 당소의 속마음이 어떠했는지는 상관없이 당소의의 태도에도 문제가 있었다는 점을 지적하지 않을 수 없다. 우선 측근들이 자신을 팔아 한간행위를 하는 것을 적극적으로 말리지 않았고, 국민당 측에서 돈까지 보내며 상해를 빨리 떠나라고 부탁했음에도 움직이지 않았다. 그리고 사람들이 자신을 비난하면서 분명한 태도를 밝히라고 요구했음에도 자신은 평생 바깥의 어떠한 유언비어에도 해명한 적 없었으며 그저 진실한 태도로서 보여주겠노라는 태도를 견지하면서 어떤 정치적 입장도 공개하지 않았다는 점이다.

그런데 당시는 선택을 강요받는 전시상태다. 그의 이러한 태도는 의심나면 일단 해치워 후환을 없애야 하는 전시에는 목숨을 거는 처신이 된 것이다. 딱 맞는 예는 아니지만 떠오르는 기억 하나. 김성칠 교수의 『역사 앞에서』는 해방 후부터 한국전쟁 발발과 인민군의 서울 점령, 그리고 국군의 서울 수복까지의 상황을 생생하게 일기로 기록한 내용이다. 그런데 필자로선 하도 오래 전에 읽어서 그런지 격렬한 이데올로기 충돌로 생사가 갈리는 전장 속에 서있는 지식인의 목격과 이어지는 고뇌로 점철되어 있다… 정도의 기억밖에 남아 있지 않다. 하지만 이 책이 처음 나왔던 90년대 우연한 자리에서 이 책이 화제에 올랐을 때 들었던 한 선배의 말은 또렷이 기억난다. "그런데 어느 쪽을 택할 것인지 책 끝까지 안 나오데?" 전시에는 그런 이분법이 강요되고 통용되는 법이지만, 한국전쟁 발발 40년이 지난 당시 90년대의 시각에서도, 심지어 지금까지도 이쪽이냐 저쪽이냐가 관심이니 중간 자리는 없는 셈이다.

다시 당소의 얘기로 돌아와서, 결국 당소의의 이런 완강한 태도가 그에 대한 대중들의 믿음을 잃게 했고, 결국 국민당에게도 암살의 빌미를 준 것으로 설명할 수 있을 것 같다. 물론 장개석의 국민당에 의해 자행된 사건이므로 중국에서 진행되는 학술연구에는 모종의 정치적 의도가 있지 않았겠는가 하는 의구심이 전혀 없지는 않지만, 색관적 판단에 영향을 주려는 의도가 있는 것으로 보이지는 않는다. 또 군통의 주요인사로서 내부사정을 잘 알고 있었던 심취(沈醉: 선쮀이)의 회고도 참고할 만하다. 그는 군통의 '4대 금강(金剛)', 그리고 '3대 검객'의 하나로 불렸던 인물로 대립(戴笠: 따이리)

이 지휘하는 군통의 정보공작에 자주 등장하는 핵심인물 중 하나로 꼽힌다. 훗날 국공내전에서 국민당이 패하고 대만으로 물러갔음에도 대륙에 그대로 남아 있다가 체포되었는데, 이후 운남성(雲南省)의 성도인 곤명(昆明: 쿤밍)의 국민당원을 체포하는데 적극적으로 협력한다. 결국 1960년에 사면을 받았으며, 80년대에는 네 번에 걸쳐 전국 정협(政協)위원까지 지낸다. 그는 당소의를 죽인 것은 명령을 받으면 실행할 수밖에 없는 군통의 임무수행이었지만, 사실 오살(誤殺), 즉 잘못 죽인 케이스에 속한다고 정리하였다. 그래서 그의 죽음을 한마디로 정리하자면, 만년에 잘못은 없었지만 명확하지 않은 태도로 오해를 받아 억울한 죽임을 당한 것으로 설명할 수 있다.

2) 오패부 회유공작과 의문의 죽음

다음으로 위에서 언급한 당소의·오패부·근운붕 등 3인 중 오패부를 향한 일본의 회유공작과 이에 대한 오패부의 반응을 한번 보자.

1912년 원세개(袁世凱: 위엔스카이)는 손문으로부터 임시대총통 자리를 넘겨받고는 곧 종신총통의 길을 트더니, 바로 이어서 중화제국의 황제까지 꿈꿨다. 하지만 전국적으로 성토하는 반대여론 속에서 겨우 83일 동안의 황제자리를 누린 그는 타의에 의해 황제제도를 폐지하고 퇴위한 지 77일 만인 1916년 6월 6일 병사하고 만다. 의사의 사망진단으로는 요독증(尿毒症)이지만 사람들은 그가 화병으로 사망했다고 수군거렸다. 향년 57세. 이후 그의 유산인 북양(北洋)정부는 수하였던 세 군벌이 마치 월드컵처럼 릴레이식으로 4년씩 통치하게 되는데, 안휘(安徽) 출신이 중심이 된 환계(皖系, 혹은 환파)는 1916년부터 1920년까지 북경을 통치했다. 3·1운동과 같은 해라는 점에서 우리에게도 많이 알려진 1919년의 5·4운동은 단기서(段祺瑞: 돤치루이)가 수령인 환계가 북경을 통치하던 시기에 일어난 반(反)외세 애국운동이다. 이어서 수도인 북경 주변의 직할 지역인 직예(直隸)를 근거지로 하는 군벌인 직계(直系, 혹은 직파, 직예파)가 1924년까지 통치하게 되는데, 오패부는 바로 이 직계를 대표하는 장군 중 한 명이었다. 마지막으로 봉천(奉天), 즉 지금의 심양(瀋陽)을 중심으로 하는 동북 군벌인 봉계(奉系, 혹은 봉파, 봉천파)가 1928년까지 통치하지만, 6월 4일 일본군이 봉파의 수령인 장작림(張作霖: 장쭈어린)을 폭사시키면서 북양정부는 종언을 고하게 된다.

이 시기 군벌들의 이야기는 별도의 두꺼운 책 한 권이 필요하므로 추후를 기약하며, 여기선 일본점령 하의 상해에 남아 있던 오패부 이야기로 줄인다.

상해가 점령되자 대부분의 정치 군사요인들은 급히 상해를 벗어났지만, 환계 수령인 단기서와 직계 수령인 오패부는 계속 북경에 머물고 있었다. 일본에 이용당할 것을 우려한 장개석의 직접 요청을 받아들인 단기서는 결국 상해를 떠났지만, 오패부는 계속 북경에 있었다. 남아 있는 주요인사 중 오패부는 가장 무게가 있는 인물이었고, 자연히 일본사람 눈에는 최우선으로 포섭해야 할 대상으로 떠올랐다. 사실 일본이 오패부에게 눈독을 들인 것은 동북에 대한 침략전쟁인 1931년 '9·18(즉 만주사변)'을 일으키고 얼마 후부터였다. 이때 사천(四川)까지 밀려난 왕년의 군벌 오패부에게 일본 공작의 책임자인 아라키(荒木)가 소총 10만 자루, 기관총 2천 정, 대포 500문, 그리고 탄약과 원조금 백만 원을 제공하겠다고 제안했지만, 오패부는 거절하고 받지 않았다. 1935년 12월 20일, 실질적으로 화북지역을 장악하면서 내세운 '화북자치'의 틀을 완성한 도이하라 등은 당소의를 수빈으로, 오패부를 고등고문으로 모신다는 구상을 가지고 내부적으로 이를 '오당합작(吳唐合作)'이라고 불렀다. 하지만 오패부가 이 제안을 단연코 거절했기 때문에 성사되지 못했다. 1937년 중일전쟁 발발 후, 남경대학살의 소식이 전해지자 피점령지 상해에 있던 오패부는 항의단식을 결행한다.

그 단식이 단 하루여서 좀 민망하긴 하지만, 그래도 자신의 뜻은 분명하게 밝힌 셈이다.

그 뒤 약 4년 동안 오패부는 외부활동 거의 없이 조용히 칩거하는 날이 계속되었다. 그러던 어느 날, 양고기 만두를 먹다가 뼛조각에 다친 잇몸이 도져 고열에 시달리다 일본인 특무장교가 소개해준 일본의사에게 치료를 받는다. 그러나 오히려 패혈증으로 1939년 12월 4일 사망한다. 잇몸에 탈이 난 지 불과 열흘만의 일이었다. 그의 죽음은 이 치료로 암살기회를 놓칠 리 없는 도이하라의 지시를 받은 일본인 치과의사의 암살이다 등 많은 의혹을 낳았는데, 확실한 증거자료가 나오지 않아 지금까지도 미궁 속 수수께끼로 남아 있다. 다만 오패부의 부인인 장(張)씨는 그날 아래층에서 일본 의사가 남편 치아를 치료하면서 무슨 주사를 놓았는데 남편은 그 자리에서 기절했고, 소식을 듣고 측근들이 급히 달려왔을 땐 이미 남편은 숨이 끊어져 있었다고 증언한 바가 있다.

그의 사망소식에 분노한 민심을 고려했는지 상해지역 한간들과 점령군 일본군까지 태도를 바꾸었다. 심지어 일본의 최고사령관까지 장례식에 참석했고, 화북지역 피점령지 도시에는 애도를 표하는 조기가 내걸렸다. 그리고 일본이 항복한 뒤, 1946년 12월 16일에는 만 명에 가까운 국민당의 군부와 정계요인이 참석한 가운데 국장을 치러 그에 대한 최고의 예우를 표했으며, 국민정부에서는 만년에 지조를 지킨 그를 기념해 국민정부 육군의 1급 상장으로 추증하였다. 이렇게 당시 육군 장관이던 이타가키 세이시로(板垣征四郎)장군과 도이하라의 이른바 '오당합작' 구상은 애초부터 가망이 없는 계획으로 귀결되었으며, 일본인들은 다시 목표를 새로 탐색하고 새로운 공작계획을 세우게 된다.

3) 근운붕 회유공작

끝으로, 근운붕은 사실 위 두 사람에 비해 그다지 언급할 내용이 없는 인물이지만, 그 역시 한때 일본의 적극적인 포섭대상이었기에 간단히 언급하기로 한다.

근운붕은 산동 출신이지만 안휘 출신 중심의 환계(皖系)의 수장인 단기서(段祺瑞)의 추천을 통해 원세개에게 중용되어 육군 상장(上將: 계급장에는 별 3개이지만 중장보다 높고 대장보다는 낮은 계급)에 올랐다가 다시 태무(泰武) 장군으로 임명되었다. 처음엔 원세개의 황제등극을 찬성했다가 다시 반대로 돌아섰기 때문에 원세개의 원한을 샀지만, 결과적으로 황제제도를 반대한 장군이라는 명예를 얻어 훗날 정치적 자산을 마련하게 된다. 원세개 사후 여러 요직을 거쳐 짧은 시간이지만 국무총리와 육군총장까지 지낸다. 하지만 군벌 간의 갈등을 견디지 못하고 사직한 뒤 천진의 영국조계에 의탁해 반(半)은거생활에 들어가 한때 불교에 심취하기도 했지만, 정치적 재기는 계속 염두에 두고 있었다. 한편으로는 틈틈이 다른 사람들과 합작해 방직공장·전등회사·제분회사 등을 운영하며 대략 6천500만 원이라는 당시로는 거액의 재산을 모아 그의 프로필에는 때로 자산가로 소개되기도 한다. 그는 난세에 세상에 나와 군벌·정치인·상인 등 여러 신분에서 모두 성공한 인물인 셈이다.

1937년 중일전쟁이 발발한 뒤 천진에 은거하던 근운붕에게 일본군부가 화북자치를 표방하는 괴뢰정권의 조직을 요청하자 머릿속이 복잡해지기 시작했다. 그래서 때마침 천진에 머물고 있던 서세창(徐世昌: 쉬스창, 1855-1939) 전 총통과 평화방안 논의로, 만주국을 승인하는 조건으로 일본군대를 철수하게 해 중일전쟁 발발 이전의 상황으로 되돌린다⋯ 등의 구상을 했지만, 구상은 구상으로 끝나버린다. 일본군부는 그가 일찍 하야한데다 실질적인 힘을 갖고 있지 않다고 판단해 공작을 중지했기 때문이다. 또 근운붕의 이 구상이 시도됐다고 해도 애초에 이뤄질 수 없는 몽상이었다. 중일전쟁 이전으로 되돌린다는 생각부터가 너무 순진했으며, 친일협력의 파트너로 생각했던 서세창이 일본침략에 대해 절치부심 완강한 반일의 태도를 보이고 있었기 때문이다.

4) '문치총통' 서세창의 말년

말이 나온 김에 서세창에 대해서도 잠시 언급해보자. 20세기 초 중국의 현대사에서 서세창은 두 말이 필요 없는 큰 인물이다. 중화민국이 건국되던 해에 그는 57세였으니 대청제국 황제의 통치 하에서 이미 인생의 3분의 2를 보낸 셈이다. 일찍이 거인(擧人)으로 과거에 합격해 진사까지 지내면서 전통 지식인 과정을 밟았다. 후에 원세개의 동지이자 친구로서 가까이 지내다가, 광서(光緖)황제 말기에는 군사 업무뿐만 아니라 청 말기엔 점차 국가정책 수립까지 관장하게 되는 통치의 핵심인 군기대신(軍機大臣)까지 오른다. 신해혁명 후 실권자로 올라선 친구 원세개에 의해 국무경(國務卿)에 임명되었으며, 이어서 1918년에는 국회에 의해 2대 대총통(大總統)으로 당선된다. 하지만 군벌들의 이해충돌에 따른 등쌀을 견디지 못하고, 1922년에 40여 년의 정치인생을 접고 모든 직책에서 물러난다. 그 뒤 천진에 칩거하면서 서화에 몰두했는데, 특히 산수와 송죽(松竹)에 능해『석문산림도첩(石門山臨圖帖)』등의 예술 관련저서를 남겼다. 또 그 자신이 빼어난 인문학자였기에 평생 주관하거나 인쇄 출판한 책이 30종이 넘는데, 그 중에서도 특히 청대 학술을 연구하는데 가장 기본자료인『청유학안(淸儒學案)』을 편찬한 것을 가장 큰 학문적 업적으로 꼽을 수 있다. 그래서 사람들은 군벌 혼전시기에 보기드문 이 문민지도자를 '문치총통(文治總統)'이라고 불렀다.

    그렇게 은둔의 시간을 보내다 팔십이 넘어 목도한 일본침략에 근심이 가득해 매번 "큰 적이 눈앞에 있으니 국내에선 모두 일치단결로 대응해야 민족의 위기를 구할 수 있다."고 역설하였다. 아마도 일본이라는 큰 강도가 들어왔는데, 이에 아랑곳하지 않고 먼저 공산당을 쳐서 국내를 안정시킨 뒤 일본이라는 외적을 친다는 소위 '안내양외(安內攘外)' 정책을 고집하던 장개석과 일본과의 전쟁을 기회 삼아 그 틈에 다시 세력을 회복하려는 모택동 사이의 심각한 국공(國共)분열상황을 몹시 우려한 말일게다. 그의 이런 우려는 1936년에 장학량(張學良: 장쉬에량)에 의한 서안사변(西安事變)으로 국공합작이 이뤄지면서 어느 정도 해소되었지만 거기까지 당도하는 데는 여전히 긴 시간이 남아 있었다.

    참고로 서안사변은 1936년 12월 12일, 동북에서 일본에게 밀려나 서안에 자리 잡은 동북군대를 지휘하던 장학량이 현지의 양호성(楊虎城: 양후청) 장군과 함께 일으킨 쿠데타를 말한다. 공산당 토벌을 독려하러 온 장개석을 감금하고 내전을 멈추고 공산당과 함께 항일할 것을 '애원'하였다. 완강하던 장개석이 결국 동의함으로써 12월 24일 '크리스마스 이브의 선물'처럼 극적으로 타결되었다. 이로써 '제2차 국공합작'이 시작되었고, 역설적으로 '고난'을 겪은 장개석은 움직일 수 없는 '영수'의 자리를 누리는 계기를 마련하게 된다. 훗날 장개석은 대만으로 철수하면서 장학량을 대만으로 데려갔고, 넬슨 만델라보다 더 오래 연금 당하던 장학량은 90이 된 1990년에 비로소 세상에 나왔다. 그리고 양호성은 동굴 속 감옥에 갇혀 있다 대만 철수 얼마 앞두고 비서와 비서의 어린 아들 포함 7명과 함께 모두 현장에서 '즉결처분'되어 바로 옆 화단에 묻혔다. 이는 긴 이야기로 기회가 되면 별도로 들려드리고자 한다.

1938년 초가 되자 중국공작의 책임자인 도이하라가 서세창과의 만남을 요청했으나 단칼에 거절한다. 그러자 한때 제자였으며 그 시점에 만주국에서 일하고 있던 김량(金梁: 진량) 등이 찾아와 이미 만주국에서 황제로 등극한 부의(溥儀: 푸이)의 뜻이라며 "선생님, 부디 이 좋은 기회를 놓치지 마시고 화북의 지도자로 나서 주시기 바랍니다. 이는 선생님 만년을 위한 것입니다."라고 설득하려 했다. 옛 제자의 권고를 들은 서세창은 크게 분노해 욕을 퍼붓고는 내쫓아 버렸다. 하지만 그해 겨울이 되자 노인네가 잘 걸리는 방광암이 갑자기 악화된다. 그래서 부랴부랴 당시 북경의 유명한 서양식 병원이자 최고 권위의 협화(協和)의원*에서 비뇨기과 전문의 사원보(謝元甫: 시에위엔푸fu)를 천진(天津)까지 모셔와 진료를 보게 한다. 사원보는 북경으로 가서 수술을 진행해야 한다고 권고했지만, 서세창은 북경에 갔다가 일본인들에게 해를 입을까 거절한다. 하지만 아무런 차도도 없이 시간만 끌다가 이듬해인 1939년 6월, 여든다섯의 서세창은 천진에서 세상을 뜨고 만다.

이렇게 이들 유력인사에 대한 포섭공작은 지지부진해 성과를 내지 못하면서 일단 실패로 돌아갔다. 그들은 다시 검토 끝에 통합적인 괴뢰정권을 세울 적합한 인물로 왕정위(汪精衛: 왕징웨이)를 새롭게 점찍고 공작에 들어간다. 결과적으로 1938년 11월 20일, 국민당 대표를 참칭한 부총재 왕정위와 일본대표는 '중광당'에서 비밀 매국조약인 《일중협의기록(日華協議記錄)》에 서명하게 되는데 이 과정은 왕정위 정부 설립의 본격적인 움직임이라고 할 수 있으므로 좀 더 자세하게 들여다 볼 필요가 있다.

5) 중광당 회담 서명

1938년 11월 12일, 계절이 초겨울로 접어들 무렵, 아무도 신경 쓰지 않고 아무도 살지 않던 홍구구(虹口區) 동체육회지로(東體育會支路) 7호에 자리

* 서양의술의 상징 '협화의원'과 양계초의 죽음

협화의원 얘기가 나온 김에 잠시 좀 더 해보자. 1921년 록펠러 기금에 의해 설립된 이 종합병원은 본격적으로 중국에 이식된 서양의술의 상징으로 지금까지도 여전히 최고 병원의 하나로 인정받고 있다. 당시 청년들에게 지대한 영향을 끼친 계몽 사상가이자 빼어난 인문학 대가인 양계초(梁啓超: 량치차오)가 1926년 3월 8일, 이 병원에서 수술을 받다가 생긴 의료사고로도 유명하다. 이 의료사고의 진실은 지금까지도 분명하지 않다. 오른쪽 신장을 잘라야 하는데 왼쪽을 잘못 잘랐다고 하는 소문이 굳어지는 등 당시 북경을 떠들썩하게 한 사건이었다. 하지만 그보다는 다음의 설이 제일 유력하다. 즉 오른쪽 콩팥에 종양이 있는 것으로 판단한 의사가 수술을 단행했는데 실제 잘라낸 조직을 검사해보니 앵두크기의 종양은 있었지만 악성은 아니었다는 것이다. 그러니 시급하지도 않은 수술을 감행하여 결국 양계초 선생님을 잃을 수도 있게 되었다는 애통함과 함께 비난이 잇달았다.

하지만 여기서 양계초의 반응이 놀랍다. 그는 「나의 병과 협화의원」이라는 글까지 발표, "내 병을 구실로 반동적인 이상한 말이 나와 중국의학이 진보하는데 장애가 되지 않기를 희망한다."라고 서양의학을 적극 변호하였다. 즉 서양의술이 하루 빨리 중국에 자리 잡아야 한다는 뜻인데, 결국 이 수술 후유증으로 양계초는 출혈이 멈추지 않아 크게 건강을 해쳤고, 3년이 지난 1929년 1월 19일, 역시 협화의원에서 세상을 떠났다.

한 양옥 한 채가 갑자기 조용히 분주해졌다. 훗날 '중광당(重光堂)'으로 불리게 되는 이 집에서 왕정위를 대리한 고종무(高宗武: 까오쫑우)와 매사평(梅思平: 메이쓰핑), 그리고 일본을 대표해 일본 참모본부의 중국과 과장으로 막 임명된 이마이 다케오(今井武夫)와 일본군부를 대표하는 가게사 사다아키(影佐禎昭) 등이 한데 모여 비밀리에 모종의 계획을 세우기 시작했다. 특히 이마이는 1937년 노구교사변(盧溝橋事變)을 기획하여 중일전쟁을 일으킨 주모자 중의 한 명이었다.

11월 20일, 오랜 시간 밀고 당긴 끝에 피곤할 대로 피곤해진 중국 측 대표가 《일중협의기록(日華協議記錄)》이라는 문건 아래에 자신의 이름을 서명한다. 이 《일중협의기록》에는 《일중협의양해사항(日華協議諒解事項)》과 《일중비밀협의기록(日華秘密協議記錄)》이 덧붙여져 있는데, 일반적으로는 훗날 도이하라의 저택이 되는 중광당의 이름을 따서 '중광당밀약(重光堂密約)'이라고 부른다. 이 밀약은 매사평이 양복 조끼안쪽에 꿰매 붙여 중경으로 가지고 온 뒤, 1938년 11월 26일 새벽에 왕정위의 눈앞에 펼쳤다. 이를 함께 읽어본 왕정위의 아내 진벽군(陳璧君)은 보안을 위한다며 '중광당밀약'의 중문판 원본을 자기 마음대로 불태워 버린다. 그래서 지금 대만의 국민당 당사회(黨史會)에는 중문판은 없고 '중광당밀약'의 일본어판 원본의 복사본만 보관되어 있다. 주요내용은 다음과 같다.

1. 중국과 일본은 방공(防共)협정을 체결한다. 중국은 일본군의 공산당 방어를 위한 주둔을 인정하며, 내몽골 지구를 공산당 방어를 위한 특수지역으로 설정한다.
2. 중국은 만주국을 승인한다.
3. 일본교민은 중국에서 거주와 영업의 자유가 있으며, 일본은 중국에서의 치외법권 폐지를 윤허하며, 동시에 중국의 조계지역을 반환할 것을 고려한다.
4. 중국과 일본이 경제협력을 하는데 있어, 특히 화북(華北)지역 자원의 이용과 개발에 일본이 우선권이 있음을 인정한다.
5. 일본교민의 손실을 배상한다.
6. 협의 밖의 일본군은 양국의 평화가 회복된 뒤 철수를 시작하며 2년 안에 철수를 완료한다.

이것만 해도 왕정위와 그 추종자들의 친일, 나아가 매국성향은 충분히 드러나기 시작했다고 볼 수 있다. 위에 적은 바의 시국해결 기본조건을 일본 측과 공동승인한 뒤 왕정위는 기회를 봐 장개석의 힘이 미치지 않고 자신의 뜻에 동조하는 운남(雲南) 등 서남(西南)지역의 지도자나 군벌과 힘을 합쳐 중국을 대표하는 정권을 세우고, 일본과 평화협정에 나서서 '평화'를 이뤄낸다는 것이었다. 그리고 군대도 5개 내지 10개의 사단을 보유하겠다는 꿈을 꾸었다.

장개석을 일본과의 평화협상 테이블에 끌어내는 것은 이미 글렀다고 판단한 왕정위는 극소수의 측근과 함께 중광당밀약과 병행하여 '플랜B'를 계획하고 있었다. 일찍이 왕정위의 발탁과 경제적 도움을 받아 미국 유학까지 떠날 수 있었던 진공박(陳公博: 천꽁뽀)은 왕정위에게 가장 충실한 측근 중 한 명이었다. 왕정위가 중경을 탈출하려 한다는 소식을 듣고 크게 놀란 그는 본인 역시 평화회담 쪽으로 기울어 있었지만 중앙정부가 분열되는 걸 찬성하지는 않았었다.

하지만 여러 차례 망설임 끝에, 왕정위를 따라 함께 하기로 결심한다. 그렇게 계획이 구체화 되면서 탈출일자를 저울질하던 중 장개석이 출장 간 사이인 12월 8일에 결행하기로 한다. 그러나 12월 7일, 출장 갔던 장개석이 갑자기 중경으로 돌아오는 바람에 왕정위는 급히 탈출 날짜를 연기한다. 그리고 이틀 후 장개석이 중요 인사회의를 12월 16일자로 소집하자 왕정위는 자신의 탈출계획이 탄로 난 게 아닌가싶어 불안해한다. 하지만 한편으론 장개석이 갑자기 회의를 소집한 것이 혹시 태도를 바꾸어 평화조건을 받아들이겠다는 것은 아닌지, 또 그렇게만 된다면 자신도 국민당을 배반하고 조국을 등졌다는 오명에서 벗어날 수도 있겠다는 실낱같은 희망을 품게 된다. 시쳇말로 희망고문을 한 셈인데, 일단 탈출을 미루고 좀 더 기다려 보기로 한다.

드디어 12월 16일, 장개석은 왕정위의 요청에 응해 약 반 시간 동안 단독면담을 하게 된다. 결과적으로 이 만남은 두 사람 사이의 마지막 대면이 되는데, 십 몇 년 동안 끊임없이 싸우고 소란을 떨며 합쳤다 헤어졌다 했던 정치숙적은 이상하리만큼 조용하게 각자의 길에 오른다. 이때 둘이서 무슨 얘기를 나눴는지에 대해선 알려진 바가 전혀 없다. 다만 장개석은 그날 일기에 "오전에 왕(汪)과 당정(黨政) 문제를 이야기하였다…."라고 짤막한 한 줄을 남겼을 뿐이다.

왕정위는 드디어 중경을 떠날 결심을 굳혔고, 이로써 그의 인생에서 가장 잘못된, 다시는 돌아올 수 없는 걸음을 내딛게 된다. 왕정위가 망명길에 올랐을 때, 함께 한 사람은 아내 진벽군(陳璧君), 국민당의 중앙 집행위원이자 심복인 증중명(曾仲鳴: 쩡중밍), 그리고 장녀 왕문성(汪文惺: 왕원싱)과 사위 하문걸(何文傑: 허원지에) 부부와 비서 진창도(陳昌壽: 천창타오)였다.

Ⅲ

왕정위의 탈출과
군통·중통
이야기

Chapter Ⅲ 왕정위의 탈출과 군통·중통 이야기

1. 왕정위와 용운, 그리고 염전(艷電)
   1) 용운과의 만남
   2) 왕정위 하노이 도착과 염전 발표
   3) 왕정위 암살시도

2. 군통 이야기
   1) '극우적 파시즘'의 역행사와 부흥사
   2) 양행불 암살사건
   3) 사량재 암살사건
   4) 특무처의 군통개편

3. 중통 이야기
   1) CC계
   2) 장개석과 진기미, 그리고 도성장 암살
   3) 중통의 개편

4. 장개석의 왕정위 '제재'
   1) 진공주의 하노이 파견
   2) 상해에서의 군통의 활약
   3) 외교총장 진록 암살
   4) 그 밖의 매국노 암살
   5) 정묵촌과 이사군의 등장

5. 하노이의 총성, 그러나…
   1) 김웅백의 증언
   2) 일본의 왕정위 재발견, 그리고 귀국

왕정위의 탈출과 군통·중통 이야기

1. 왕정위와 용운, 그리고 염전(艶電)

1) 용운과의 만남

왕정위가 중경을 떠나기로 결정한 그날부터 뜨거운 감자 하나가 엉뚱하게도 '운남왕(雲南王)' 용운(龍雲: 롱윈, 1884-1962)의 손에 떨어진다. 왕정위가 용운이 있는 운남으로 오겠다는 기별을 보냈기 때문이다. 용운과 왕정위 이야기를 하기 전에 용운이 어떤 인물인지 알아보자.

용운은 한족이 아니고 중국현대사에서 보기 드문 소수민족 이족(彝族) 출신으로 납길조살(納吉鳥薩: 나지냐오싸)이라는 이족 이름도 가지고 있었다. 운남(雲南) 소통(昭通)의 산골짜기에서 태어난 그는 심지어 초보적인 교육도 받지 못하는 환경에서 자랐다. 부친이 세상을 떠나자 소통으로 나와 무예를 익히고 '소통3검객'의 한 명이 되기도. 1912년에 운남의 사관학교인 육군강무당(陸軍講武堂) 기병과에 4기로 입학한다. 청나라가 망하기 직전인 1909년에 창설된 이 운남의 육군강무당은 1906년 천진에 설립된 북양육군강무당(北洋陸軍講武堂)과 1908년 봉천(奉天, 즉 심양瀋陽)에 세워진 동북강무당(東北講武堂)과 함께 민국초기 3대 사관학교 중 하나였다. 우리에게도 낯설지 않은, 6·25때 중국 인민지원군, 통칭 중공군 사령관이었던 주덕(朱德: 주떠)과 중국 10대 원수(元帥) 중 한 명인 엽검영(葉劍英: 예지엔잉), 그리고 같은 이족으로 운남의 항일장군이었던 노한(盧漢: 루한) 등 만만치 않은 이들이 다 이 사관학교 동창이다.

장교로서 착실하게 성장하던 용운은 1927년 2월 6일, 정변을 일으켜 당계요(唐繼堯: 탕지야오)의 14년간 운남 통치를 종식시키고, 우여곡절 끝에 운남성 사무위원회 주석이 되었다. 하지만 운남성에서 용운의 정치적 기반은 아직 견고하지 않아 이후로도 운남에는 각 군 지휘관들의 끊임없는 배신과 연합으로 크고 작은 전투가 끊이지 않는다. 하지만 일련의 사건과 전쟁을 겪고 난 뒤 용운은 마침내 반기를 든 장군들을 모두 격퇴하기에 이르자 1928년 1월, 남경정부는 그를 명실상부한 운남의 지도자, 운남성정부 주석으로 임명한다.

이 시기에는 운남 군관구(軍管區) 사령관 직책도 가지고 있었다. 우리식으로 이야기하면 지방의 유력 토호세력이자 군벌인 셈인데, 일본이 항복한 1945년까지 18년 동안이나 운남의 정치와 군사를 장악하고 경제·금융·교육·수리토목 등의 방면에 힘을 쏟았다. 사람들은 그를 운남왕이라고 불렀으며 지역주민들에게 신망도 높았다. 하지만 국민당 정부의 전체 권력구도로 보면 그는 운남성 주석이라는 한낱 지방장관에 불과했으므로 직급 상

장개석의 부하이자 왕정위의 부하이기도 했다.

장개석과의 관계는 점차 두터워지면서 장개석이 용운의 장남 용승무(龍繩武: 롱성우)를 양자로 삼는다. 용운은 변함없이 장개석을 지지해 홍군이 운남에 들어왔을 때에도 1935년 1월 홍군 토벌 총사령이 되었고, 1936년 광동의 실력자인 진제당(陳濟棠: 천지탕)과 광서(廣西)의 실력자인 이종인(李宗仁: 리쭝런)과 백숭희(白崇禧: 빠이충시) 등이 장개석에게 반기를 든 이른바 '양광사변(兩廣事變)' 때도 계속 장개석을 옹호하는 입장을 취했다. 이런 일련의 사태는 결과적으로 이들의 내부분열로 붕괴되면서 타협 끝에 마무리 된다. 또한 우리에게 익숙한 1936년 12월, 장학량과 양호성(楊虎城: 양후청)에 의한 서안사변이 일어났을 때에도 변함없이 장개석을 지지하고 장·양 두 장군을 공개적으로 질책하였다.

그리고 1937년 7월 7일, 중일전쟁이 터지자 용운은 8월 8일 곤명(昆明: 쿤밍)에서 남경으로 날아가 국방회의에 참석하는데, 이 자리에서 2만 명의 운남 병력을 항일전선에 투입할 것을 천명하며, 지방의 모든 인력과 병력, 재력을 국가에 공헌하고 모든 걸 희생할 각오로 끝까지 싸워야 국가를 위망에서 구할 수 있다고 역설한다. 또한 운남의 군대는 이미 정돈을 끝냈고 언제라도 국가를 위해 소명을 다하겠노라는 비분강개한 발언을 이어나갔다.

다시 운남으로 돌아온 용운은 8월 22일에 노한(盧漢)을 군장(軍長)으로 한 4만 병력으로 구성된 제60군을 조직, 9월 9일에 북상케 하여 항일전선에 투입시킨다. 그리고 12월에는 지금의 미얀마와 운남을 연결하는 도로 전면공로(滇緬公路) 건설에 착수하는데 이 도로는 훗날 태평양전쟁 항일전선에서 미국과 연결하는 생명선이 되는 등 매우 중요한 역할을 하게 된다. 이제 다시 용운이 왕정위를 만나던 날로 돌아가 보기로 한다.

왕정위가 중경을 떠나는 순간 이미 돌아올 수 없는 반역의 길에 오른 것인데, 그 뜨거운 감자가 하필이면 중간 기착지로 용운이 있는 운남을 택한 것이다. 당시 용운은 왕정위가 온다는 소식을 듣고 잠시 고민에 빠진다. 그때는 아직 왕정위의 속마음을 눈치 챌 수 없었지만, 적어도 일본침략을 대하는 분명한 노선 차이로 인한 장개석과의 정치적인 갈등은 익히 알고 있었다. 그래서 만약 혼자서 비행장에 마중 나갔다가는 두 사람 사이에 무슨 내통이 있지 않을까 오해 받을 수도 있겠다는 판단이 서자, 장개석에게 자신과 왕정위의 관계는 어디까지나 공식적이라는 점을 확실하게 밝혀둬야겠다는 생각에 이른다. 하지만 용운과 왕정위는 서로 입장에 따라 달리 해석할 수 있는 여지는 있지만, 어느 정도 교감이 없는 것은 아니었다. 즉 그 전 해인 1938년 왕정위의 아내 진벽군(陳璧君: 천삐쥔)과 왕정위의 수하이자 진벽군의 먼 친척뻘 되는 진춘포(陳春圃: 천춘푸)가 용운을 찾아와 장개석과 함께 일하는 것에 대한 고충을 늘어놓으며 함께 합심해 다른 방안을 강구하자는 제안을 던진 적이 있었다. 구체적으로는 왕정위가 장개석에게 용납되지 않고 사사건건 의견도 맞지 않아 제대로 정치적 이상을 펴기 힘드니 운남성을 비롯한 서남부의 몇 개 성(省)이 함께 장개석의 국민정부와는 별도로 정부를 하나 세우자는 것이었다. 그때 용운이 내심 어떤 생각을 하고 있었는지는 알 수 없지만, 용운은 운남으로 오면 환영한다는 말로 대답을 대신했다. 그 대답에 의지하여 왕정위는 우선 운남으로 길을 잡았던 것으로 보인다. 그 뒤로도 주불해(周佛海:조우포fo하이)와 도희성(陶希聖: 타오시성)이 운남 성도인 곤명(昆明)으로 용운을 찾아와 사전 정지작업을 했다. 얼마 안 있어 용운에게 전문이 왔다. 12월 17일, 왕정위가 운남으로 올 예정인데 일본의 암살 등 위해행위가 우려되니 다른 사람에게 일체 비밀로 하고 혼자서 곤명공항으로 마중 나오라는 내용이었다. 그래서 왕정위의 의중을 어느 정도 파악하고 있던 용운은 전문을 받고 고민에 빠졌던 것이다.

그러나 속사정과는 상관없이 국민당의 2인자로서, 또 두루 신망이 두텁고 장개석과는 비할 바 아니지만 무시할 수 없는 정치적 지분을 가지고 있는 왕정위를 무시할 수 없었다. 결국 용운이 선택한 방법은 운남성 정부 각 청의 국장 수십 명에게 통지해 모두 공항으로 나와 왕정위를 영접하라는 지시를 내린다. 성대한 접대를 해야 왕 부주석의 체면이 서지 않겠는가 하는 주석을 달아 가면서…. 결국 작지만 성대하고 정중한 환영장면이 연출된다. 물론 왕정위의 뜻과는 정반대의 조치였으므로 성대한 환영은 왕정위를 향한 것이 아니었고, 나는 왕정위와 사적으로 거래나 밀약을 하는 게 아니라 상사인 왕정위를 공개적으로 공식적인 일로 만나는 것이니 오해하지 마시라는 장개석을 향한 일종의 어필, 혹은 고육책이었다. 용운은 만사에 무리하게 고압적인 태도를 취하는 장개석에게 불만이 있었지만, 이런 저런 정보망을 통해 이 점을 눈치 채지 못할 리가 없었던 장개석과의 불필요한 마찰을 피하기 위해 고심한 결과였다.

도망자가 된 모든 과정을 내심 절대비밀로 하고 싶었던 왕정위에게 용운의 이런 떠들썩한 환대와 배려는 가장 꺼리는 것이었지만, 이미 눈앞에 벌어진 상황이라 그 역시 억지미소 지으면서 조마조마한 마음을 누를 수밖에 없었다. 왕정위는 중경을 떠나면서 운남에 강학(講學)하러 떠난다고 둘러 뒀기 때문에, 용운이 자신의 속마음과는 완전히 어긋나게 접대하자 매우 당황하고 화가 났지만 입 밖으로 꺼낼 수도 없었고 어디다 화풀이할 데도 마땅치 않아 진춘포에게만 짜증을 냈다.

용운의 융숭한 접대 속에 초대소에 도착한 두 사람은 다음날 용운의 경무처장인 이홍모(李鴻謨: 리홍모)의 집에서 비밀회담을 가졌다. 이홍모 아들의 증언에 따르면 회의실 앞 양쪽에는 용운의 경비단 소속 두 경위가 서서 누구도 가까이 오지 못하게 엄격히 통제하고 있었다고 한다. 주불해의 회고에 따르면 두 사람의 밀담은 그날 밤까지 계속됐지만, 무슨 얘기가 오고 갔는지 구체적으로 알 길은 없다. 훗날 용운은 그날 왕정위와 평화운동에 대한 의견을 나눴으며, 평화운동을 계속하기 위해 출국하겠노라고 했다는 말만 간단히 했을 뿐이다. 하지만 이 자리에서 왕정위는 이번 출국으로 일본과 직접 교섭을 하며 평화운동을 계속하겠노라는 의사를 밝힌 것으로 보인다. 그리고 왕정위가 월남으로 길을 잡았다는 사실을 용운도 알고 있었으므로 적어도 왕정위가 매국의 길로 들어서려고 한다는 의도는 충분히 알 수 있었을 것으로 보인다.

용운은 왕정위의 의도를 알고 나서도 다음날인 1938년 12월 18일, 공항으로 나가 월남으로 떠나는 왕정위 일행에 예의를 다해 전송한다. 자신의 간부직원들과 전송하는 사진은 곧 곤명의 각 신문에 모두 실렸지만 모두들 비행기가 다시 중경으로 가는 것으로 알고 있었다. 왕정위의 비행기가 이륙한 지 약 한 시간이 지나서야 용운은 장개석에게 전문을 보내 왕정위의 행방을 보고했다. "왕 부총재가 어제 운남으로 왔는데, 오늘 몸이 매우 불편해 오후 2시에 이미 운남을 떠나 하노이로 비행하였음." 이 전보에는 전에 두 차례 장개석에게 전보로 보고했다는 내용이 들어 있지만, 지금까지도 이전에 보냈다는 전보 두 통을 본 사람은 없다. 하지만 적어도 용운이 왕정위의 매국행위에 동조하지는 않았을 것이라는데 의견이 모아진다. 조금 있다가 전선에 나가있는, 자신이 가장 신뢰하는 후배 노한(盧漢: 루한) 장군에게 보낸 편지에서 "이 일로 3일간 먹지도 자지도 못하고 잠도 이루지 못해 큰 병에 걸린 것 같다."고 고백하는 내용이 그 근거가 된다. 같은 시각 중경의 장개석도 밤잠을 이루지 못하고 있었다. 왕정위가 하노이로 떠난 날 일기에 특별히 다음과 같이 썼다. "왕(汪)이 떠난 뒤 당(黨)·정(政)·군(軍)과

각 지역과의 관계에서 특별히 더욱 신중해야 할 것이다."

왕정위가 월남 하노이에 도착한 지 나흘이 지난 1938년 12월 22일, 일본의 고노에 후미마로(近衛文磨) 수상은 제3차 대(對)중국성명을 발표하는데, 이 성명은 '중광당밀약'에 근거하여 작성된 것이었다. 하지만 일본육군의 반대 때문에 성명 속에 왕정위 측에서 제기한 2년 내 철군요구는 구체적으로 담지 않았다. 이를 두고 일본이 내민 철군에 관한 조항은 왕정위를 중경 바깥으로 탈출시키기 위한 미끼에 불과한 것이라는 추측을 하기도 한다.

왕정위의 하노이 도착 이후 이야기로 넘어가기 전에 용운의 후일담을 하나 하자면, 위에서 말한 대로 하노이로 왕정위가 떠났다는 용운의 보고 전문(電文)을 받은 장개석은 용운이 왕정위와 미리 내통한 것이 아닐까 하는 의심을 하게 된다. 장개석은 의심이 많은 사람이다. 그에게 의심을 당한 적지 않은 사람들이 죽거나 다쳤다. 이 의심 때문에 장개석은 일본이 항복하기도 전인 1945년 4월 초에 황포군관학교 1기이자 유명한 항일장군인 두율명(杜聿明: 뚜위밍) 장군에게 중경으로 가 무력으로 용운의 무장 전부를 해제하라는 명령을 내리게 된다. 하지만 평화해결을 주장한 하응흠(何應欽: 허잉친)의 의견에 따라 용운이 스스로 사직하도록 권고했지만, 넉 달이 지나도록 용운은 전혀 사직할 뜻이 없었다.

1945년 8월 9일이 되자 장개석은 두율명을 중경으로 불러 용운을 '해결'할 준비를 하는 동시에 운남의 통신과 교통, 공항 등을 장악해 용운이 탈출하지 못하도록 하라는 지시를 내린다. 두율명은 지시대로 충실히 이행, 결국 용운을 오화산(五華山) 속에 완전히 고립시키게 된다. 일본항복 후 한 달여가 지난 1945년 9월 27일, 장개석은 훗날 공군총사령관이 되는 왕숙명(王叔銘)을 두율명에게 보내 운남에서의 용운의 모든 군사와 정치 권력을 박탈할 테니, 용운이 명령에 복종하지 않으면 모든 병력을 집중시켜 오화산을 폭격하라는 명령을 전달한다. 하지만 용운의 생명안전은 절대 보증해야 한다는 단서를 붙인다. 한 마디로 생포해 오라는 명령인데, 장개석은 누구를 해칠 때 말을 돌려 하는 습관이 있었다.

명령을 받은 두율명은 몹시 갈등하게 된다. 정치적으로 이미 다른 길로 들어섰지만 용운은 자신과 매우 교분이 두터운 친구였기 때문이다. 절대로 위해를 가해서는 안 되겠다는 결심을 한 두율명은 장개석에게 편지를 썼다. 용운은 오화산 작은 지역에 고립되어 있으니 우환거리도 되지 않으며, 오화산을 폭격했다가 잘못하면 운남대학과 서남연합대학의 안전에도 영향이 갈 수 있는데, 그렇게 되면 학생들의 시위가 발생하여 정치적으로도 나쁜 영향을 끼칠 것이 우려된다는 내용이었다. 장개석은 학생들 데모에 매우 민감할 때라 그렇다면 대포나 비행기를 사용하지 말라는 회신을 보낸다. 서남연합대학은 별도의 책 한 권이 필요할 만큼 중국현대 학문 발전에서 중요한 대학이다. 북경대학, 청화대학, 그리고 천진에 있던 남개대학이 운남 곤명으로 피난 와서 세운 전시 임시대학으로, 전쟁 중임에도 수많은 인문학과 사회학 방면의 최고의 학자들이 교수로 재직하고 있었고, 훗날 노벨물리학상을 받을 양진녕(楊振寧: 양전닝)과 이정도(李政道: 리정따오) 두 사람이 대학원생으로 재학하고 있었다.

1945년 9월 29일 저녁에 두율명은 군단장 이상의 지휘관과 운남성 신임 최고간부들과 회의를 열어 행동명령을 하달하고, 당 중앙이 용운의 모든 직책을 면직하고 새로 군사위원회 군사참의원 원장에 임명한다는 인사명령을 미군에게 넘겨 용운에게 전달하도록 하였다. 다음날 새벽 5시, 공격 명령을 마친 두율명은 용운의 각 부대에 군사위원회의 명령을 전달했는데, 용운의 부하들은 갑자기 발생한 사태에 제대로 대처하지 못한 채 불과 50분 만에 전투는 종료되고, 용운은 오화산에 갇힌 신세가 되었다. 하지만 10월 4일 새벽에 용운은 오화산을 탈출해 장개석에게 저항한다. 그 후 강제로 중경과 남경으로 옮겨간 용운은 군사참의원 원장도 면직당하고 전략고문위원회 등 실권 없는 직함을 받았다가, 1948년 12월 8일 남경을 탈출하여 상해를 거쳐 홍콩에 도착하게 된다.

이듬해인 1949년 8월 13일, 44명과 함께 홍콩에서 《현 단계 중국혁명에 대한 우리의 인식과 주장(我們對於現階段中國革命的認識與主張)》이라는 제목의 성명을 발표하고 철저하게 장개석과 결별한다. 10월 1일 중화인민공화국이 성립되자 용운은 중앙인민정부위원이 되었고, 이후 '우파(右派)'로 몰려 고생을 겪다가 1962년 북경에서 심장경색으로 사망한다. 시간이 좀 더 지나 1980년에 우파로 잘못 처리되었다는 중공중앙(중국공산당 중앙위원회)의 판단과 함께 명예도 회복되었다.

여기서 용운에 대해 언급한 이유는 지도자로서 장개석의 사람쓰기를 한 번 생각해 볼만해서이다. 용운과 왕정위 두 사람의 행적을 볼 때 장개석이 의심할만한 요소는 분명히 있다. 뒤에 이야기하겠지만 1939년 3월, 하노이에서 일어난 왕정위 암살 미수사건에서 왕정위 대신 제자 겸 비서인 증중명(曾仲鳴: 쩡중밍)이 사망한다. 그러자 용운은 심복 이홍모(李鴻謨: 리홍모)에게 5만 원이라는 거액을 들려 보내 왕정위를 위로하게 되는데, 이 같은 행위를 장개석으로서는 용인하기 힘들었을 것이다. 하지만 큰일을 도모, 성공하기엔 장개석은 그릇이 작았다. 자신에게 큰 힘을 보태줄 수 있는 사람을 자기편으로 끌어들이지 못하고 결국 자신에게 등 돌리게 하고, 오히려 적에게 힘을 보태게 만드는 어리석음을 범하는 꼴이니, 힘 있을 때 무심코 행하는 이런 작은 판단착오가 위기상황에선 일을 크게 그르치는 요인이 되는 이치를 왜 몰랐을까. 결국 장개석의 이러한 성정이 그 거대한 땅을 잃고 대만으로 쫓겨나고, 간접적으로는 한국이 분단과 전쟁의 비극을 겪게 만드는 화근이 되지 않았을까.

위에서 간단히 언급한 서안사변의 주역 장학량(張學良: 장쉬에량)은 1993년 93세의 노인이 되어 홍콩과 대만의 합작 매체인 TVBS방송과의 인터뷰에서 "나의 부친 장작림(張作霖: 장쭈어린)은 통이 크지만 세심한 면이 부족했고, 장공(蔣公: 장개석)은 치밀하나 속이 좁았다. 만약 이 두 사람이 힘을 합쳤다면 세계정복도 가능했을 것이다."라고 토로한 적이 있는데 세계정복까지는 아니라도 두 사람에 대한 평가는 적절하다고 본다. 이 유명한 인터뷰는 7년이 지난 2000년에 방영되었고, 다시 홍콩의 봉황(Phoenix)TV에서 아시아 전역에 방송함으로써 당시 큰 반향을 불러일으켰다. 2001년 장학량이 하와이에서 101세의 나이로 세상을 떠나기 전 중국에서는 유일하게 육성으로 남긴 회고담으로, 기억력 좋은 장학량 노인의 생생한 증언을 들을 수 있는 귀한 자료이다. 지금도 유튜브에 《세기를 넘어서-장학량전(世紀行過-張學良傳)》을 치면 나오니 관심 있으면 한번 보시기 바란다.

2) 왕정위 하노이 도착과 염전 발표

하노이 도착 후 마음이 심란했는지 넘어져 다리를 다쳐 요양 아닌 요양을 하던 중 고노에 일본수상의 제3차 대(對)중국성명을 본 왕정위는 철군문제 등에서 요구한 것에 반해 모호하게 표현된 부분이 적지 않자 내심 불만이었다. 하지만 어찌하랴. 이렇게까지 된 이상 왕정위도 성명을 발표해 호

응하는 수밖에 없었다. 무단으로 탈출해 반역의 길에 오른 왕정위에 대해 장개석이 어떤 처분을 할지 아직 명확한 결정을 안 내린 상태에서 1938년도 세밑이 가까워졌다.

1938년 12월 29일, 왕정위는 그 유명한 '염전(艶電)'을 국민당의 입법위원이었으나 왕정위를 따라 하노이까지 온 임백생(林柏生: 린뽀성)이 왕정위를 대리하여 장개석에게 보내는 전문 형식으로 발표하게 된다. 즉 홍콩의 《남화일보(南華日報)》에 교전 중인 일본과 '선린우호, 공동방공(防共), 경제제휴' 등 세 가지를 강조하는 내용을 골자로 한 매국전보를 실었으니, 역사적인 이 전보를 '염전'이라고 부른다. 전문이 조금 길지만 매국노의 논리를 엿볼 수 있는 좋은 사례로 볼 수 있어 그 전문을 옮기기로 한다.

중경(重慶)의 중앙당부와 장개석 총재, 그리고 중앙집행감독위원(中央執監委員) 여러 동지들께

금년 4월 임시전국대표대회선언에서 이번 항전의 원인을 설명하기를 '《당고협정(塘沽協定: 1933년 5월 31일, 중국이 만리장성 부근에 진군한 일본군에 대한 저항을 멈추고, 장성 이남으로 철군해 비무장지역을 설정한다는 내용의 협정)》' 이래 우리는 큰일을 위해 굴욕을 참고 왜국과 시간을 끌어 유리한 시기를 기다리며 군사행동을 멈추고 싶은 바가 없지 않았으니, 평화의 방법을 써서 먼저 북방 각 성의 보전을 도모하고, 다시 동북3성 문제의 합리적 해결을 도모하여 정치적으로 주권과 행정의 완정함을 지속하는 것을 최저의 한도로 삼았다. 경제적으로도 호혜평등을 합작원칙으로 삼았다.

작년 7월 노구교사변이 돌발한 이후 중국은 이러한 희망이 실현 불가능하다고 여기고 비로소 급히 항전에 나서게 되었다. 왜국정부가 같은 달 22일에 중일수교의 근본방침 조정에 관해 천명한 것을 읽게 되었다.

첫째, 선린우호를 위함. 아울러 왜국은 중국에 대하여 영토요구나 전비배상을 요구하지 않을 것을 정중히 성명하였다. 왜국은 중국의 주권을 존중할 뿐만 아니라, 명치유신의 전례를 따라 대륙내지에서의 영업자유를 조건으로 조계(租界)를 교환하고, 치외법권(治外法權)을 폐지하여 중국이 그 독립을 완성토록 한다는 것이다. 왜국정부의 이와 같은 정중한 성명이 있었으므로, 우리 또한 평화적 방법에 의거하여 북방 각 성(省)을 보전할 수 있을 뿐만 아니라 항전 이래 잃어버린 각 지역 또한 수복할 수 있으며, 주권과 행정의 독립이 온전함 또한 유지할 수 있게 된다. 이렇게 된다면 우리도 선언을 준수하며 동북3성 문제의 합리적 해결을 도모할 수 있으니, 이는 실로 마땅히 있어야 할 결심과 행보일 것이다.

둘째, 공동으로 공산주의를 막기(防共) 위함. 몇 해 전 왜국정부는 여러 번 제안을 한 바 있는데, 우리는 왜국이 이를 기화로 중국의 군사와 내정을 간섭할 것을 우려하였다. 지금 왜국정부가 이미 천명했듯이 일본과 독일 이탈리아의 방공협정 정신으로 중일 방공협정을 체결한다면, 이러한 우려는 불식시킬 수 있을 것이다. 방공의 목적이 공산주의의 소요와 음모를 방지하는데 있으므로 대(對)소련 수교에 영향이 생기지 않을 것이다. 중국 공산당도 삼민주의의 실현을 위하여 분투하기 원한다고 이미 발표했으니, 마땅히 즉시 그 조직과 선전을 철저히 포기하고 그들의 변방정부와 군대의 특수조직을 취소하여 중화민국의 법률제도를 완전하게 준수해야 할 것이다. 삼민주의는 중화민국의 최고의 원칙이니 이 최고원칙을 위배하는 일체의 조직과 선전에 대해 우리는 반드시 스스로 적극적으로 제재를 가하여 중화민국을 수호하는 책임을 다해야 할 것이다.

셋째, 경제를 제휴하기 위함. 이 역시 수 년 동안 왜국정부가 여러 차례 제의한 것으로 우리의 정치갈등이 아직 해결되지 않아서 경제제휴는 말할 데도 없었다. 지금 왜국정부가 이미 중국의 주권과 행정의 온전한 독립을 존중한다고 정중하게 천명하였고, 또 중국에서 경제적 독점을 바라지 않고, 또 중국에게 제3국의 이익을 제한할 것을 요구하지도 않고 오직 중일평등의 원칙에 따라 경제제휴의 실현을 도모하겠다고 천명했으니, 이러한 주장에 마땅히 원칙적으로 찬동해야 할 것이며, 아울러 이 원칙에 따라 각종 구체적인 방안을 상의하여 확정해야 할 것이다.

이상 세 가지는 본인이 심사숙고한 뒤 민국정부가 즉각 이것을 근거로 하여 왜국정부와 성의 있는 의견을 교환해 평화회복을 기해야 할 것이라고 생각한다. 왜국정부의 11월 3일 성명은 1월 16일 성명의 태도를 바꾼 것이니, 만약 민국정부가 이상 세 가지를 근거로 하여 평화회담을 한다면 교섭의 길은 이미 열려있는 것이다. 중국 항전의 목적이 국가의 생존과 독립에 있는데 항전이 해가 지나도록 상처도 크고 고통도 깊으니 정의에 부합하는 평화로서 전쟁을 끝낼 수 있다면 국가의 생존과 독립은 보장될 수 있으니, 그러한 즉 항전의 목적은 이미 도달한 것이다. 이상 세 가지는 평화의 원칙으로 그 구체적 조례에 대해서는 세심하게 논의해 적절한 방안을 찾지 않을 수 없을 것이다. 더욱 중요한 것은 왜국군대 전부가 중국에서 철수하는 것은 반드시 전면적이고도 신속해야 하며, 이른바 방공협정 기간 내에는 특정한 지역에서의 주둔을 허락하되 많아야 내몽고 부근지역에 한해야 할 것이다. 이것이 중국 주권과 행정의 독립과 완전히 관계되므로, 반드시 이와 같이 해야 중국은 비로소 전후의 휴식과 현대국가의 건설에 노력할 수 있을 것이다.

　중일 양국은 땅이 서로 접해있어 선린우호에는 자연스러움과 필요성이 있으나 몇 해 동안 길을 등지고 달렸으니 그 까닭을 깊이 구해보고 각자 그 책임을 스스로 알아야 할 것이다. 앞으로 중국은 반드시 선린우호를 교육방침으로 하고, 왜국은 더욱 중국을 침략하고 모욕하는 그 국민들의 전통사상을 포기하도록 하여 교육에서 친중국 방침을 확립해 양국의 영구평화의 기초를 굳게 세워야 할 것이며, 이것은 우리들이 동아시아 행복에 마땅히 있어야할 노력이다. 동시에 태평무사한 평안한 질서와 세계의 평화보장에 대하여 또한 반드시 관계 각국과 함께 노력하여 그 우의와 공동이익을 유지하고 증진시켜야 할 것이다.

　삼가 제의하는 바이니, 받아들여 주시기 바랍니다.

왕조명(汪兆銘) 염전(艶電)

　청나라 말기에 도입된 전보 요금은 처음엔 글자당 계산으로 발송비가 매우 비쌌다. 그래서 최대한 글자 수를 줄여 경제적 효율성을 강구하게 되는데, 운서(韻書)에 동·동·강·지(東·冬·江·支)로 시작하는 운목(韻目)의 배열에 따라 1일부터 30일까지 각각 한자(漢字) 한 글자로 날짜를 대신하는 규칙을 만들었다. 마침 29일은 운목에 따라 '염(艶)'字로 대체되었으므로 훗날 왕정위의 이 전보를 '염전(艶電)'으로 부르게 되었다.

　위에서 말한 대로 12월 22일, 고노에 후미마로(近衛文麿) 수상의 제3차 대(對)중국성명에 화답하는 형식의 이 전문에서 왕정위가 내세운 세 가지

목표 모두 일본이 '정중하게 천명한' 내용에 근거하고 있다. 지금 보아도 제국주의의 본질을 파악하지 못한 순진한 문인이 국가존망에 개인의 희망을 투영하고 있음이 보이지 않는가. 왕정위의 논리에 따르면 중국의 항일전쟁 목적은 국가의 생존과 독립을 확보하는데 있는 것인데, 만약 일본의 '정중한 조건'을 받아들인다면 중국은 보전될 수 있으니, 항일전쟁의 목적은 이미 달성한 것이라는 말은 현재 교전 중인 당사국 실력자의 순진한 인식을 그대로 보여주고 있다.

그의 전문을 대충 훑어보아도 7개월 뒤의 '대동아공영(大東亞共榮)' 선언을 미리 읽는 느낌이다. 즉 일본 후미마로 내각이 1940년 7월 26일 발표한 《기본국책요강(基本國策要綱)》에는 "황국(皇國)을 중심으로 건설하되, 일본과 만주의 공고한 결합을 기초로 하여 대동아의 신질서를 건설하고", "대동아 전체를 포괄하는 경제협동권을 확립한다." 등의 내용으로 채워져 있기 때문이다. 그런데 그 공영권의 대상이 굉장하다. 8월 1일 일본 외상(外相) 마쓰오카 요오스케(松岡洋右) 담화 중 밝힌 그 대상에는 이미 점령한 중국과 한국을 필두로 요즘 지명으로 인도차이나반도·말레이시아·필리핀·인도네시아·호주·뉴질랜드·인도·파키스탄·방글라데시·아프카니스탄·소련 원동지역, 그리고 하와이 등이 들어 있다. 결국 허황된 꿈으로 끝나고 말았지만 그래도 1942년 여름부터 미얀마 점령을 시작으로 동쪽으로는 길버트(Gilbert) 군도, 북쪽으로 알류산 열도(Aleutian Islands), 남쪽으로 뉴기니와 솔로몬 제도까지 약 3,200만㎢를 점령했으니 한때나마 파멸로 달리기 전의 달콤한 맛을 보긴 했었다.

치열하게 항전에 나서 목숨을 던지는 동포들은 아랑곳하지 않고 '평화주의자' 왕정위는 염전을 발표한 그 다음날, 중국의 전시수도인 중경(重慶:

충칭)에 치명적인 폭격을 가할 것을 건의한다. 그의 건의에 따라 일본군부는 《육해군중앙항공협정》을 근거로 폭격단행을 결정하고, 이듬해인 1939년 1월부터 기존보다 더 큰 규모로 중경지역에 무차별 폭격을 감행한다. 불완전한 통계이긴 하지만 1943년 8월 23일까지 218차례에 걸쳐 모두 1만1500개 이상의 폭탄을 퍼부은 이 무자비한 폭격으로 1만1889명이 사망하고 1만4100명이 부상을 입었으며, 1만7600동의 가옥이 파손되었다.

우리에겐 중경까지 간 대한민국임시정부가 많이 언급되면서 친숙하게 느껴지지만, 중경은 거리상으론 한국과 많이 떨어진 장강(長江: 양쯔강) 상류지역의 중심도시이다. 지금도 여전히 인구 3천200만이 넘는 직할시로 중국 중심도시 중 하나이다. 이 도시에는 계단 길이 많아서 짐 옮기는 게 쉽지 않다보니 장대 끝에다 매달고 전문적으로 배달해 주는 봉봉대(棒棒隊: 빵빵

불타는 중경을 내려다보는 아이들 일본정부는 2012년 9월 10일 중경대폭격 피해자와 유족이 제소한 것에 대해 2015년 2월 188명의 원고 전원에게 '민간배상안' 패소판결을 내렸다. 사진은 중국인 아이들이 투하된 폭탄으로 뿌연 연기와 화염에 휩싸인 중경(重慶)의 한 마을을 내려다보고 있는 모습. 출처: Everett Collection / Shutterstock.com

뛔이)의 놀라운 능력이 가끔 한국의 TV 프로그램에 소개되기도 했었다. 한때 관광상품으로도 인기가 있었지만 요즘은 거의 사라졌다고 한다. 그런데 이 긴 계단 길 위에 무차별 폭격으로 희생된 무고한 민간인들이 서로 포개져 쓰러져 있는 시신을 찍은 사진을 보면 봉봉대를 보면서 재미있었던 중경의 인상이 싹 지워지면서 인간지옥도가 그 위를 덮어버린다. 우리는 살면서 전쟁참상을 전하는 많은 사진을 접한다. 그리고 보통은 무심하게 보아 넘기지만 특별히 우리민족이나 나와 관계있거나 배경역사를 익히 알고 있는 사진을 볼 때는 전쟁의 비극이 뼈저리게 와 닿는다. 계단 길 위로 포개져 있는 백 명은 족히 넘어 보이는 시신들 속에 엄마나 아빠 손에서 떨어져 나온 서너 살도 안 돼 뵈는 어린 아이들의 처참한 모습만큼 일본의 잔혹한 만행을 가장 생생하게 증언해주는 장면도 없을 것이다.

피카소의 그림 중 '게르니카(Guernica)'를 기억하시는지? 스페인 내란에서 프랑코를 지지하는 독일이 1937년 4월 26일, 바스크 지방의 이 작은 마을을 폭격해 2천여 명의 사상자를 낸 사건을 피카소가 그림으로 옮겨 전쟁의 부조리와 비극을 부각시켰다. 중국인들은 그래서 이 폭격과 얼마 안 있어 자행된 중경대폭격을 연결시켜 말하곤 한다. 지금도 중경에서는 매년 6월 5일이 되면 방공경보를 12분간 울려 불행하게 희생된 동포를 추념하고 있다.

2012년 9월 10일에 중경대폭격의 피해자 15명과 유족들은 정식으로 일본정부를 향해 소송을 제기했지만, 2015년 2월 동경지방법원은 '중경대폭격 민간배상안'에 대해 188명의 원고 전원에게 패소판결을 내린다. 물론 한마디 사과도 없었다. 우리의 위안부 문제를 포함, 아직 해결되지 않은 현안들을 종합해 중국과 협력할 수 있는 방안을 검토해볼만 하다. 일본과의 싸움은 아직 끝나지 않았다.

중경 상공의 일본 폭격기 왕정위의 건의에 따라 당시 전시수도였던 중경(重慶)에 단행했던 일본의 '중경대폭격'으로, 1만1889명이 사망하고 1만4100명이 부상당한 것으로 알려져 있다. 사진은 중경 상공에서 장강(長江: 양쯔강)쪽으로 폭탄을 투하하고 있는 일본 폭격기 모습.
출처: Everett Collection / Shutterstock.com

    이렇게 왕정위의 '염전'이 신문지상에 게재되자 왕정위의 매국 한간행위의 죄상이 확실해졌다. 1937년 12월, 수도인 남경이 함락된 후 사기가 저하된 중국인들은 시국타개에 대한 믿음이 많이 상실된 데다가 패전에 대한 두려움마저 넘쳤다. 그래서 전쟁을 포기하고 평화회담을 열어 현실을 타개하자고 주장하는 사람도 드물지만 없지는 않았다. 하지만 '염전'이 발표되자 전국적인 매국노 성토의 파도가 높아지는 가운데, 원래 국민당 내부에서도 가라앉았다가 불쑥 튀어나오고, 다시 가라앉곤 하던 평화회담 목소리는 단번에 쏙 들어가 버렸다. 평화회담을 입 밖에 꺼내는 자가 곧 반역자가 되는 시대가 된 것이다. 그런데 청 왕조를 뒤엎으려 몸을 던진 신해혁명의 원로로서, 또 집권당인 국민당의 최고위 원로로서 왕정위는 왜 조국반역이라는 돌아올 수 없는 길을 선택했는가?

이에 대해선 앞으로도 긴 이야기가 펼쳐지지만 지금까지의 상황을 한번 요약해 보자면, 당시 일본군은 중국 국토의 반이나 점령했지만 두 달 이내에 전쟁을 끝내고 석 달 안에 중국을 멸망시키겠다고 호언장담했던 선전포고 때와 달리 현재의 전쟁상황은 많이 달라져 있었다. 즉 일본의 병력과 경제력이 지루한 소모전으로 변해버린 지구전을 감당하지 못하면서 오히려 일본 국내정국이 요동칠 정도였기에 중국침략 정책을 수정하지 않을 수 없었다. 즉 일본이 애초에 원했던 속전속결 계획은 이미 다 틀어진 상태였으므로, 장기전에 대비해 일본은 부득불 군사적 진격을 보조역할로 돌리고, 정치공작을 통한 투항유도를 주요목표로 설정할 것을 고려하게 된다. 왕정위 역시 그런 전황의 미묘한 변화를 파악하지 않았을 리가 없는데, 오히려 평화운동을 들고 나와 일본과의 타협을 주장하게 된 그의 심중을 명확하게 짚어내는 건 쉽지 않다. 다만 여기에는 장개석과의 개인적인 은원(恩怨)이 적지 않게 작용하고 있었음이 틀림없다고 생각한다. 그래서 다음과 같이 정리해 볼 수 있다.

1937년 7월에 시작한 침략전쟁의 수정을 검토하던 일본은 국민당의 1호와 2호 인물인 장개석과 왕정위에게 각각 사람을 보내 접촉을 시도한다. 군인 출신인 장개석은 여기에 넘어가지 않았으나 왕정위의 경우는 사정이 좀 달랐다. 즉 1938년 3월, 장개석이 국민당 총재로 당선되자 당권 겸 대권을 놓친 왕정위는 실망이 커 좀처럼 현실을 받아들이지 못하고 힘든 하루하루를 보내고 있었다. 그리고 불리한 전황만 이어지다가 마침내 수도 함락이라는 참담한 결과까지 이미 심리적으로 위축돼 있던 그의 눈으로 목도하게 되자, 항전결과에 대해 극도의 불안감 속에서 소극적인 태도로 일관하게 된다. 이런 낌새를 간파한 일본 정보기구는 국민당 부총재이자 국민참정회의(國民參政會議)의장에 국민당 중앙정치위원회 주석인 왕정위 한 명으로 공작대상을 압축하고, 왕정위이야말로 일본이 중국에 수립할 통일 꼭두각시 정권의 우두머리로 조건과 자격을 제대로 갖췄다고 평가한다. 그래서 이토록 투항 유혹자와 투항파가 죽이 딱 맞았으므로 '중광당' 밀약이 있게 되고, 이어서 '하노이로의 왕정위 도망'이 있게 된 것이다.

3) 왕정위 암살시도

왕정위가 이렇게 급하게 월남 하노이로 도망가면서 중국에서는 그의 모습은 사라지게 된다. 하지만 그로부터 석 달 뒤인 1939년 3월 20일, 하노이시 고랑가(高朗街)에 위치한 왕정위의 저택에서 암살 미수사건이 터지면서 제1호 매국노 왕정위는 다시 중국인의 시선 속으로 들어온다. 그런데 왕정위는 이보다도 더 극적인 상황으로 일본인의 눈에 띄게 된다고 보는 게 더 정확한 표현일 것이다. 이 암살 미수사건은 왕정위 일생의 대전환점인 동시에 중국현대사의 흐름에 한 전환점이기도 하다.

하노이로 도망간 왕정위를 암살하려는 국민당의 시도는 장소가 국민당의 공권력이 미치지 않는 월남인데다, 당시 월남도 프랑스 식민지였기 때문에 프랑스 당국의 눈까지 피해야 되는 녹록치 않은 상황이었다. 하지만 끝내는 결행을 했고, 결국 실패로 돌아간 이 시도는 만주국에 이어 중국 땅에 정식으로 또 다른 일본의 식민정부가 생겨 중국의 거리를 중국인의 피로 흥건하게 적실 광기의 시작을 알리는 신호탄이 되었다. 그리고 그 피의 대부분은 같은 동포의 칼질과 총질에 의한 것이라…. 그래서 누군가는 세상을 떠들썩하게 했던 이 암살 미수사건을 '즐비한 총, 흥건한 피, 하나의 정권(一排槍, 一灘血, 一個政權)'이라는 말로 개괄했는데, 풀이하자면 킬러 몇 명이 총을 나란히 들고 난사해 바닥에 피가 흥건하도록 누군가를 죽였지만 결국 한 정권을 탄생하게 만들었다… 정도로 풀이할 수 있다. 이 암살사건의 배후주역은 국민당 군통국(軍統局)국장이자 중국의 정보왕으로 불렸던 대립(戴笠: 따이리)이다. 대립은 이 암살 성공여부가 국민당 정권의 안위와 직결된다는 점을 누구보다 잘 알고 있었다. 그의 기획으로 시작된 암살시도의 전말을 알려면 국민당 정부의 군통과 중통 이야기로부터 풀어가는 아래의 이야기에 귀 기울여 보자. 그러면 왕정위 암살 미수사건의 경과와 그 파장이 또렷이 보일 것이다.

왕정위의 염전이 발표되고 사흘이 지난 1939년 새해 첫날, 전시 임시수도인 중경은 심상치 않은 열기가 가득했다. 이날 장개석은 국민당 임시 중앙상무회의와 중경중앙위원회의를 소집해 왕정위의 당적을 박탈하는 동시에 일체의 직무에서 배제시킨다. 동시에 전국의 신문을 동원해 왕정위의 매국행위를 파헤치고 보도하게 했다. 그러자 매국 한간들을 성토하는 성난 파도가 전국적으로 불붙듯 일어났다. 그리고 왕정위의 도주와 매국행위를 그냥 두고 볼 수 없었던 장개석, 그리고 장개석의 시종무관 출신으로 군통국 국장이 된 '장개석의 패검' 대립(戴笠: 따이리)도 자기가 모시는 주군의 심기를 거의 꿰뚫고 있었으므로 언제라도 칼을 뽑아들 준비가 되어 있었다.

2. 군통 이야기

지금까지 국민당의 정보기구인 중통(中統)과 군통(軍統)이 여러 번 등장했는데, 특히 여간첩 카와시마 요시코(川島芳子)와 당소의(唐紹儀)암살 이야기에서 군통이 등장한 것은 기억하시는지. 이제 본격적인 왕정위 암살에 관한 이야기에 들어가기에 앞서 이 두 정보기구가 항일전선의 선봉에서, 그리고 중국 내 장개석 반대자들에게 어떤 존재였는지 한번 살펴보고 넘어가는 것도 의미가 있겠다.

즉 목숨 걸고 항일전선에 뛰어들어 나라를 지켜낸 영웅적인 모습과 동시에 정치노선이 다른 자국민을 어떻게 박해했는지, 이 상반된 두 모습을 들여다보는 건 이 시기 전반을 이해하는데 많은 도움이 되리라 본다. 그리고 현재까지 국민당 정권에서 정치적으로 매우 중요한 역할을 한 중통과 군통에 관한 전문적인 글이 눈에 잘 띄지 않은 것도 또한 나름 소개하고자 하는 의미이다. 우선 국민당의 정보계통이 어떻게 성립되었으며, 어떻게 변화해 왔는지를 살펴보자.

1) '극우적 파시즘'의 역행사와 부흥사

국민당의 정보조직인 군통(軍統)은 1937년 중일전쟁이 터지던 해에 성립되었다. 하지만 본격적인 국민당 정보조직의 역사는 좀 더 거슬러 올라가 1931년 9월 18일 일본이 동북지역, 즉 만주를 침략한 만주사변(즉 9·18사변 혹은 봉천사변奉天事變)이 계기가 된다. 1932년 3월에 국민당 내에 황포(黃埔)군관학교 출신 장교를 핵심으로 극단적 비밀조직인 정치단체 '삼민주의역행사(三民主義力行社)'를 발족시키고 줄여서 '역행사'라고 불렀다. 그리고 다시 국민정부와 장개석은 중앙집권을 강화하고 이후 일본과의 전면전에 대비해 다시 황포군관학교 출신 정보통 13명, 이른바 '13태보(太保)'를 모아 역행사의 외곽조직인 '중화민족부흥사(中華民族復興社)'로 발족시키고 줄여서 '부흥사'라고 불렀다. '태보'는 3600년 전 은(殷)나라 때부터 가까이는 청나라까지 있었던 고위직이지만, 여기서는 그와는 상관없이 나치의 비밀국가경찰인 게슈타포(Gestapo)를 음역한 개세태보(蓋世太保: 까이스타이빠오)에서 따온 것이다.

부흥사 멤버들은 늘 파란셔츠를 입고 다녔기 때문에 남의사(藍衣社)로도 불렸다. 그러므로 부흥사와 남의사는 동의어로 봐도 무방하다. 이 파란셔츠는 무솔리니를 추종하는 이탈리아의 '검은셔츠단(공식적인 명칭은 국가안보의용민병대MVSN)'이나 독일나치의 갈색셔츠군대(Sturmabteilung: SA)를 모방했으므로, 역행사와 부흥사 모두 극우적인 파시즘 이념을 가졌다. 부흥사는 줄곧 '하나의 주의(主義), 하나의 정당(政黨), 하나의 영수(領袖)'를 강조했기에 그들이 받드는 '영수' 장개석에 대한 개인숭배 강화는 두 말할 필요 없는 중점임무 중의 하나였다. 부흥사의 구성원은 외곽조직인 '혁명군인동지회'와 '혁명청년동지회'에서 인재를 물색해 선발했다. 선발이 되기 위해서는 회원 3인의 추천과 모든 인적사항을 등록하고 선서를 거쳐야 했다. 부흥사는 장개석을 사장(社長)으로 남경(南京)에 본부격인 총사(總社)를 두고 그 아래에 지사와 분사, 그리고 소조(小組) 등 네 단계로 구성돼 운영되었다.

일반적으로 역행사의 핵심 하부조직이 부흥사라고 하지만, 자료에 따라 반대로 부흥사의 핵심조직이 역행사라고 말하기도 한다. 하지만 그 핵심멤버들이 두 곳에서 모두 활동하는 경우가 많았으므로 확실한 경계선이 그어져 있지 않고 수시로 왕래하면서 정보공작을 수행한 것으로 보인다. 본격적인 항일 이야기에 앞서 그들이 국내인사를 상대로 자행한 암살사건 몇 건을 우선 보자.

　2) 양행불 암살사건
　양행불(楊杏佛: 양싱포fo. 1893-1933)은 일찌감치 손문(孫文: 쑨원)이 주도하는 중국동맹회(中國同盟會)에 가입하였다. 신해혁명이 성공하자 손문의 비서로 출발, 미국 유학으로 코넬대학과 하버드대학에서 기계공학과 경영관리학 등을 전공하고 귀국해서는 남경고등사범학교에서 경제학 교수와 공학 교수를 지내 문·이과를 넘나드는 특이한 이력의 학자이다. 하지만 1925년 손문이 사망하자 장례주비처(籌備處)에서 총간사를 맡아 장례를 치르고, 곧《민족일보(民族日報)》를 창간해 제국주의 반대의 기치를 든다. 후에 국민당 상해시 당부(黨部)상무위원 때 국공합작을 적극 추진하게 된다. 1927년에는 상해 노동자의 무장봉기를 지지하며 국민당의 파쇼통치에 반대, 구금된 민주인사를 지원하는데 힘을 쏟는다. 그리고 영문 잡지《자림서보(字林西報)》에「중국공산당의 현황을 말함(道中國共產黨現狀)」이라는 글을 써서 서구에 소개하기도 하였다. 1931년 만주사변(9·18)이 발발하자 적극적으로 항일운동에 나선다.

　당시 좌우가 아직 명확하게 선을 그어 대치하던 상황까진 아니어서 어떤 때에는 합작을, 어떤 때에는 심지어 서로 학살도 감행하던 시기였다. 이는 1924년 제1차 국공합작이 이뤄진 뒤, 이듬해인 1925년 3월에 손문이 사망하자 황포군관학교 교장 장개석과 정치부주임 주은래(周恩來: 조우언라이)가 나란히 참석해 추도식을 진행하는 사진이 잘 말해주고 있다. 그리고 양행불은 1933년 1월에는 송경령(宋慶齡)·채원배(蔡元培)·노신(魯迅) 등과 '중국민권보장동맹'을 결성, 국민당에 구속된 좌익계열 인사와 교수 등을 구하는데 힘썼다. 지금 시각으로 보면 이른바 '용공혐의'가 짙지만 국민당의 독재반대와 인권과 언론자유를 주장했던 진보민주인사로 자리매김하는 것이 더 적절하다. 현재 중국에서도 애국민주투사로 그를 기리지 충실한 공산당원으로 말하지는 않는다. 하지만 그의 활동을 역행사는 눈엣가시로 보았다. 1933년 6월 8일, 상해의 아이배로(亞爾培路: Avenue du Roi Albert. 지금은 섬서로陝西路)에서 대립(戴笠: 따이리)이 이끄는 역행사 특무에게 양행불은 암살당하고 만다.

여기서 생각나는 한 사람. 공교롭게도 한국에서도 같은 제호의 《민족일보》를 발행한 사장 조용수가 기억나시는지? 그는 남북협상과 평화통일을 주장하고 노동자의 권리를 옹호하는 논조를 폈기 때문에 양행불과 겹치는 부분이 적지 않다. 그는 반공을 국시로 내건 군부쿠데타 세력에 의해 용공으로 몰려 1961년 12월에 처형되었다.

3) 사량재 암살사건

또 있다. 양행불과 함께 행동하기도 했던 사량재(史量才:스량차이)라는 인물이다. 사량재는 교육가이자 언론인이며, 무엇보다 신문경영에 탁월했던 성공한 기업인이었다. 1912년에 영국인이 1872년부터 경영하던 《신보(申報)》를 12만 원에 사들인 뒤, 사장으로 경영일선에 나서서 현대식 경영관리를 도입하는 등 면모를 일신하였다. 그는 "언론자유는 한 편으로 치우치거나 의지하지 않고, 국민을 위한 목소리가 돼야 한다."는 원칙을 표방하고, 직원들에게 특별한 세력에 굴하지 말고 국민을 위해 말을 해야 온전히 설 수 있다고 강조하였다. 특별한 세력이란 언론자유를 해치는 정치권력이 상수로 존재하고 있다는 사실을 염두에 둔 말일 것이다. 그리고 그 특별한 세력은 곧 나타난다.

《신보》는 시국폐해에 맹공을 가하면서 암흑통치를 비판했는데 역설적으로 발행량이 급증하면서 수익도 크게 증가하였다. 사량재는 계속해서 《시사신보(時事新報)》와 《신문보(新聞報)》를 차례로 인수하면서 중국의 최대 언론그룹으로 성장한다. 그러다 1931년 만주사변(9·18사변)이 터지자 이제 필봉은 본격적으로 장개석을 향했다. 외적을 치려면 먼저 내부부터 안정시켜야 한다, 즉 항일에 앞서 공산당부터 먼저 소탕해야 한다는 장개석의 '양외필선안내(攘外必先安內)' 정책을 맹공하면서, 논조도 점차 급진적으로 선회, 정치적 입장을 분명히 했다. 그의 지휘 아래 《신보》는 항일세력의 목소리를 냈을 뿐만 아니라 임신년, 즉 1932년 1월에는 상해에 '임신구락부(壬申俱樂部)'를 만들어 일본 침략대책을 논의하기에 이른다. 이를 바탕으로 다시 '상해시민지방유지회(上海市民地方維持會)'를 발족시키고 첫 대회에서 "죽기 전에 망국의 노예가 되길 원치 않으며, 죽어서 망국의 귀신이 되지 않겠다."고 맹서한 연설은 유명하다.

이 과정에서 손문의 부인 송경령과 위에서 언급한 양행불 등과의 교분이 아주 깊어졌으며, 그들이 조직한 '중국민권보장동맹'의 영향력을 확장시키는데에도 협력을 아끼지 않는다. 그러다가 결국 그는 역행사의 블랙리스트에 오르게 된다. 1932년 10월, 다시 도진 위장병 때문에 자신의 항주(杭州) 집에서 요양을 하고, 11월 13일 상해로 돌아오는 도중 대립의 심복인 조리군(趙理君: 자오리쥔)의 저격으로 사망한다. 그 모해 과정은 다음과 같다.

사량재가 요양 차 항주로 간다는 정보를 입수하자 대립은 재빨리 심복인 조리군과 함께 사량재 사택 주변의 지형을 살피고 킬러들을 배치하였다. 하지만 사량재를 항주 집에서 저격하면 역행사의 같은 특무인 항주경찰을 곤란하게 할 수 있다는 점을 고려해 상해로 다시 돌아오는 사량재를 길에서 저격하기로 작전을 변경한다.

훗날 군통국의 고위간부를 지내고 공산당에 투항한 심취(沈醉: 선쮀이)의 회고는 영화의 한 장면처럼 생생하다. 상해로 돌아가는 차 안에는 사량재와 부인, 아들, 조카 등 6명이 타고 있었다. 미리 매복하고 있던 지점에 차가 들어서자 고장난 차 한 대가 길을 비스듬히 가로막고 있었다. 특무요원들은 사량재의 차가 다가오자 손으로 천천히 오라는 신호를 보내다가 호루라기 소리가 나자 차 옆에서 갑자기 예닐곱 명의 검은 옷을 입은 사내가 튀어나와 총을 난사하기 시작한다. 정면에서 총알이 날아오자 기사는 고개를 숙여 총알을 피하면서 급히 브레이크를 밟았는데 공교롭게도 차가 사내들이 서있는 지점에 멈췄다. 사내들은 먼저 운전수와 조수석에 탄 사람을 향해 총을 발사하였다. 조수석에는 사량재 아들 사영갱(史詠賡: 스용껑)의 친구가 타고 있었는데, 특무요원들은 그를 보디가드로 착각하고 사살한다.

심취의 증언은 이어진다. 총탄이 마구 쏟아지는 속에서 사량재와 아들은 급히 차에서 뛰쳐나와 서로 반대 방향으로 달렸다. 특무들은 아들을 아버지 사량재로 오인하고 3명이 추격하면서 20여 발을 난사했으나, 한 발도 맞지 않아 다행히도 들판을 달려 도피할 수 있었다. 그러나 사량재는 부인을 끼고 차 밖으로 나왔지만 부인 심추수(沈秋水: 선치우쉐이)가 넘어지면서 다쳤고, 처조카인 심려연(沈麗娟: 선리쥐엔)도 다쳤다. 몸이 좋지 않았던 사량재는 뛰는 게 느렸지만 겨우 부근 오두막으로 뛰어들 수 있었다. 두 명의 특무가 추격해 와 후문으로 빠져나가 뒤에 있는 마른 연못 속으로 숨었는데 마침 거기서 지휘하던 조리군에게 발각되고 만다. 조리군은 "여기 있다!"라고 소리치며 사량재를 향해 총을 연속으로 발사한다. 그 중 한 발이 머리에 맞았고 그 자리에서 쓰러진 사량재를 향해 조리군의 부하 이아대(李阿大: 리아따)는 다시 한 발로 '확인사살'을 가한다. 목적을 달성한 사내들은 즉시 차에 올라 종적을 감춘다. 이상은 심취의 증언이지만 《사총경리피살시말기(史總經理遇難始末記)》의 기록은 비슷하지만 조금 다르다. "사 선생이 시골집으로 뛰어들어 피하자 두 명이 추적해 왔다. 약 0.5리(里)를 달려 심(沈)씨 집 농가로 피하자 한 명은 따라서 안으로 들어오고, 다른 한 명은 후문으로 돌아 지키고 있다가 사 선생이 나오자 다리에 한 발을 쏘았다. 고통을 견디며 몇 걸음을 걸어 마른 연못까지 갔지만 고통을 더 이상 견디지 못하고 쓰러지자 두 명은 사 선생의 머리에 두 발을 쏘았는데, 한 발은 입에서 뇌로, 한 발은 왼쪽 귀를 뚫고 들어갔다."

여기까지 국민당 정보조직이 정치노선이 반대이거나 눈에 거슬린 중요인사 두 명에게 가한 정치테러의 예를 보았는데, 이밖에도 적지 않은 백색테러가 자행되었다. 주로 국민당의 통치범위 내에서 파시스트의 공포분위기를 조성하고 시민들의 민주운동을 진압하고 국민당과 장개석의 전제통치를 수호하는 역할을 떠맡았다. 이 역할은 역행사의 창설에도 참여했던 등걸(滕杰: 텅지에)이 작성한 계획서에도 부흥사의 창설목적이 명시되어 있는데 다음과 같다. "소리도 기색도 없이 극도의 비밀원칙 하에 황포군관학교 졸업생들을 주축으로 전국의 문무에 빼어난 청년 엘리트들을 결합하여 '민주집권제(民主集權制)'의 원칙을 확실하게 장악, 의지가 통일되고 기율이 엄격하며 책임이 분명하고 행동이 민첩한 강건한 조직을 건설한다. 그래서 이 조직을 통해 부패를 일소하고 민중을 일깨우며 외적의 모욕에 저항, 최종적으로는 '우리중화민족을 부흥'시키는 것을 목표로 하고 있다."

내부문건이므로 에둘러가는 수사(修辭) 없이 '민족부흥'을 위해선 비밀리에 행해지는 어떠한 일도 마다하지 않겠다는 창설목적이 뚜렷하다. 그리고 이 문건에서 언급된 '민주집권제'란 1924년 국민당의 1차 전국대표대회에서 손문이 소련공산당의 조직을 모방하되, 마르크스주의는 받아들이지 않고 삼민주의(三民主義)를 적용할 것을 주장하였는데, 결국 그의 주장대로 소련공산당조직을 모방하되 삼민주의와 국민당 조직을 바탕으로 민주주의의 권력집중 제도를 실행할 것을 확정한 것을 말한다. 그래서 권력을 잡는다는 집권(執權)이 아니라 권력을 집중시킨다는 집권(集權)을 강조한 것을 유의하시기 바란다. 그러니까 국민당은 1차 대회부터 한 사람에게 권력을 집중시켜도 되는 근거를 가지고 있었던 것이다.

4) 특무처의 군통개편

부흥사는 처음에는 활동범위가 주로 국민당의 군사계통 안으로 국한되었지만, 위에서 본 암살처럼 점차 민간으로, 심지어 해외로도 그 활동범위를 넓혀갔다. 뿐만 아니라 부흥사의 주도로 첩보무장 부대인 '별동총대(別動總隊)'를 발족시키고, 1934년에는 또 다른 외곽조직인 '충의구국회(忠義救國會)'도 창설한다. 이어서 부흥사는 문화선전 영역으로도 활동범위를 넓혀 1933년 12월에는 지식인들을 겨냥한 '중국문화학회'를 만들어 영향력을 높이고, 기관지인 《중국혁명(中國革命)》 말고도 《우리의 길(我們的路)》과 《청년순간(靑年旬刊)》과 앞길이라는 의미의 《전도(前途)》 등의 잡지도 간행하였다. 이들 간행물들은 주로 중국에는 장개석 같은 강력한 지도자가 필요하다는 요지의 파시스트 사상을 강조하고 선전하였다. 하지만 부흥사의 이러한 활동확대는 곧 당내의 또 다른 권력집단인 'CC계(系)'와 충돌이 생겼고, 결국 문화교육 방면에서 퇴출되면서 중국문화학회도 해산되기에 이른다. 이후 부흥사의 활동은 순수 정보공작으로 범위가 좁혀지면서 하충한(賀衷寒: 허쭝한)의 정훈(政訓)계통과 강택(康澤: 캉쩌)의 별동총대, 그리고 대립(戴笠: 따이리)의 특무처로 나뉘고 이 특무처는 군통(軍統)으로 개편된다. 그리고 부흥사의 파란셔츠를 입은 남의사 멤버들 역시 군통 특무(特務)가 되었다.

역행사도 부흥사처럼 국민당 군사관계를 전담하다가 점차 각 방면으로 세력을 넓혀가지만, 1938년 4월 무한(武漢: 우한)에서 해체되는 운명을 맞는다. 장개석은 국민당이 점차 진부해지면서 부패의 위험이 높아졌다고 판단해 면모를 일신하기로 결정하는데, 즉 새로운 바람을 넣는다는 취지로 7월 9일 무창(武昌: 우창)에서 신설된 '삼민주의청년단(줄여서 삼청단三靑團)'을 발족시키고 자신이 단장을 맡아 역행사의 대부분 구성원들을 여기로 흡수시킨다. 본래 역행사에도 특무처(特務處)를 설치, 대립(戴笠: 따이리)이 처장을 맡고 정개민(鄭介民: 정지에민)이 부처장을 맡고 있었지만, 역행사가 해산되면서 특무처는 개조를 거쳐 군통국(軍統局)으로 새로 발족하게 된다.

대립 장개석의 패검(佩劍)으로 불리며 수많은 반대인사를 처형했으나, 항일공적도 뚜렷하다.

여기까지 보면 역행사와 부흥사 모두 정보기구인 특무처가 가장 핵심이 되는데, 여기서 책임자로 양쪽 다 대립의 이름이 나옴에 주목할 만하다. 자료에 따라 역행사의 핵심조직이 부흥사, 혹은 부흥사의 핵심조직이 역행사라고 하는 등 서로 상반되게 기록되어 있기 때문에 특무처는 두 기구의 공통조직으로 보는 것이 합리적으로 보인다. 이는 또 상호 협력관계였던 역행사와 부흥사가 시간이 지나면서 점차 명확한 구분이 없어진 결과로도 볼 수 있겠다. 아무튼 특무처가 군통으로 개편되는 과정은 이렇다.

중일전쟁이 발발한 1937년 연말에 역행사와 부흥사의 특무처는 중화민국의 최고군사결정기관인 국민정부군사위원회 산하의 비밀조사조직 '특공총부(特工總部)'와 합병해 '국민정부군사위원회조사통계국(國民政府軍事委員會調調査統計局)'이 성립되었으며, 줄여서 '군통(軍統)', 혹은 '군통국(軍統局)'으로 불렀다. 그 아래 당의 업무를 책임지는 제1처와 정보를 책임지는 제2처를 두고 장개석에게 직접 보고하고 지휘를 받았는데, 특무처는 제2처로 편입된 것이다.

많은 사람들이 알고 있듯이 대립(戴笠), 이 사람이 이끄는 군통은 공산당과의 싸움에서 온통 공산당의 피로 두 손을 적심으로써 공산당에게는 악몽 그 자체였다. 그 악몽은 공산당뿐만 아니라 위에서 언급했듯이 장개석 혹은 국민당에 반대하는 민주인사와 지식인들에게도 마찬가지였다. 일제가 물러난 한반도의 해방공간 속에 자행되어 우리에게도 익숙한 단어 '백색테러'. 그 '백색테러'를 일본과의 전시 중에 공공연하게 자행하던 정보기구의 수장이 바로 대립이었다. 하지만 이제는 일본과의 싸움에서 국가가 존망의 기로에 서게 된 절체절명의 상황이었으므로, 군통도 창끝을 돌려 일본군을 향해 겨누었다. 군통국(군통)은 여전히 대립이 책임지고 정보탐지와 스파이 색출임무 등 수사활동 외에도 일본의 손에 넘어간 피점령지에서 암살임무를 수행하는 등의 항일활동을 전개하였다. 중국인들에게는 공포의 대상이 갑자기 구국의 희망으로 떠오르는 순간이다. 여기가 역행사와 부흥사에서 이어지는 군통의 명암이 공존하는 부분이다. 항전시기에 군통은 일본에 투항한 한간들을 적지 않게 암살했는데, 장소림(張嘯林: 장샤오린)과 당경(唐經: 탕징)이 대표적이며, 은여경(殷汝耕: 인루껑)·계운경(季雲卿: 지윈칭)·왕정위·주불해 등에 대한 암살기도는 모두 실패로 돌아갔다. 이들에 대한 얘기는 뒤에서 계속 이어진다. 그리고 군통국 산하의 '유격사령부'와 '교통경찰대대

(大隊)' 역시 일본군 점령지역에서 광범위한 게릴라전을 벌이며 일본과 그 앞잡이들에게 적지 않은 타격을 준다. 그 사이에 일본의 역(逆)공작에 넘어가 군통을 배신하고 일본 품에 안긴 군통이나 중통 간부가 생겨나 과거의 동지에게 몇 배나 되는 치명타를 가하는 일도 일어나게 된다. 여기까지 일본과의 항전에서 큰 역할을 한 군통 이야기였는데, 이어 중통(中統) 이야기로 넘어가 보자.

3. 중통 이야기

역행사와 부흥사의 특무처가 국민정부군사위원회 산하의 특공총부와 통합하여 군통으로 개편되었고, 그 산하에 다시 당 업무를 관장하는 제1처와 정보를 책임지는 제2처로 개편, 제2처는 여전히 대립이 지휘하는 같은 이름의 군통이 되었다고 위에서 말한 바 있다. 그런데 1938년 8월, 다시 개편이 이뤄져 위의 제1처를 따로 '국민당중앙집행위원회조사통계국(國民黨中央執行委員會調査統計局)'이라는 긴 이름의 정보기구로 출범시키고 줄여서 '중통(中統)'이라고 불렀다.

영문 명칭이 조사통계국을 직역한 'Bureau of Investigation and Statistics'였으므로 줄여서 'BIS'로도 불렸다. 이로써 항일시기에 일본과 그 앞잡이들과 피나는 싸움을 벌이는 군통과 중통이 탄생하게 되고, 장개석 국민정부의 대표적 정보기구가 되었다. 중통의 뿌리를 살펴보면 국민당 당무를 감찰하는 특무기구인 '당무조사과(黨務調査科)'에서 출발했는데, 당내 강대한 조직의 하나였던 CC계열이 장악하고 있었다. 그러므로 중통을 설명하기 위해선 이 CC계(系)에 대한 설명이 빠질 수 없다.

1) CC계

CC계의 명칭은 '중앙구락부(中央俱樂部, The Central Club)'에서 따 왔는데, 구락부는 클럽Club의 일본식 표현인데 중국에서도 그대로 쓰고 있다. 하나의 정치파벌로 분류되는데, 국민당 중앙과 지방의 당무를 관장했으며, 주로 조직부와 감찰기관인 중통과 교육계통을 장악하고 있었다. CC계는 1927년 9월 상해에서 설립되었다는 설이 가장 유력하지만, 설립 당시의 정확한 상황은 명확하게 알려져 있지 않다. 현재 CC계에 대한 이야기는 주로 전해지는 얘기나 간접적인 기억에 의지한 것들이 대부분이다. 그러므로 CC계의 핵심으로 지목된 인사들도 CC계의 존재에 대해서는 부인하거나 침묵을 지켰다. 하지만 5년 뒤인 1932년에 창설된 '청천백일단(靑天白日團)'의 핵심이 CC계로 분류되는 인사인 것은 확실하다. 즉 줄여서 '청백단'이라고도 부르는 이 조직은 중화민국의 당기이자 지금도 대만의 국기가 청천백일기인데서 알 수 있듯이 장개석(蔣介石)의 의사가 강렬하게 반영되어 있는 조직이다. 다시 말해 장개석을 유일한 영수로 받들고 반공(反共)을 견지하며, 내부적으로 그 구성원은 왕정위 등이 조직한 '개조파'와 같은 당내의 반(反)장개석 활동을 진압하는데 앞장서서 행동해야 한다고 규정하고 있다.

설립 후 각 지역에서 반장(反蔣) 인사들을 자기편으로 회유하는 공작을 진행하며, 공개적으로 혹은 비밀리에 외곽단체를 조직하였다. 그 핵심인물로는 진과부(陳果夫: 천꾸어푸fu)·진립부(陳立夫: 천리푸fu) 형제와 여정당(余井塘)·장려생(張厲生)·엽수봉(葉秀峰)·서은증(徐恩曾)·장도번(張道藩) 등 일곱 명으로 알려져 있다. 이들 중 진씨 형제와 서은증은 기억하시기 바란다. 특히 진씨 형제는 국민당 내의 탄탄한 감찰조직을 장악하고 있으면서 장개석과의 관계가 아주 밀접하였다. 그래서 CC는 중앙구락부가 아니라 진(陳)형제의 성인 진(陳)의 중국어 발음 'Chen(천)'의 첫 글자 C를 두 개 겹쳐서 'CC'라고 부른다고 설명한 자료도 있다.

진씨 형제는 훗날 중국의 정치·경제를 장악하면서 국민당을 받치는 '4대가족(四大家族)'의 하나로 평가받으므로 조금만 이야기를 거슬러 올라가 보기로 한다. 위에서 왕아초(王亞樵: 왕야챠오)의 왕정위 암살시도를 얘기하면서 잠깐 언급한 진기미(陳其美: 천치메이, 1878-1916)부터 이야기를 풀어 가면 되는데, 여기서 잠시 '4대가족' 보충설명을 하자면, 당시 중국의 정치와 경제를 좌우하던 국민당 내의 4개 가족을 말한다. 즉 정치를 장악한 장개석, 국민당을 장악한 진씨형제, 재정부장을 연이어 맡으면서 오랫동안 중국의 재정을 장악한 송씨(장개석의 부인 등 처가) 가문과 공씨(송씨 자매의 큰 언니 송애령宋靄齡의 남편 공상희孔祥熙)집안을 가리킨다.

2) 장개석과 진기미, 그리고 도성장 암살

진기미는 중국의 민주혁명가이다. 손문이 이끄는 중국동맹회(中國同盟會)의 원로로서 신해혁명 이전부터 일본과 중국을 오가며 혁명에 힘을 다하였다. 1906년에 장개석이 일본에서 진기미를 처음 만나자마자 바로 그를 본받아야할 정치적인 선배로 모셨다. 이듬해인 1907년 장개석이 일본 동경진무학교(東京振武學校)에서 중(重)무기과정을 이수하고 있을 때, 진기미의 소개로 일본에서 손문(孫文: 쑨원)이 조직한 중국동맹회(中國同盟會)에 가입했고, 진기미 휘하조직의 단장을 맡는다. 곧이어 신해혁명이 폭발한 뒤 절강총독 아문(衙門)을 공격할 때는 역시 진기미 휘하의 결사대를 지휘하기도 했다.

1911년 손문이 중심이 된 신해혁명이 성공해 중화민국을 건국했지만, 곧 '총'을 가진 원세개(袁世凱: 위엔스카이)에게 손문은 정권을 물려줄 수밖에 없었다. 하지만 1913년 3월 20일, 중화민국 국회 개회 전날, 국민당 대리이사장 송교인(宋敎仁: 쏭쟈오런)이 피살되고, 원세개가 마음대로 외국차관을 들여오고 내전을 일으켜 손문 중심의 남방 혁명세력을 소멸시키려고 하자 손문은 이에 대항해 2차 혁명을 일으킨다. 여기에 진기미는 적극 호응, 1914년 '중화혁명당'에 가입하고 총무부장을 맡아 원세개를 토벌하는데 앞장선다. 그러나 1916년 5월 18일, 프랑스조계에 있는 일본인 야마다 쥰자부로(山田純三郎)의 집에서 원세개의 지시를 받은 군벌 장종창(張宗昌)이 보낸 정국서(程國瑞)에게 암살을 당한다. 이 소식을 전해들은 장개석은 곧바로 상해로 달려와 길에 그대로 내버려진 진기미의 시신을 끌어안고 통곡한다. 당시 많은 반(反)원세개 인사들이 원세개의 위세가 두려워 감히 나설 엄두를 못 내고 있었기에, 장개석의 이 같은 행위는 '형님' 진기미에 대한 의리를 잘 보여주는 장면이라 하겠다.

자기의 정치적인 은인인 진기미를 암살로 잃었지만 장개석 역시 암살로 몸을 일으킨 인물이다. 즉 신해혁명 후 진기미는 절강도독(浙江都督)으로 추대됐는데, 상해 청방(靑幇)과 자기가 돌봐주는 호주방(湖州幇) 등 지역 무장조직(대부분 흑사회)의 지지에 힘입은 바가 컸다. 동시에 같은 지역 광복회(光復會)의 지도자 도성장(陶成章: 타오청장, 1878-1912)이라는 인물도 혁명에 앞장섰기에 그 또한 지역사람들에게 신망이 높아 그를 절강도독으로 추대하려는 움직임도 작지

젊은 날의 장개식 민국 초기 왕성위와 함께 4대 미남으로 꼽혔다. 손문 사후 1949년까지 대륙에서 절대적 권력을 누렸다.

않았다. 그런데 이 두 라이벌들은 일본에서 잠시 같이 손문을 모신 적이 있었다. 하지만 이 만남이 악연이었다. 진기미에게는 도박과 함께 자주 일본

의 공창(公娼)인 유곽(遊廓)에 들르는 '취미'가 있었다. 도성장은 이런 행위를 혐오했으므로 진기미에게 간곡하게 절제하라는 충고를 했는데, 손문 앞에서 그런 말을 내뱉는 바람에 진기미는 일부러 자신을 난감하게 만들고 모욕을 주려고 했다고 생각하고 절치부심하게 된다. 그런 옛 상처도 잊지 않은 진기미에게 정치적 라이벌로 등장한 도성장은 자연히 눈엣가시. 마침 절강도독 탕수잠(湯壽潛: 탕소우치엔)이 교통총장으로 부임하면서, 자신의 후임에 대(大)학자 장병린(章炳麟: 장삥린)과 도성장을 추천했다. 장병린은 도성장을 적극 추천하며 사양하였고, 도성장 또한 능력 있는 사람이 맡아야 한다고 사양하면서 한 마디를 보탰다. "진기미만 아니면 됩니다!" 드디어 진기미의 분노가 터지고 만다.

    진기미는 가장 믿을 수 있는 아우 장개석을 부른다. 도성장 암살임무를 들은 장개석은 흔쾌히 받아들이고 곧 옛날 친구이자 태호(太湖) 강도 출신으로, 사격술이 뛰어난 왕죽경(王竹卿: 왕주칭)을 불러서는 왕죽경이 광복회 회원임에도 내부 기밀자료를 빼돌리는 것을 도성장이 알고 엄벌할 기회를 노리고 있다고 귀띔해준다. 이는 매우 과장된 말이었지만 왕죽경은 이를 사실로 받아들여 자기가 먼저 도성장을 처단, 스스로를 방어해야겠다고 생각한다.

    도성장 역시 진기미가 자신을 해하려 한다는 정보를 들은지라 집밖을 거의 나가지 않았다. 하지만 지병이 있어 할 수 없이 몸도 피할 겸 프랑스조계에 있는 광자의원(廣慈醫院)에 입원을 하게 되는데, 1912년 1월 12일, 때마침 도성장의 행적을 탐문하느라 돌아다니던 장개석의 눈에 복주로(福州路)에서 눈을 피해 잠시 처마 밑에 있던 도성장이 눈에 들어왔다. 장개석은 급히 차를 세우고 다가가 친근하게 응대하며 직접 입원하고 있는 병실까지 모시겠다고 하고 205호 병실과 주변환경 및 퇴로 등을 살핀다. 이틀이 지난

14일 새벽, 왕죽경과 장개석은 도성장의 입원실로 몰래 잠입해 총으로 그를 그 자리에서 절명케 한다.

이 암살사건에 대해서는 비슷하지만 다른 이야기도 많다. 작게는 총을 한 발 쏘았다, 혹은 난사했다는 것부터 병원에 데려다 준 것이 아니고 병실을 물어봐서 알았다, 실제 총을 쏜 범인은 장개석이나 왕죽경이 아니라, 왕죽경이 고용한 진석규(陳錫奎)와 유영순(劉永順)이라는 등등의 이야기가 지금도 기록마다 조금씩 다 다르다. 여기서 이에 대한 상세한 고찰은 필요하지 않아 보이며, 진기미와 장개석이 주범이라는 큰 줄기는 변함이 없어 보인다. 그리고 이 암살의 막장은 자기만 '독박'을 쓰게 될 기미가 보이자, 고향 가흥(嘉興)으로 도주한 왕죽경이 진기미가 보낸 킬러들에게 쫓기다가 결국 대나무 숲속에서 사살되면서 끝이 난다. 진기미는 왕죽경이 자신이나 장개석에게 후환이 될 수도 있으니 아예 싹을 잘라 없애버린 것이었다. 그러니까 진기미는 자신이 죽이라고 명령을 하고 다시 명령을 집행한 자를 죽인 셈이다. 그리고 '진짜 아우'인 장개석은 철저히 보호한 뒤 얼마 지나지 않아 일본으로 보냈고, 거기서 손문의 신임을 얻었으며, 그의 서거 후 국민당의 '움직일 수 없는' 영수가 되는 발판을 마련한 것은 알려진 그대로이다.

여기까지 중통의 핵심을 이루는 CC계와 그 골간인 진(陳)씨 형제와 장개석의 인연의 시작, 그리고 장개석의 도성장 암살이야기까지 했는데, 다시 CC계 이야기로 돌아가 보자.

3) 중통의 개편
위에서 중통(中統)의 전신은 1928년 CC계열이 장악한 국민당중앙조직부 안에 전문적으로 정보를 전담하던 '당무조사과(黨務調査科)'라고 했다.

1932년 당무조사과는 '특공총부(特工總部)'로 확대개편하고, 다시 1935년에 '당무조사처(黨務調査處)'로 개편 후, 처장은 CC계열의 서은증(徐恩曾: 쉬언쩡)이 맡았다. 그러다가 1937년 4월에 와서 서은증의 당무조사처와 대립(戴笠)의 역행사가 '국민정부군사위원회조사통계국'으로 합병되었고 국장으로는 진기미의 조카 진립부(陳立夫)가 취임하게 된다. 장개석은 일본과의 치열한 특무공작에 왕년의 큰 형님 진기미의 두 조카인 진과부와 진립부 형제를 불러들인 것이다. 이렇게 진씨 가문과 장개석의 인연은 2대에 걸쳐 맺어지게 된다. 한편 기존 당무조사처를 제1처로 개편해 당무를 책임지게 하고, 서은증을 처장으로 계속 임명한다. 그리고 기존 역행사는 제2처로 개편해 특무(特務)를 책임지게 하고 계속하여 대립이 관리하도록 했다. 계속 빈번하게 명칭변경과 조직직제가 개편되면서 혼란스러워 보이지만, 명칭만 1처와 2처로 바뀌어 당무와 특무를 분담하고 서은증과 대립이 그 수장을 맡고, 두 처를 총괄하는 국장에 진립부가 온 것으로 정리하면 되겠다.

그런데 몇 달 지나지 않은 7월 7일 중일전쟁이 터지고 가을에는 상해가, 연말에는 남경까지 점령되는 절대위기 상황으로 내몰리게 되자 장개석은 일본간첩과 한간들의 활동을 효율적으로 저지하고 항전역량을 강화하기 위해, 이듬해인 1938년 3월 29일에 소집된 국민당임시전국대표대회에서 '국민정부군사위원회조사통계국'을 3개의 공개 특무조직으로 개편하는 방안을 결정, 시행에 들어간다.

1. 제1처를 기초로 중앙당부 비서처 산하에 국민당중앙집행위원회조사통계국(줄여서 중통, 혹은 중통국)으로 개편, 국장은 국민당 중앙비서장인 주가화(朱家驊: 주쟈화)가 겸임하고 서은증을 부국장으로 임명해 실제 업무를 책임지도록 한다.

2. 제2처는 군사위원회 판공청(辦公廳) 산하에 군사위원회조사통계국(줄여서 군통)으로 확대하고, 초대 국장은 진립부가 겸임하며, 부국장으로 대립을 임명한다.
3. 군사위원회 판공청 산하에 제3처로 특검처(特檢處)를 신설하고 우편과 통신을 검열한다.

이렇게 우리에게 익숙한 중통과 군통이 1938년 3월 29일 정식으로 출발하게 된 것이다. 중통은 각급 국민당 당부를 활동근거로 하여 각 성(省)과 시(市)에 '조사통계실'을 설치하고, 이하 지역단위에도 조사통계를 맡는 전문인력을 배치했다. 또 문화단체와 대학, 심지어 중요한 고등학교에도 당원조사망을 구축해 실질적인 감시망을 구축한다. 여기서 조사통계란 정보수집과 정탐 및 감시 등 모든 특무활동을 정상업무로 치장하는 단어임은 물론이다.

전체적으로 보아 1940년대 이전에는 중통의 세력이 매우 강했다. 국민당의 각급 기본 당조직은 중통의 정보망의 연장선이라 기층당부의 책임자는 거의 중통의 기층조직 책임자였기 때문이다. 하지만 일본과의 전쟁이 본격화되자 정보공작의 대상이 당내 인사나 공산당에서 일본침략자로 넘어가면서 중통의 지위와 영향력은 점차 군통에게 밀릴 수밖에 없었다. 일본에게 광대한 지역이 함락되면서 말단조직까지의 연락망이 점차 와해되었고, 점차 그 자리를 군통이 대신하게 되는 형국이었다. 그리고 군통의 수장 대립과 장개석의 개인적인 관계도 빼놓을 수 없다. 대립은 장개석이 황포군관학교 교장이던 시절의 학생이었으므로 사제지간의 정이 깊었으며, 자신에게 절대 복종하고 충성하는 대립의 말을 장개석은 점차 절대 신뢰하게 된다. 한편으로 중통은 당내 절대 강자 중의 하나로 떠오른 CC계열의 진(陳)씨 형제가 장악하고 있었으므로, 인사상 직접 간여하기 힘들었던 장개석은 중통에 대해서 점차 힘을 실어주지 않았다. 한 나라의 정보와 비밀 공작을 책임지는 정보기관은 숙명적으로 주도권을 다투게 되므로 대의를 위하여 협력하는 것이 그리 쉽지 않다. 통치자 입장에서는 적절한 분리통치(Divide & Rule)를 통해 서로 적절한 견제와 경쟁을 유발시키는 동시에 길들이기 효과가 작지 않고, 자신의 정치적 입지를 다지는 측면에서도 유리해서 곧잘 그런 관계를 설정한다. 하지만 항일이라는 대의명분에서 본다면 중통과 군통은 시너지 효과를 거두었다고 보기는 힘들다.

후일담이지만 일본이 항복한 다음해인 1946년 6월, 군통의 공개무장 특무 부분은 국방부 제2청으로 귀속되고 비밀핵심 부분은 국방부 보밀국(保密局)으로 개편된다. 다시 장개석의 국민당이 대륙에서의 패퇴가 거의 확정적이던 1949년 2월 중통을 '내정부(內政部)조사국'으로 개칭했지만, 여전히 중통 혹은 CC로 불렸으며, 소속만 내정부이지 국민당 중앙을 실질적으로 장악하고 있었다. 대만으로 물러나서는 1954년 '사법행정부조사국'이 되었다가 다시 '법무부조사국'이 되어 대만당국에서 위탁한 '정치사무'말고는 주로 뇌물 마약 경제범죄 등을 주요업무로 하고 있다. 여기까지 역행사와 부흥사의 조직에서 출발한 군통의 성립과 그 역할, 그리고 당무조사과에서 출발한 중통의 성립과 개편 및 그 역할 등에 대해 설명하였다. 하지만 잦은 개편 및 명칭은 그대로 두고 조직이 확대되는 등 독자에게 혼란을 주는 부분이 적지 않으므로 최대한 간략하게 다시 몇 줄로 줄여 보기로 한다.

1932년에 창설된 삼민주의역행사는 삼민주의청년단이 발족되면서 해체되는데, 대부분 대립이 지휘하는 중화민족부흥사(혹은 남의사) 특무처로 흡수된다. 처음엔 세력이 강했으나 CC계와의 갈등으로 순수 정보공작 분야로 축소되면서 정훈계통과 별동총대와 특무처로 개편된다. 그러다 1937

년 중일전쟁이 발발하자 부흥사의 특무처와 특공총부가 합해져 국민정부 군사위원회조사통계국(군통)으로 정식 발족하였다. 이 특공총부는 CC계가 중심이 되어 1932년에 창설된 청천백일단이 주축이 된 당무조사과에서 출발한 조직이다. 1938년에 군통은 다시 1처 국민당중앙집행위원회조사통계국(중통)으로, 2처 국민정부군사위원회조사통계국(군통)으로 개편되어 항일전선에 정식으로 등장하게 된다. 이제 다시 왕정위 얘기를 해보자.

4. 장개석의 왕정위 '제재'

염전(艷電) 발표에 따라 완전히 매국노로 낙인찍힌 왕정위에 대한 분노로 그가 몸담았던 국민당은 물론 국민들의 여론도 들끓고 있었으므로, 그의 당적 박탈은 물론 일체의 직무에서 배제하고 그의 한간행위를 낱낱이 보도케 했으나 장개석은 이것으로 충분하지 않았다. 당연히 그로서는 어떤 수단을 써서라도 왕정위의 죄를 묻는 행동에 돌입할 필요가 있었다. 그래서 자신의 패검(佩劍)으로 불리는 대립에게 왕정위를 '엄려제재(嚴厲制裁)', 즉 엄하게 제재할 것을 명령하기에 이른다.

중국 역사에서도 황제가 누군가를 처단하고 싶을 때, 직접 죽이라는 명령을 내리기 보다는 많은 경우 그 자의 죄를 고발하는 상소문이나 탄핵을 올리게 하고, 이런 것이 올라왔으니 자세히 조사하라는 명령을 내리고, 이후 각본대로 진행하는 경우가 많다. 현대사회에서도 시민단체에서 정치인을 고소하면 수사에 착수하지 않을 수 없다는 명분으로 압수수색과 참고인 소환이 개시되면서 정적을 제거하는 경우가 드물지 않은 것과 비슷하다.

장개석의 명령도 그러했다. 죽이라는 명령은 절대 내리지 않았다. 엄히 제재하라는 말로 충분하고 수하들은 그것을 또 찰떡같이 알아들었다. 지도자의 통치수법의 하나이기도 했다. 흑사회에서도 그런다. 살인을 교사했다는 혐의를 받아 감옥에 갔다 온 흑사회 두목이 세월이 지난 후, 인터뷰에서 "내 부하 하나가 그놈 손 좀 봐야겠다고 해서 알았다고 대답했는데, 그 녀석은 내가 죽이라고 그러는 줄 알고 죽였어. 근데 난 죽이라고 한 적이 없거든!"라고 둘러대는 것과 비슷하다. '장개석의 패검'은 즉시 부하를 불러 작전회의에 들어간다.

1) 진공주의 하노이 파견

하지만 이번에 결행할 하노이에서의 왕정위 암살공작에 대해서 대립은 완전히 확신하지는 못했다. 우선 월남은 프랑스 식민지인데다가 프랑스는 식민지의 치안에 대해서는 엄격한 통제를 하고 있어, 무기반입과 휴대는 매우 어려운 작업이었다. 거기다 언어소통도 힘들고, 현지 지리와 풍속, 습관에 모두 익숙하지 않아 임무수행에 매우 불리하리라는 점을 잘 알고 있었기 때문이다. 그렇다면 누구를 파견하여 이 고난도의 임무를 수행하게 할 것인가? 대립은 골머리를 앓듯 심사숙고 끝에 군통 천진(天津) 지부장인 진공주(陳恭澍: 천꽁수)를 하노이 행동조장으로 결정한다. 먼 훗날 40여 년이 지난 뒤 진공주는 대만에서 『하노이 왕정위사건 전말(河內汪案始末)』이라는 제목의 책을 써서 그날 암살의 전 과정을 상세하게 서술하고 있다.

진공주는 1907년생으로 황포(黃埔)군관학교 제5기로 경정과(警政科)를 졸업했다. 생각이 치밀하고 무엇보다 사격술이 매우 뛰어나 교가재(喬家才)·왕천목(王天木)·마한삼(馬漢三)과 함께 군통의 '사대금강(四大金剛)'으로 불렸다. 명령을 받은 진공주는 즉시 특수임무에 빼어난 18명의 군통 특무를 데리고 출발한다. 그리고 '18나한(羅漢)'으로 불렸던 이들은 하노이로의 잠입에 성공한다. 하노이에 도착한 진공주는 직접 나서서 지형을 살피곤 했는데, 그때 왕정위와 그 가족들과 심복들은 고랑가(高朗街: 영어 표기로는 'Gao Liang street'이며, 월남어 표기로는 Phố Chợ Gạo인데 지금은 찾을 수 없다고 함)27호에 있는 서양식 저택에 머물고 있었다. 이 양옥 저택은 3층으로 앞쪽은 길과 붙어 있었고 뒤로는 작은 정원이 있었다. 문 앞에는 풀밭이 있었지만 왕정위가 여기 나와 산보하는 것은 한 번도 목격되지 않았다.

희미한 얼굴의 진공주 군통의 4대 킬러 중 한 명. 하노이 왕정위 암살시도부터 수많은 암살임무를 수행했다. 정보요원답게 아주 희미한 '얼굴' 하나만 남겼다.

2) 상해에서의 군통의 활약

하노이 고랑가에서 칩거하던 왕정위는 불안에 떨면서 1939년의 설을 보낸다. 상해에 있던 그의 추종자들 역시 설도 쇠지 못하고 목숨을 잃는 경우가 많았다. 일본이 이들 매국노를 움직여 괴뢰정권에다 하나 둘씩 심기 시작하자, 군통은 어떤 대가를 치르더라도 이 매국노들을 처단해야 한다고 나섰기 때문이다. 1939년 2월 19일 정월 초하루, 괴뢰 유신정부의 외교부 장관 진록(陳籙: 천루)은 상해에서 일본군경의 바로 눈앞에 있는 집안에서 군통에게 암살당한다. 한국에서도 상영되어 많은 화제에 올랐고 이후로도 영화 《헤어질 결심》으로 여전히 우리에게 사랑받고 있는 '분당댁' 탕웨이(湯唯)가 주연한 영화 《색계(色戒)》를 보면, 주인공 왕가지(王佳芝: 왕지아즈, 배우는 탕웨이)가 홍콩에서 이선생(易先生) 암살에 실패하고 동지들과 뿔뿔이 헤어졌다가, 다시 상해에서 연모하던 옛 동지 광유민(鄺裕民: 쾅위민, 배우는 왕력굉王力宏왕리훙)과 만나는 장면이 나온다.

영화 거의 중간에 나오는 이 장면에서 광유민은 말한다.

"자긴 절대로 생각 못했을 거야. 홍콩에서 우리 행동을 뒤에서 누군가 계속 암암리에 감시하고 있었어. 그날 저녁 자기가 떠난 뒤에 그들이 나타나 상황을 수습해 주고, 우릴 밀항시켜서 홍콩을 떠나게 해주었지."

"그 사람들이 누군데?"

"중경에서 파견한 사람들이야. 상해시장 부소암을 암살하고, 공공조계 총탐장 육운규(陸運奎: 루윈퀘이), 그리고 외교부 장관 진록, 그 몇 개 큰 사건 모두 그들이 한 짓이야."

중경에서 파견한 사람이란 물론 군통의 특무를 가리키는데, 영화 속 대사지만 이 말은 역사적 사실을 충실하게 반영하고 있다. 이 세 사람 중 여관 문 앞에서 군통 특무에게 사살된 육운규는 따로 얘기할만한 큰 비중이 없으므로, 여기선 잠깐 진록의 암살을 보기로 하자. 그리고 부소암은 왕정위가 국민정부의 남경 '환도(還都)'를 선언하고, 국민정부의 대리주석 겸 행정원장의 자격으로 왕정위 정권의 출범을 선언한 1940년 3월 30일 이후에 암살되었으므로 뒤에서 다시 다루기로 한다.

3) 외교총장 진록 암살

1939년 제석(除夕), 그러니까 설날 전날인 2월 18일 상해 프랑스조계의 우원로(愚園路) 6689농(弄, 주소의 가장 아래 단위)25호에 있는 진록의 집 주변은 군통이 보낸 킬러가 잠복해 있었고, 그와 함께 진록을 보호하는 보디가드들도 집 안팎에 배치되어 있었으므로 보이지 않는 긴장과 살기가 엄청났다. 하지만 집안에서는 아무 것도 모르는 진록이 가족들과 조상에게 올리는 제사를 준비하고 있었다. 그는 본래 중화민국 초기에 외교총장을 지냈다. 하지만 항전시기에 일본에 투항해 왕정위 정권의 전신이라고 할 수 있는 '중화민국유신정부'에서도 외교총장이 되었다.

여기서 유신정부라는 명칭이 자주 등장해 혼란을 주는데, '중화민국유신정부'는 왕정위가 1940년 3월 30일 수립한 괴뢰정부 보다 2년 앞서 1938년 3월 28일 남경에서 양홍지(梁鴻志: 량홍즈)를 수반으로 세워진 괴뢰정부를 말한다. 왕정위의 '(僞)중화민국국민정부'가 세워지자 양홍지 유신정부의 인원과 체제가 거의 그대로 흡수되므로, 계속 이어지는 정권으로 보고 일반 글과 심지어 공문서에서도 '국민정부'와 혼용해서 '유신정부'라고 계속 부르는 경우도 적지 않다. 여기서는 양홍지의 유신정부와 왕정위의 국민정부를 구분해 쓰기로 한다.

진록의 보디가드로 원래 장학량(張學良: 장쉬에량)의 부하였던 유해산(劉海山: 리우하이산)이란 자가 근무하고 있었는데, 그는 비밀리에 군통과 연락해 내응하겠노라고 제안한다. 결국 그는 군통 특무를 진록의 집으로 끌어들이는데 성공했고, 특무들은 어렵지 않게 진록을 사살할 수 있었다. 그들의 행동이 매우 신속하고 철수도 빨랐기 때문에 진록의 보디가드가 열 맷 명이 넘었지만 미처 반응할 새도 없었다. 진록의 나이 예순둘로 왕정위 정부가 성립되기 전 군통이 거둔 가장 큰 성공적인 암살이었다. 같은 시각, 천 리 밖 중경에서 암살을 지휘하는 대립(戴笠: 따이리)은 매우 긴장하고 있었다. 왜냐하면 진록의 집이 프랑스조계 안에 있어 치외법권 지역인데다 가까이에 경찰에 해당하는 순포방(巡捕房)과 일본의 특무기관이 있었으므로, 전쟁 중인데 예측할 수 없는 상황까지 벌어진다면 매우 복잡하고 골치 아픈 외교문제로 비화될 수 있었기 때문이다. 하지만 곧 들려온 성공소식에 냉혹한 암살 지령자인 그도 비로소 마음을 놓는다.

이번 진록의 암살은 도이하라(土肥原)의 뒤통수를 세게 한 방 때린 셈이었다. 최고의 정보공작원으로 중광당 수장인 그가 한 번도 맛보지 못한 수

모를 맛본 셈이다. 당시 국민당의 중통과 군통은 상해와 남경이 함락된 뒤, 계획에 따라 특수공작원들을 대거 잠입시켜 항일 선전(宣傳)활동을 하면서 동시에 매국노(漢奸)와 일본인들을 살해하고 정보를 수집하는 등 일련의 공작을 성공시켜 일본인들에게 커다란 타격을 주고 있었다. 일본인들은 군통과 중통 특무를 체포하려 혈안이 되었지만 좀처럼 잡을 수가 없었다.

4) 그 밖의 매국노 암살

일본의 중국침략 이후 군통이나 중통이 시도한 한간이나 일본인 간부 암살시도는 우리가 생각한 것 보다는 매우 많다. 여기서 상세한 얘기는 다 할 수 없지만, 유신정부와 왕정위의 국민정부 기간 동안 일어난 몇 건의 암살사건 중 인상 깊은 하나를 더 소개하고자 한다.

1940년 11월 29일, 일본천황이 파견한 특사 겸 고위 정보요원인 다카쓰키 타모쓰(高月保)남작이 북경 방문 중 말을 타고 가다가 군통 특무의 기습 총격을 받아 몇 발의 총탄을 맞고 사망한다. 그는 일본귀족 출신으로 신분도 높지만, 그것보다는 출중한 능력을 인정받아 천황이 매우 아꼈던 사람이었다. 그는 전면적인 중국침략의 주요 책임자 중의 한 명이었으며, 또 가공할 세균전을 지휘하는 5명그룹의 멤버이기도 했으므로 군통의 처단 리스트에 오른 것은 당연해 보인다. 그를 저격한 군통 특무는 마극적(麻克敵: 마커띠, 1905-1941)으로 본명이 마경하(麻景賀: 마징허)이지만, 적을 극복한다는 의미로 '극적'이라는 이름으로 개명했으니 강렬한 항일의지를 엿볼 수 있는 대목이다. 그는 주로 여러 피점령지에서 활동하다 북경(당시엔 북평)으로 들어와 한간들을 호미로 파내듯 제거한다는 의미의 '서간(鋤奸)' 활동을 했다. 다카쓰키 남작이 암살되자 일본군은 북경을 봉쇄하고 전면적인 수색을 펼쳤는데, 결국 같은 편 밀고로 체포된다. 그 뒤 석 달도 안 된 1941

년 2월 15일 순국했는데 당시 그의 나이 서른여섯이었다. 적과 싸울 때 가장 큰 비극은 같은 편인 줄 알았던 동지의 배신에서 나온다. 이 이야기는 상당히 큰 사건이었는데 중국에서도 그리 다루지 않고 자료도 거의 없어 여기에 간략하게나마 소개하고 기억하고자 한다.

이 밖에 일어난 군통의 무장투쟁을 시간 순으로 몇 건 더 열거하면 다음과 같다.

① 1939년 6월 10일: 군통 특무가 남경에 있는 일본영사관의 연회 음식에 독약을 넣어 일본영사관 직원 2명을 독살하였다. 이때 유신정부의 행정원장인 양홍지(梁鴻志: 량훙즈) 등 10여 명의 고위직 한간들도 중독되어 한때 혼미상태에 빠졌다.

② 1939년 8월 11일: 광주(廣州)에 주둔한 일본해병대 제115연대가 저녁식사를 할 때 군통 특무가 독약을 풀어 19명의 일본군 장교와 사병을 독살하였다.

③ 1940년 8~12월: 군통 특무가 무창(武昌)·무한(武漢)·한구(漢口) 등지의 일본군을 습격했는데, 일본군 경비대 문 앞에 폭탄을 던지거나, 물건 사던 일본군 장교를 흉기로 찔러 죽이거나, 매춘부와 놀아나는 일본군인을 습격, 중좌(中佐) 이하의 장교와 사병 21명을 사살하였다.

④ 1940년 11월 19일: 군통이 왕정권의 통치 관련,《일본-왕정위협정(日汪協定)》조인 준비 차 왕정권의 일부 한간 간부들과 일본 측 인사일행이 기차로 남경으로 간다는 첩보를 입수, 기차가 지나가는 소주(蘇州)에 미리 매설해둔 폭탄을 터뜨려 2명의 대좌(大佐)를 포함 일본군 175명의 사상자를 냈다.

⑤ 1941년 6월 17일: 상해 공공조계의 일본 경무(警務) 부처장 아카키 치카유키(赤木親之)를 저격하였다. 저격현장에서 즉사한 아카키는 남작 작위의 귀족 출신 무사집안으로, 외무경찰에 투신하여 젊은 나이에 출세가도를 달렸으며, 중국침략에도 앞장선 인물이다. 주(駐)중 일본대사관에서 사무관으로 근무했

지만 중국에 와 있는 일본인들을 감시하는 것이 주 임무였다. 대만을 거쳐 다시 일본대사관 참사(參事)로 돌아온 그는 1938년 1월에 상해 일본 조계의 공부국(工部局, The Municipal Council, 청말에 열강들이 조계에 설치한 행정 관리기구. 경찰 기능도 있었음) 경무처로 발령받아 일본 측 책임자로 조계지역의 일본 이익을 대변하던 사람이었다.

이상은 일본의 고위직에 대한 암살활동의 예를 몇 건 든 것으로, 상대적으로 인원이나 규모로 보아 큰 사건들이라고 볼 수 있는데, 이상하게도 더 자세한 자료는 찾지 못했다. 그리고 이것보다 직위가 낮거나 규모가 작은 암살은 매우 많았던 것으로 보인다. 일설에 의하면 1938년부터 1941년 사이에 상해 일대에서 군통이 거사한 암살시도가 150여 차례가 넘는 것으로 알려져 있는데 상세한 자료는 안타깝게도 더 확인할 수 없었다. 그리고 군통의 이런 무력저항에 반해 국제도시라는 상해의 지역적 특수성 때문에 공공연하게 무력을 쓸 수 없었던 일본의 도이하라는 어떤 수단과 방법을 동원해야 군통을 제거할 수 있을지 깊은 고심에 빠지게 된다.

5) 정묵촌과 이사군의 등장

그러던 어느 날, 일본 영사관의 시미즈 토오조오(淸水董三) 서기원이 두 사내를 데리고 중광당에 머물고 있던 도이하라의 앞에 섰다. 둘 다 중년이 다 된 나이로 한 사람은 피부가 희고 좀 통통했으며, 한 사람은 대조적으로 깡마르고 왜소하였다. 두 사람의 경력을 본 도이하라는 눈이 번쩍 뜨였다. 희고 통통한 남자는 이사군(李士群: 리스췬)이라고 했는데 일찍이 공산당에 참여한 적도 있었지만 체포된 뒤에는 공산당을 떠나 국민당으로 전향한 뒤, 중통(中統)에 가입해 밀명을 받고 상해에 잠복해 있던 특무(特務) 중의 한 명이었다.

작은 남자는 정묵촌(丁默邨: 띵모춘)이라는 인물인데 그의 이력은 좀 특이하다. 즉 그는 중통 출신인데 이후 군통에서 제3처 처장까지 지낸 인물이었다. 위에서, 1938년 3월에 군통을 3개의 공개 특무조직으로 개편하면서 군사위원회 판공청 산하에 제3처로서 특검처(特檢處)를 신설하고 우편과 통신검열을 담당하게 했다고 소개한 바가 있다. 국장 진립부(陳立夫: 천리푸fu)가 그를 3처 처장으로 앉혔으나 그의 중용을 질투한 대립이 장개석에게 정묵촌이 부패혐의가 있

이사군 일본에 투항, 76호를 세우고 수많은 항일 우국지사를 고문하고 죽였으나 결국 일본인에게 독살되었다.

다고 보고하고 얼마 지나지 않아 3처가 해산되면서 정묵촌은 군사위원회 소장참의(少將參議)라는 작은 직함만 받고 뒤로 물러나게 된다. 이에 조직에서 털려났다는 상실감과 대립에 대한 사적 원한으로 절치부심하고 있던 차에 이번엔 적대 조직의 수장후보로 등장하게 된 것이다.

두 사람은 출세욕망으로 가득 찬 야심가였으므로 개인의 이익을 가장 중요하게 생각한 점에서는 여러 면에서 매우 비슷했다. 이런 사람은 중용되면 활개를 치면서 득의의 세월을 보내지만, 그렇지 못하면 반발심과 함께 불평불만으로 가득해 좌절과 절망에 빠졌다가도 앞길이 없다고 판단이 서면 서슴지 않고 다른 길을 갈 수 있는 그런 부류였다. 변화가 아니라 선을 넘는 변절의 길 말이다.

정묵촌 군통 3처 처장이었으나 일본에 투항, 76호 수장이 됐지만 정빈여 사건으로 크게 위축되었다. 종전 후 총살형에 처해졌다.

도이하라가 군통의 무력저항에 속수무책이었던 이때 중통과 군통 내부 사정을 잘 아는 이 두 사람의 등장이야말로 중통·군통과 대결하는데 더없이 적합하고 효과적인 원군이 나타난 게 아니겠는가? 즉 국민당과 대결하기 위해선 같은 정보기구를 만들어야 하는데, 이 두 사람이야말로 그 작업에 딱 들어맞는 인물이었던 것이다. 그들만큼 국민당의 대(對)일본 특수공작과 특무잠입 등에 대해서 잘 아는 사람이 없었다. 심지어 이 방면 사람들은 모두 옛 동지나 옛 전우로 서로 얽혀있었으므로, 두 사람이 적극 나서준다면 일본인이 직접 나서는 것 보다는 효과 측면에서 월등할 것이라는 것은 분명했다.

5. 하노이의 총성, 그러나…

중광당에서의 이 대면은 몰락해 버린 국민당 출신 특수공작원 이사군과 정묵촌이 역사의 무대로 다시 호출되는 중요한 장면이다. 하지만 이때는 일본공작 책임자 앞에서 본 면접이었을 뿐, 두 사람을 일본이 구상 중인 정보기구 설립에 투입할지 여부는 아직 결정되지 않았다. 일본인들로 하여금 군통에 대항하는 정보조직을 만들어야겠다고 진짜 결심하게 만든 사건은 바로 약 한 달 뒤 월남 하노이에서 벌어진 암살기도 사건이었다.

이제 다시 하노이에 가있는 왕정위에게 눈을 돌려 보기로 한다. 중국에서 벌어지고 있는 군통의 매국노 제거작업을 풍문으로 들은 왕정위는 더욱 긴장할 수밖에 없었다. 먼 나라 타지에 흘러들어와 있는 처지인데다, 당시 프랑스 식민지 월남의 법 규정에 따라 스스로를 보호할 무기도 휴대할 수 없었으므로, 경호원 역할까지 떠맡은 수행원들은 몸으로 그를 감싸는 수밖에 없었다. 왕정위도 거의 바깥출입을 하지 않고 대소사를 모두 아내인 진벽군(陳璧君: 천삐쥔)과 비서 증중명(曾仲鳴: 쩡중밍)이 처리하게 했다. 이렇게 장시간 왕정위가 얼굴을 내밀지 않음에 따라 군통은 집안으로 들어가 매국노를 제거하는 수밖에 없었다. 집안배치와 경비상황을 탐문하기 위해 진공주는 부하들을 잠입시켜 집안구조를 알아보게 했는데, 왕정위의 식구들은 이를 전혀 눈치 채지 못했다. 이때 군통 특무들은 이미 왕정위 부부가 3층의 안방에서 머물고 있다는 것을 탐지해 내고는 호시탐탐 기회를 노리고 있었다. 일반적으로 군통 특무들의 암살방법은 '소프트'한 방법과 '하드'한 방법 두 가지로 나눌 수 있다. 전자는 주로 소리 나지 않는 무기로, 예를 들어 도끼나 독약을 말하지만 그리 소프트해 보이진 않는다. 후자는 소리 나는 무기를 가리키는데, 주로 총으로 직접 저격하는 것을 말한다. 이번 행동은 방법을 확정하지 않고 주로 습격대상의 위치와 상황발생 때의 주변여건에 따라 탄력적으로 결정하기로 했다. 그들은 먼저 독약을 빵 속에 주사한 뒤 빵 배달하는 사람을 통해 집안으로 배달하게 해 왕정위를 독살하는 방식을 실험해 보았다. 하지만 독극물이 빵 속에 들어가자 변색되어 딱딱한 작은 덩어리로 뭉쳐져 누가 봐도 금방 알아차릴 게 뻔했다. 게다가 그 빵을 왕정위가 꼭 먹을 거라는 장담도 할 수 없으므로 이 계획은 금방 취소되었다.

그렇다면 다른 방법을 찾아야 하는데, 진공주가 지휘하는 18명은 왕정위의 경호원처럼 몸에 어떤 무기도 지니지 못한 것은 마찬가지였기 때문에 가장 효율적인 암살을 위해서는 아무래도 비밀리에 무기를 손에 넣는 것이 급선무였다. 그래서 대립은 우선 화력이 괜찮은 권총 두 자루를 구입한 뒤, 정보망을 통해 월남에서 일하는 화교를 물색해 보았다. 그 결과 프랑스 식민지의 군대에서 일하는 사람을 찾았고 그를 통해 권총과 탄알을 하노이로

반입할 수 있었다.

　무기를 손에 넣은 진공주 일행은 초조하게 기회를 계속 엿보고 있었다. 같은 시간 왕정위도 일본방면의 응답을 초조하게 기다리고 있었다. 얼마 전에 자신을 좀 더 안전한 곳으로 보내 달라고 일본에 요청해 뒀기 때문이다. 하지만 왕정위와 협의를 해온 일본의 고노에 후미마로(近衛)내각이 그 사이 갑자기 붕괴되고, 이어 새로 들어선 일본내각은 왕정위에게 미처 신경 쓸 겨를이 없었다. 처량하게 달을 쳐다보던 왕정위는 그날따라 더욱 처량한 마음에 탄식을 하며 일기를 썼다. "하노이의 이 고독한 정월달을 내 일생 동안 잊을 수가 없을 것이다."

　그렇게 시간이 지나 3월 19일이 되었지만, 고랑가(高朗街)27호의 집 분위기는 더욱 음울해져만 갔다. 식구 중 한 명이 오늘 날씨도 좋은데 드라이브나 하자고 얘기를 꺼냈고, 그렇게 가족들이 오랜만에 차를 타고 나선다. 이윽고 차가 어느 다리 앞에 이르렀을 때 잠깐 다리 밑으로 내려가 쉬기로 하고 차에서 내린다. 하지만 차로 미행하던 진공주 무리 역시 차에서 내려 총을 꺼내들고 바짝 붙어 자신을 노리고 있다는 사실을 왕정위는 전혀 모르고 있었다. 그때였다. 어찌된 영문인지 왕정위 식구들이 갑자기 차에 오르더니 차를 돌려 그대로 고랑가의 집으로 돌아가 버렸다. 진공주는 크게 실망하고 허탈해했다. 이미 오래전 일이라 왜 그때 그 좋은 기회를 날리게 됐는지 자세한 정황은 알 길이 없지만, 그날 같이 외출한 왕정위 가족들의 기억은 이렇다.

　차에서 막 내려 휴식을 취하려 할 때 갑자기 차 한 대가 다가오더니, 프랑스인 한 명이 내려 신분증을 내밀면서 경찰이라고 신분을 밝혔다고 한다. 그러면서 방금 누군가 왕 선생에게 불리한 행동을 취할 수도 있다는 정보를 받았으니, 외진 곳으로는 가지 말라고 했다는 것이다. 왕의 가족들은 긴가민가하면서도 바로 차에 올라 집으로 방향을 잡을 수밖에 없었다고 한다. 진공주는 그때 그 장소는 야외라서 왕정위를 쉽게 해치울 수 있는 절호의 기회였지만, 결국 놓치고 말았다며 두고두고 이를 아쉬워했다. 곧이어 심어둔 첩자에게서 날아온 정보는 왕정위 가족이 곧 하노이를 떠나려고 한다는 것이다. 이제는 방법이 없다. 밤에 담 넘어 들어가 그를 척살하는 수밖에….

한편 같은 시각 일본에서는 왕정위와 처음 밀약을 맺었던 일본대표가 나름 온 힘을 다해 새로 들어선 내각을 설득하고 있었다. 즉 하루 빨리 왕정위를 상해로 데리고 와서 자신들의 뜻대로 움직여 줄 괴뢰정부를 세울 준비작업을 서둘러야 한다는 주장을 펴고 있었다. 일본점령 하의 상해 중광당에서도 왕정위를 맞이할 준비를 착착 진행하고 있었다. 상해에서 공작을 총지휘하던 도이하라는 매우 흡족한 얼굴로『상해특공계획(上海特工計劃)』이라는 제목이 붙은 책자를 보고 있었다. 이 책에는『상해항일단체일람표(上海抗日團體一覽表)』까지 붙어 있었는데, 이사군과 정묵촌이 보내온 것이었다. 도이하라는 이 두 사람이면 왕정위의 안전을 책임질 수 있으며, 중통과 군통에 밀리고 있는 상해에서의 현 상황을 일거에 역전시킬 수 있다고 굳게 믿고 있었다.

같은 시각 하노이. 교외에서의 왕정위 암살에 실패한 진공주도 전열을 재정비하고 다시 발 빠르게 움직이고 있었다. 3월 30일 밤, 진공주는 6명의 부하 특무요원을 데리고 왕정위가 거주하는 고랑가 27호의 후문으로 접근했다. 진공주 자신은 차에 남고, 두 명이 망을 보고 있는 사이 네 명이 담을 넘어 들어가 곧바로 이미 숙지한대로 3층의 침실로 향했다. 경비들이 미처 어떤 반응을 보이기도 전에 요란한 총소리와 함께 방 안에 있던 남녀 한 쌍이 바닥에 쓰러졌다. 진공주는 순조롭게 임무를 완수했다고 생각하고 급히 차를 몰아 현장을 빠져 나갔다.

하지만 이튿날 새벽 내부첩자가 보내온 정보에 따르면 왕정위는 아무 탈이 없었으며 총을 맞아 죽은 사람은 비서 증중명(曾仲鳴: 쩡중밍)이며 부인 방군벽도 중상을 입었다. 진공주는 온몸에 얼음물을 뒤집어 쓴 듯 그 자리에서 얼어붙었다. 군통 최고의 킬러가 이런 실수를 하다니…. 이 중대한 실수의 원인은 지금까지도 명확하지 않다. 여러 요소가 복잡하게 얽혀있는 것으로 볼 수 있는데 우선 흔히 이야기되는 실패원인으로, 우연히 발생할 수 있는 변화를 소홀히 한 점을 들 수 있다. 즉 암살계획을 결행하기 며칠 전, 증중명의 아내인 방군벽(方君璧: 팡Fang쥔삐)이 하노이에 왔다는 사실을 군통이 그냥 흘려보냈다는 점이다. 방군벽이 오자 왕정위는 임시로 큰 방을 증중명 부부가 사용하게 하고, 자신은 아내 진벽군과 함께 증중명이 본래 거처하던 방으로 옮겼는데, 군통 특무들은 이 작은 변화를 감지하지 못하고 본래 계획대로 3층에서 제일 큰 방인 왕정위 부부방으로 직행하여 확인 없이 그대로 총을 난사한 것이다. 이 작은 소홀이 커다란 암살 프로젝트의 결과를 뒤집어 버린 셈이다. 평소에 가장 가까이에서 매우 아끼던 비서 부부에게 베푼 친절이 결과적으로 자신의 목숨을 구한 행운으로 돌아왔지만, 이 사건이 왕정위에게 준 충격은 매우 컸다. 사랑하는 제자이자 비서인 증중명 부부가 자신을 대신해 목숨을 잃거나 중상을 입은 셈이라 왕정위는 분노로 잠을 이루지 못했다. 결국 이 분노로 왕정위는 더욱 폭주 기관차로 변해 자신의 정치적 퇴로를 완전히 차단한 채 더욱 노골적으로 조국 반역의 길로 내달리게 된다. 이 이야기는 좀 있다 다시 계속하기로 한다.

그런데 이 암살 미수사건에 대한 다른 해석 역시 분분하다. 즉 당시 왕정위가 거처하는 양옥의 구조가 매우 독특해서 내부구조가 완전히 똑같은 집 두 채가 붙어 있는 형태였고, 각 층마다 서로 통하는 연결문이 있다는 사실을 진공주가 잘 알지 못해 일어난 실수라는 것이다. 두 집 대문의 주소는 각각 25호와 27호였는데, 27호는 증중명 부부를 포함한 왕정위의 부하들이 거처하는 곳이고, 25호가 왕의 식구들이 살던 곳인데, 그날 방을 바꾼 얘기는 없었고 단순히 진공주의 부하들이 구조가 똑같은 증중명 부부의 방을 왕의 방으로 잘못 알고 들어갔다는 것이다. 그리고 인민정부 수립 후, 왕정위의 아내 진벽군이 상해 제람교(提籃橋: 티란챠오) 감옥에서 복역하는 동안 자술서를 작성한 적이 있는데, 그녀가 친필로 쓴 이 자술서에는 비서와 방을 바꾸었다는 얘기는 없고 킬러들이 증중명의 방으로 직행했다는 진술만 있을 뿐이다. 그렇다면 이 모순되는 상황을 어떻게 설명해야 할까?

1) 김웅백의 증언

왕정위 정부에서 관리를 지낸 김웅백(金雄白: 진슝빠이, 1904-1985)은 회고록『왕정권의 시작과 끝(汪政權的開場與收場)』에서 다음과 같이 당시를 묘사하고 있다. "그날 밤, 왕정위의 큰 딸 왕문성(汪文惺: 왕원싱) 부부는 요란한 총소리에 깜짝 놀라 깨자마자 황급히 부모 방으로 가 왕정위 부부와 함께 머리를 감싸고 방바닥에 웅크린 채 죽기만을 기다리고 있었다. 그런데 그때 이상한 일이 일어났다. 문 하나를 사이에 두고 네 명이 웅크리고 있는, 바로 그 옆방을 군통 킬러들은 한 번 들여다보지도 않고 그냥 황망히 떠나 버린 것이다."

여기서 김웅백이라는 인물은 간단히 설명할 필요가 있는데, 그는 상해 사람으로 본래 중견 언론인이었다. 1930년에 국민당의 기관지격인《중앙일보》에서 취재주임을 지냈으며 변호사이기도 했다. 그러나 1939년 왕정위 정부에 투항해 법률과 재정경제 분야에서 직책을 두루 거쳤으며, 왕정위 정부의 기관지인《중보(中報)》의 총편집인까지 지냈다. 일본이 항복한 뒤 한간죄(漢奸罪)로 체포되어 징역10년을 선고받으나, 항일에 일부공적도 있다고 인정되어 2년 반으로 감형, 1948년에 석방된다.

　이듬해에 홍콩으로 가 주자가(朱子家: 주쯔지아)라는 필명으로 잡지『춘추(春秋)』에『왕정위 정권의 시작과 끝(汪政權的開場與收場)』을 연재한다. 연재 후 모두 6권으로 출판된 동명의 책은 내부자가 보고 경험한 왕정위 정부의 전 과정을 서술한 것이라 당시 큰 반향을 불러일으켰으며, 지금도 신빙성 있는 자료의 하나로 평가받고 있다. 저자 자신이, "나는 이 침통한 기억을 쓸 자격이 있다고 믿고 있다. 그 이유는 이 정권에서 나는 당에선 중앙위원이었고, 정치에서 나의 직함은 특임(特任)이었으며, 더욱 중요한 점은 왕정위 정권의 기둥인 주불해의 가장 기밀한 부분에 참여했기 때문"이라고 말하고 있듯이 그의 술회는 상당히 신빙성이 있다. 또 저자의 "나는 나를 위한 변호도, 친구들을 씻어줄 생각도, 실패한 정권을 꾸며줄 생각도 없다. 나의 양심에 따라 직접 겪은 진상 중 기억에 남아 있는 한 점 한 방울을 모두 최대한 충실하게 썼으므로, 후인들에게 멸망의 교훈과 탄식이 되기를 바란다."는 마음자세가 비교적 오롯이 이 책에 반영되어 있다는 평가를 받고 있다.

　아무튼 하노이의 총성은 뭔가 석연치 않은 뒤끝을 남겼다. 심지어는 장개석이 왕정위를 죽여 없애는 대신 경고의 뜻으로 비서 부부를 대신 죽이게 했다는 해석까지 나왔다. 그보다 더한 얘기는 장개석이 포기하지 않고 자신을 죽이려 하는 시도를 보고 왕정위가 하루라도 더 빨리 일본의 품으로 안기게 하여 왕정위의 정치적 생명을 확실하게 끊으려 했다는 설까지 등장하기도. 하지만 이는 장개석의 성정으로 보아 별로 설득력이 없어 보이는 얘기이다. 그래서 위의 얘기들을 절충하자면 방을 바꾼 일은 없지만 집안 구조가 똑같아 착각을 한 군통 특무들이 증중명 부부에게 총을 난사한 뒤 쓰러진 남녀를 보고는 거사에 성공했다고 여기고 당연히 옆방은 돌아볼 필요 없이 급하게 현장을 빠져나간 것으로 볼 수 있지 않을까? 하지만 이 경우에도 그렇게 오랫동안 집의 안팎을 살펴본 프로 킬러들이 아무리 구조가 같아도 다른 집으로 착각할 만큼 서툴렀을까 하는 점이 설명되지 않는다. 한편 공들인 계획을 하노이에서 다 망쳐버린 군통의 킬러들도 다시 새롭게 목표지를 잡는다. 얼마 안 있어 왕정위가 상륙할 상해에서 다시 목표를 조준할 임무를 부여받은 것. 이는 왕정위가 곧 상해로 귀환한다는 것을 의미한다. 국민당 부총재가 아닌 일본의 앞잡이가 되어서.

2) 일본의 왕정위 재발견, 그리고 귀국

아무튼 하노이에서 울린 총성은 중국뿐만 아니라 멀리 일본도 진동시켰고, 일본인들로 하여금 새삼 왕정위의 '가치'를 재평가하게 만드는 계기가 되었다. 즉 1939년 2월, 새로 들어선 내각의 히라누마 키이치로(平沼騏一郎) 수상은 왕정위의 가치를 새삼 인식하고 다섯 장관회의 소집으로 왕정위로 하여금 '새로운 중앙정부'를 조직한다는 결의를 통과시키는 한편, 즉시 사람을 파견해 왕정위를 데려오게 했다. 이 소식은 3월 18일 홍콩의 일본영사관을 통해 고종무(高宗武: 까오쫑우)에게 전달되었고, 고(高)는 다시 왕정위에게 보고하였다.

일본은 점령지구의 중국민중의 원성을 무마하기 위해 새로운 중앙정부는 점령지역에서 중국인이 자치하는 형식을 빌린 괴뢰정권을 수립한다고 설정한다. 그 결과, 화북(華北)점령구와 남경에 각각 '중화민국유신정부(維新政府)'를 수립하게 되는데, 이렇게 두 개의 괴뢰정권이 서게 된 것은 두 정부가 각각 일본의 화북 파견군과 화중 파견군의 이익을 대표하기 때문이었다. 이 때문에 일본정부는 별도로「화북과 화중 정권의 관계 조정요령(調整

華北及華中政權關係要領)」이라는 규정까지 만들어 두 군부의 관계를 억지로 나마 조정할 수밖에 없었다. 그래서 '중광당밀약'의 내용도 왕정위가 서남지역에 별도의 정권을 세우게 하여 기존의 두 개 괴뢰정권에는 영향을 주지 않고자 한 것이었다. 하지만 월남으로의 왕정위 탈출로 끝내 서남지역 군벌의 지지를 얻을 수 없었기 때문에 그 지역에 정권을 세우려던 희망은 사라졌다. 또 하노이에서의 암살모면은 일본 점령지역에 정권을 세우고 싶어 하던 왕정위의 생각을 굳히게 하였다.

하노이에서의 총성에 놀라고 두려움에 떨던 왕정위는 일본인들에게 다시는 무슨 조건이니 철군이니 꺼낼 엄두도 내지 못하고, 그들의 보호제안도 거절하지 못한다. 그때까지 일본인들은 계속 신변보호를 제안했었지만 일본인의 꼭두각시가 아니라 평화를 주창하는 지도자라는 인상을 주려고 그들의 경호를 사양해 온 터였다. 자식처럼 여기던 증중명을 잃은 왕정위는 아직 정신이 반쯤 나가있는 상태였으며, 분함에 치를 떨었고, 당연히 장개석과 국민당 정부에 대한 원한의 골은 더욱 깊어질 수밖에 없었다.

1939년 3월 27일, 왕정위는 직접「한 가지 예를 들자면(舉一個例)」이라는 제목의 글을 써서「국방최고회의기록(國防最高會議記錄)」을 발표해버렸다. 오늘날「국방최고회의기록」은 큰 사전 같은 부피의 영인본 25책으로 남아있지만, 이는 왕정위 정부가 수립된 후의 기록이며, 여기에서 왕정위가 공표한 국방최고회의의 기록은 이 책 앞부분에서 잠깐 언급한 대로, 중경 국민정부의 제54차 상무위원회의의 회의기록을 말한다. 그 내용은 중일전쟁이 발발하고 난 뒤 한 달여가 지난 1937년 8월 12일, 국민당은 국방위원회를 폐지하고 전시국방에 관한 최고의결기구로 국방최고회의를 설치했는데, 전시에 국민당중앙정치위원회를 대신할 각급 편제에 맞추어 직책과 직급을 새로 상세하게 정했다. 주요권한은 국방방침과 국방경비, 그리고 국가총동원에 관한 사항 및 기타 국방에 관계되는 중요사항을 결정하는 것이었다. 상무위원회는 매주 두 번 회의를 열고 전체위원회는 주석이 수시로 소집하며, 그 결의는 주석이 수시로 공표하고 시행할 수 있다고 결의하였다.

좀 더 구체적으로 보면, 군사위원회는 항전최고사령부가 되고, 장개석이 육해공군 대원수가 되며, 일본과의 전쟁은 지구전을 택해 소모전으로 밀고 나가기로 전략방침을 세웠다. 전략부서의 설치로는 일부 병력을 화북의 요충지에 중첩 배치, 여러 겹의 방어선을 치고 그때그때 저항하는 한편, 소수의 병력으로 화남(華南)의 주요항구들의 급소를 지킨다는 전략을

지구전 전략 아래 여우굴 속 중국군 '여우굴'이란 전쟁터에서 위험한 지점에 우위를 점하기 위해 파놓은 참호를 가리키는 군대 속어. 사진은 일본과의 지구전 전략 아래 여우굴을 파 일본군과 대치 중인 산악지대 참호 속 중국군의 모습.
출처: Everett Collection / Shutterstock.com

세웠다. 지구전으로 밀고 나간다는 결정은 당연히 전시의 최고기밀인데, 그 구성원이던 왕정위가 이를 공개해버린 것은 공공연한 국가기밀 누설에 해당되므로 이로써 자신의 정치적 퇴로를 스스로 모두 끊어버린 꼴이 되었다.

국가기밀에 해당되는 위의 내용과 함께 왕정위가 개인적으로 회심의 카드로 내민 내용도 들어있다. 즉 1937년 12월 2일, 장개석(蔣介石)이 고축동(顧祝同)·백숭희(白崇禧)·서영창(徐永昌) 등과 함께 일본이 제시한 평화조건에 대해서 받아들일 수 있다고 표명한 내용이다. 조금 지나서 장개석은 트라우트만을 만난 자리에서 독일을 믿으며 독일의 호의에 감사한다는 뜻을 전하면서, 일본이 제안한 각 항의 조건을 담판의 기초와 범위로 삼겠노라고 했다는 것이다. 왕정위가 이렇게 까발린 의도는 무엇이겠는가? 그의 항변인 즉, 평화회담을 얘기한 사람은 나 혼자가 아니었다. 다함께 평화를 의논하고 그때는 동의하지 않았는가? 최고기관에서 토론을 거쳐 함께 결정한 사항인데, 어찌 당신네들은 평화를 얘기할 수 있고, 나는 왜 평화를 얘기하면 안 되느냐는 것이었다.

이런 우여곡절 끝에 일본 새 내각의 결의에 따라 왕정위는 귀국 길에 오르게 됐는데, 출발부터 일본의 꼭두각시가 아니라 자주적인 행동이라는 점을 강조하기 위해 일본이 보낸 배에 타지 않고 중국의 민간선박에 올랐다. 그러나 중국에 거의 다 와서 풍랑이 심하게 이는 바람에 할 수 없이 뒤따르던 일본 군함에 옮겨 타고 '모양 빠지는' 모습으로 중국으로 돌아오게 된다.

이렇게 일본의 보호 아래, 1939년 5월 5일 상해로 귀환한 왕정위는 정부 수립과 관련해 일본과 협상본격화를 위한 수순을 밟아 나갔다. 같은 해 연

말이 되자 일본과의 협상이 마무리되면서 마침내 '왕정위 정부'의 정식출범만 남겨둔다. 자, 그런데 생각해보자. 여기까지 오는 사이에 그들은 사전 정지작업을 하지 않았을까? 맞다. 당연히 했다. 왕정위의 신변보호와 함께 분명히 일어날 것으로 예상되는 국민정부의 각종 방해공작을 미리 분쇄해야만 안정적인 정부수립과 운영이 담보되지 않겠는가. 그렇다면 또 궁금해진다. 당시 상황은 아직 여론동향은 물론 조계들이 밀집해 있는 상해의 지역특성상 강압이나 총으로 해결하기 힘든 난제들이 수두룩했었다.

그래서 이 시점에서 정부수립 전의 왕정위 측의 사전 정지작업, 특히 국민정부 정보기구와 맞설 정보기구 신설과 그 기구들의 활동에 대해 알아보고 다음으로 넘어갈 필요가 있어 보인다.

IV

76호 개업과 언론탄압

Chapter IV 76호 개업과 언론탄압

1. 76호의 개업준비
    1) 두월생 포섭시도
    2) 대립과 두월생
    3) 왕정위 암살단의 상해 입성
    4) 청방 계운경과 오사보
    5) 왕정위 암살단 일망타진

2. 76호의 언론탄압
    1) 언론자유의 작은 틈새 '양기보'
    2) 주성공 암살사건
    3) (僞)중국국민당 제6차 전국대표대회 개최
    4) 존슨의 계운경 암살과 여인

IV
76호 개업과 언론탄압

1. 76호의 개업준비

1) 두월생 포섭시도

한편 1939년 3월, 상해에서는 활동비를 가득 담은 상자가 대기 중이던 정묵촌과 이사군의 손에 건네졌다. 좀 있다 두 사람은 일본인들이 직접 선정한 '극사비이로(極司非而路)'의 76호로 거처를 옮긴다. '極司非而路(지쓰페이fei얼루)'는 '제스필드 로드(Jessfield Road)'를 음역한 것으로, 지금은 '만항도로(萬航渡路)'로 이름이 바뀌었다. 그런데 이 76호는 지금 가보면 흔적도 남아있지 않아 못내 아쉽다. 다만 여기가 1945년 전에는 그 악명 높은 제스필드 로드(極司非而路) 76호였다는 명패만 골목입구에 걸려있을 뿐이다. 비교적 좁고 긴 이 길 위 76호에 자리한 서양식 건물에 '중국국민당 공산당소탕 구국 특공 총지휘부(中國國民黨鏟共救國特工總指揮部)'라는 긴 간판을 내건 공포의 특무기관이 들어선다. 줄여서 '특공총부'라고 불렸지만 사람들은 주소를 따서 간단히 '76호'

라고 불렀다. 양옥 한 채와 풍족한 경비, 그리고 총과 요원들을 갖추고 상해에서 앞으로 몇 년간 사람들을 공포로 몰아넣을 특무기관이 여기서 문을 열었다.

76호가 문을 연 지 얼마 안 되어 이사군은 일본인으로부터 두월생(杜月笙: 뚜위에성)에 관한 자료를 건네받는다. 이 『두월생의 상해에서의 세력(杜月笙在上海的勢力)』이라는 제목이 붙은 자료 안에는 그의 출신 경력, 그리고 그와 함께 상해 흑사회의 '3대 보스', 즉 상해시민들이 '삼대형(三大亨: 싼따헝)'으로 불렀던 황금영(黃金榮: 황진롱)과 장소림(張嘯林: 장샤오린)와의 관계 등이 상세하게 기록되어 있었다. 그밖에도 상해에서 두월생의 사업거래 및 프랑스조계의 아편과 도박사업과의 관계 등도 첨부돼 있었다. '대형(大亨)'은 본래 흑사회 두목이나 정·재계의 거물을 지칭하는 용어인데, 공교롭게도 위에서 언급한 바 있는 역행사에게 암살당한 사량재(史量才)가 호화로운 마차를 타고 다니자 상해시민이 그를 대형이라고 부른데서 시작된 명칭이다.

두월생 300년 흑사회 최고의 인물. 상해탄에서 '면류관을 쓰지 않은 왕(無冕之王)'으로 큰 영향력을 행사했으며, 항일에도 공로가 인정되는 인물이다.

두월생은 당시 중국을 대표하는 흑사회 중의 하나인 청방(靑幇: 칭빵)에서 가장 유명한 인물이다. 그는 중국 흑사회 300년 이래 최고 인물이라는 추앙을 받았으며, 특히 상해탄에서는 '면류관을 쓰지 않은 왕(無冕之王)'으로 대접받고 있었다. 상해가 일본인에게 점령당하자 두월생은 일본인의 회유를 뿌리치고 1937년 11월에 홍콩으로 거처를 옮긴다. 하지만 사람은 홍콩으로 떠났지만 상해탄(上海灘)에서의 그의 영향력은 조금도 줄지 않았다. 이 점을 간파한 이사군은 상해에서 자신의 위치를 더욱 공고히 하기 위해 두월생이 다시 상해에 등장해 자신을 도와주거나 적어도 은밀한 내락, 아니면 아쉬우나마 묵인이라도 해 주길 희망다. 그렇게만 된다면 자신의 정보조직 활동이 훨씬 수월해지고 마음도 편할 것 같았다. 그런데 이사군이 건네받은 이 자료는 다시 말해 상해 최대 흑사회 조직의 우두머리 두월생의 신원과 정보 모두가 일본인들에 의해 아주 쉽게, 속된 말로 싹 다 털린 결과였다. 이사군의 당시 신분으로 두월생을 끌어들인다는 것이 그리 쉬운 일은 아니었지만, 이 자료를 보고 이사군은 두월생과 선을 닿을 수 있겠다는 작은 희망을 안고 두월생 포섭 공작에 골몰한다. 이에 반해 정작 홍콩으로 멀리 날아온 두월생 본인은 아무 것도 모르고 있었다. 이사군은 한 동안 머리를 짜내다가 왕만운(汪曼雲: 왕만윈)이라는 사람을 자기집으로 부른다.

왕만운은 참 재미있는 사람이다. 사내라면 청소년기에 한 번쯤 상상하는 로망이랄까. 본래 국민당 상해시 당부(黨部)의 집행위원이었는데, 유명한 변호사이기도 하고 동시에 두월생의 수하('학생'이라고 불렀다)이기도 했다. 또 중국 정보조직을 장악한 'CC계(系)'의 주요인물이고, 또 지방당부의 어깨였으며 청방조직 안에서 중요한 인물이었다. 그러니까 상해탄에서 이른바 '흑도(黑道)'와 '백도(白道)' 양쪽에서 다 잘 나가는 인물이었는데, 76호가 문을 연 지 얼마 안 되었기 때문에 이사군은 왕만운과 줄을 대기 위해 꽤나 애를 쓰고 있었다.

왕만운을 만난 이사군은 『두월생의 상해에서의 세력』을 보여주면서, 이 자료를 작성한 자는 바로 두월생이 아끼는 수하인데, 일본인에게 투항하면서 선물로 작성한 것이라는, 있지도 않은 사람을 만들어 거짓말을 보탰다. 왕만운 앞에서 이사군은 어찌 두월생의 부하가 보스를 배반하고 일본의 주구가 될 수 있느냐고 한참 욕을 퍼부으면서 자못 의분이 가득 찬 사람처럼 행동한다. 속으로 다른 마음을 품으면 디테일에 강해지면서 치밀해지는 법이다.

왕만운도 나중에 회고록을 남겼는데, 이사군과 만난 그날을 다음과 같이 기억하고 있다. "이사군이 말하기를 '저야 상관없습니다만 의분을 금할 수 없어 한 번 와서 보시라고 한 겁니다. 근데 자료가 너무 길어서… 가지고 가서 보시지요. 하지만 보고 난 뒤 원본은 돌려주셔야 합니다. 여기에 이미 일본인이 사인을 해두어서요' 나는 다시 그에게 물었다. '이 원본을 홍콩에 가져가서 두월생에게 보여주면 안 되겠습니까?'" 사실 이사군 역시 왕만운이 그렇게 나오리라는 것을 충분히 예상하고 있었으니, 왕만운의 물음은 이사군의 속마음과 딱 떨어지는 것. 이사군은 마치 그러시다면 편의를 봐드려야지요 라는 표정으로 선선히 그러라고 했다. 왕만운은 홍콩으로 가 사부인 두월생에게 이 자료를 건네주는데, 두월생은 방문을 걸어 잠그고 비서에게 꼬박 3일 동안 베끼게 한다. 그러곤 다시 왕만운에게 돌려주면서 상해로 가져가 이사군에게 반환하라고 한다.

  2) 대립과 두월생
  이사군이 두월생을 끌어들이기 위해 분주한 시간을 보내고 있을 때, 국민당 군통국장 대립(戴笠) 역시 그냥 있지는 않았다. 그는 홍콩까지 달려가 상해로 파견할 암살단 멤버들을 만난다. 믿을만한 첩보에 의하면 왕정위가 1939년 5월 26일 상해로 온다는 정보였고, 따라서 군통은 제2차 왕정위 암살작전에 돌입하게 된다. 상해는 대립이 지휘하는 군통 특무들의 주요 활동무대였다. 그들에게 상해조계지역은 한때 활동하기에 천당 같은 곳이었으며 동시에 어렵지 않게 몸을 숨길 수 있는 피난처였다. 거기다 그물 같은 촘촘한 정보망과 사통팔달 도로망은 추격, 도피 등 신속한 이동을 용이하게 해주었다. 게다가 군통 상해지부의 장비는 최고 정밀도를 자랑하는 최신형이었으며, 그만큼 최우수 정예요원들로 이뤄진 조직도 매우 잘 정비되어 있었다. 구역에 따라 상해의 남부지역·프랑스조계·영국조계, 그리고 상해 서쪽지역 등 4개 조로 나뉘어 각각 비밀공작을 수행하고 있었으며, 일본군이 상해를 점령하기 전부터 군통 상해지부는 조직적으로 특수특무들을 잠입시키는 공작을 진행하고 있었다.

대립이 홍콩에서 만난 암살단은 방금 상해 우원로(愚園路)에 자리한, 일본군경의 바로 눈앞에 있는 유신정부의 외교부 장관 진록(陳籙: 천루)의 집에서 성공적으로 암살임무를 완수한 바로 그 팀이었다. 암살단은 홍콩에 와서 잠시 몸을 피한 뒤, 다시 새로운 임무를 부여받는데 그것은 다시 상해로 돌아가 왕정위를 암살할 준비를 하라는 것이었다. 이에 6명의 킬러들이 다시 배 두 척에 나눠 타고 상해로 돌아간다. 이때 왕만운 역시 홍콩에서 상해로 돌아왔는데, 그의 손에는 금으로 만든 회중시계와 두 벌을 지을 수 있는 고급 양복지가 들려 있었다. 이를 이사군에게 건네주면서 홍콩의 두월생이 전하는 선물이라고 했다. 이사군은 선물을 받고 성공적으로 두월생을 구워삶았다고 판단, 재빨리 일본인들에게 보고한다. '우리 76호는 상해 빅보스 두월생의 지지를 이미 얻어냈으니, 왕정위의 안전과 이에 필요한 인원문제는 곧 해결될 수 있을 것'이라고. 왕만운에 관한 얘기는 뒤에서 다시 하기로 한다.

하지만 이사군과 두월생 사이의 연락은 이것으로 끝이었다. 두월생은 여전히 군통이 상해에서 조직한 특무기구인 '국민당 군사위원회 강소성 절강성 행동위원회(軍事委員會蘇浙行動委員會)'의 상무위원으로서 대립의 정보

및 암살활동을 지지하고 있었기 때문이다. 바로 이 점이 두월생이 여느 흑사회 두목과는 다른 평가를 받는 대목이기도 하다. 그는 일본이 상해를 점령하자 당시 상해를 주름잡던 소위 '상해 3대 보스(上海三大亨)' 중 한때 최고 두목이었지만, 이제 이미 고령이라 글자 그대로 흑사회 원로에 그쳤던 황금영(黃金榮: 황진롱)이나, 적극적으로 친일부역을 하다가 암살당한 장소림(張嘯林: 장샤오린)과는 달리 일본인들과 협력을 일절 안 하는 것은 물론 항일활동을 직·간접적으로 지원했던 민족주의자였다.

항일 정보전쟁을 지휘하는 군통국장 대립이 열여섯 살에 처음 상해로 왔을 땐 보잘 것 없는 인물로 속된 말로 그냥 그저 놀고먹는 '작은 건달'이었다. 그러나 그때 두월생을 알게 되어 형제결의를 맺고, 두월생을 통해 장개석까지 알게 되어, 1926년에 황포군관학교(黃埔軍校)에 입학하면서 완전히 인생이 달라졌다. 개인적으로 정보수집과 분석 등을 연구해 교장인 장개석 출근길에 몇 번이고 기다렸다가 기어이 면담기회를 잡아 자신이 수집한 정보보고를 하면서 점점 신임을 얻게 된다. 졸업 후에는 시종부관이 되었고 본격적으로 정보활동에 종사하게 된다. 이렇게 대립이 초보 정보요원으로 시작할 때, 이미 두월생은 달랐다. 프랑스조계에서 이미 조직 하나를 거느리는 보스였다. 두월생은 의리를 중시하고 재물도 과감하게 흩는 그런 사람이었고, 젊은 시절의 좋은 인연을 끝까지 유지해 대립이 나중에 국민당의 정보기구 우두머리가 되고나서도 두 사람은 사적으로도 대단히 좋은 관계를 오랫동안 유지하게 된다.

그러나 대립과의 친분 때문에 두월생이 이사군의 공작과 회유를 거절한 것은 결코 아니었다. 위에서 언급한 대로 두월생은 민족주의자였는데, 2년 전으로 돌아가서 1937년 7월 7일 중일전쟁 도발 후 일본이 순식간에 상해까지 밀고 내려오자 중국군이 상해에 방어선을 치고 처절하게 맞붙는 '8·13 항전'에 이르는 한 달 남짓 사이에 항일의지가 전에 없이 높아졌다. 그러니까 전국에서 동원할 수 있는 모든 인력과 물자와 재력을 총동원해 남녀노소 가릴 것 없이 전면적인 항전으로 끝까지 가는 지구전에 나선 것이었다. 대립 역시 민간항일무장 단체인 '강소절강별동대(蘇浙別動隊)'를 조직한 바 있었다. 이 조직은 전성기에는 만 여 명에 이를 만큼 커졌는데, 후방의 건축 지원부터 직접 전선에 투입되어 전투를 치르는 등 모든 방면에 걸쳐 활약하기도 하였다.

두월생은 비록 흑사회 인물이었지만 어렸을 때부터 경극을 좋아하고, 만담 재주꾼이 군중들을 모아 놓고 고대 중국의 영웅담을 일인다역으로 들려주는 설서(說書)도 좋아했다. 그래서 『삼국지연의』와 금나라의 남침에 끝까지 항거하다 순국한 악비(岳飛: 위에페이fei)장군을 주인공으로 한 『악비전전(岳飛全傳)』 등을 즐겨 들으면서 희미하나마 민족주의 의식에 눈을 뜬 것으로 전해진다. 그래서 자신의 눈앞에 일본이라는 외적이 중국을 침략하는 상황이 벌어지자, 일본인과는 절대 협력하지 않겠다는 결심을 공개적으로 말한 적도 있었다. 그래서 일본군이 상해를 점령하자 바로 상해를 떠났던 것이다.

혹시 2012년 개봉한 영화 《대상해(大上海)》가 생각나시는지? 배우 주윤발(周潤發: 조우룬파fa)이 상해 흑사회 두목 성대기(成大器: 청따치)라는 인물로 등장하는데, 그의 영웅적인 항일 무장투쟁이 영화의 축을 이루고 있다. 이 주인공의 원형이 바로 두월생이다. 그밖에 성대기의 형님으로 등장하는 홍금보(洪金寶: 홍진빠오, 극중 이름은 홍수정洪壽亭홍소우팅)는 실제로 한때 두월생의 보스였던 황금영(黃金榮: 황진롱)을 투사하고 있다. 그리고 악역으로 나오는 오진우(吳鎭宇: 우전위, 극중 이름은 모재茅載마오짜이)는 좀 헷갈리는데, 대체로 전반부는 대립을, 후반부는 한간이 되었다가 암살당한 장소림(張嘯林)을 투영하고 있다고들 말하지만 필자로서는 딱히 수긍되지는 않는다. 이렇게 당시 상해를 주름잡던 흑사회 보스 세 사람이 어떤 방식으로든 스크린에 모두 등장하는데, 이들의 이야기는 그 자체가 영화나 소설 같은 인생이라, 몇 편이 넘치도록 풍부하고 흥미로운 이야기를 담고 있으니 기회가 닿으면 별도로 소개할 수 있기를 바란다.

그리고 다른 등장인물들을 보는 것도 흥미로운데, 영화 속에서 홍수정의 아내로 등장하는 극중의 릉호생(凌滬生)은 황금영의 아내인 임계생(林桂生: 린꿰이성)을 투영하고 있다. 실제로 그녀는 남편을 도와 도박사업을 크게 일으키고 매춘사업도 했으며, 작은 건달에 불과한 두월생을 발탁해 키운 여장부이다. 남편인 황금영이 어린 경극배우 로난춘(露蘭春: 루란춘)과 바람이 나서 이혼을 요구하자 처음엔 꿈도 꾸지 말라고 했지만, 황금영이 큰돈을 주며 이혼을 계속 요구하자 결국 나름 깔끔하게 도장 찍어주고는 그 길로 떠난다. 그리고 그 이후 남편과는 완전히 다른 길을 걷는데 더 이상 청방 일에는 간여하지 않고 조용히 살아서 그런지, 아니면 마음이 상대적으로 편해져서 그런지 몰라도 그녀는 1981년 상해의 낡은 집에서 조용히 세상을 뜬다. 그때 그녀의 나이는 104세. 한편 경극배우 지망생이자 성대기의 여자친구로 나오는 극중의 엽지추(葉知秋: 예즈치우)는 두월생의 맨 마지막 사랑이자, 그가 죽기 며칠 전 법적으로 첩이 아닌 명실상부한 아내 자리를 마련해주게 되는 유명 경극배우 맹소동(孟小冬: 멍샤오동)을 투영하고 있다.

하지만 이 영화를 사실로 오해하지 마시기 바란다. 소설 『삼국지연의』

가 역사 사실 30%, 픽션 70%라고 하는데, 이 영화는 그보다 훨씬 더 픽션이 많다. 기본틀만 역사에서 따왔을 뿐, 사실과는 많은 거리가 있으며, 매끄러운 영화전개를 위해 굳이 필요하지도 않은 영웅 이미지의 지나친 부각이나, 개연성 없이 벌어지는 우연의 연속이 설득력을 많이 깎아 먹는다는 아쉬움이 있다. 두월생은 영화 속 성대기처럼 실제로 몸을 던져 직접 일본군하고 전투하지도 않았다. 하지만 그럼에도 불구하고 당시 항일의 격앙된 분위기와 흑사회 보스가 군림하는 상해의 사회적 분위기를 이해하는 데에는 좋은 영화이니 관람을 추천 드린다. 유튜브에 들어가 보니 올라와 있는데 무료는 아니지만 싼 가격이 붙어있다.

3) 왕정위 암살단의 상해 입성

왕정위를 암살하는 임무를 띠고 홍콩에서 출발한 군통 암살단은 1939년 6월 1일 상해에 도착한다. 그들은 백이부로(白爾部路: Paul Beau, Rue), 그러니까 지금의 상해 중경중로(重慶中路) 66호에 방을 얻고 놓고 조장 두 명은 별도로 대중(大中)호텔과 대방(大方)여관에 묵는다. 온갖 종류의 사람들이 섞여 있는 상해의 조계지역에서 그들은 거의 외출을 하지 않고 깊이 숨어서 조용히 출격할 시간만 기다리고 있었다. 군통 암살단의 명단은 오늘날 알 수 없지만 스물네 살의 평복창(平福昌: 핑푸fu창)과 스물세 살의 담보의(譚寶義: 탄빠오이)는 사진을 남겼다. 그들은 모두 군통국의 특수훈련학교를 졸업한 프로 공작원이었으며, 이미 여러 번 명령을 받고 암살공작에 참가한 경력이 있는 자들이었다.

한편 일본에 투항하기로 결심을 굳힌 왕정위는 귀국 후 약 3주가량 경호 등 준비가 될 때까지 기다렸다가 군통 암살단이 도착하기 닷새 전 일본헌병의 삼엄한 경비 아래 먼저 상해에 도착해 우원로(愚園路, 지금도 그대로 있음)의 정원 딸린 양옥에 짐을 풀었다. 왕정위의 일정과 동선은 1급 기밀사항으로, 24시간 일본헌병 보호 하에 있었지만, 왕정위와 일본인들은 마음을 놓지 못하고 있었다. 이유는 76호의 정보시스템이 아직 완전하지 못한 탓에 왕정위에 대한 모종의 위해(危害) 낌새는 눈치 챘지만, 아직은 구체적인 후속정보가 없어 돌발상황 시 막으려야 막을 도리가 없었기 때문이다.

76호의 상황이 이렇다 보니 이사군과 정묵촌을 향해 쏟아지는 관련정보 요구는 재촉 수준을 넘어 거의 닦달에 이르렀다. 이사군과 정묵촌은 뜨거운 철판 위 개미 신세가 되는데 이사군은 무소식으로 일관하는 두월생을 포기하고 또 다른 청방(靑幇: 칭빵) 두목을 찾아 나선다. 그가 찍은 차선은 계운경(季雲卿: 지윈칭)이었다.

4) 청방 계운경과 오사보

청방은 한 글자로 서열을 정하고 이를 '○字무리(輩)'로 표시했다. 즉 가장 높은 서열이 '대자배(大字輩)'였으며, 그 아래로 '통자배(通字輩)' '오자배(悟字輩)' '각자배(覺字輩)' 등의 순으로 내려간다. 계운경은 처음 조직에 들어와서는 '통자배'로 시작했지만 나중에 '대자배'로 승격한다. 상해 청방에서의 계운경은 두월생이나 황금영·장소림 등 3대 보스(삼대형三大亨)처럼 지위는 높지 않았지만, 그래도 한 구역의 세력을 쥐고 있는 자였다.

3대 보스 아래였으므로 2류 급으로 치부되었지만 그래도 흑사회 두목으로서 보고들은 바도 비교적 많았으며 사람들과의 교류도 넓은 편이었다. 게다가 이사군과 계운경은 오래 전부터 교분이 있었다. 즉 상해에서 국민당 특무시절의 이사군이 조계지 경찰에 해당하는 공부국(工部局)에 체포되어 거의 죽을 뻔 했을 때 계운경과의 연결을 통해 겨우 풀려날 수 있었다. 이 일로 이사군은 계운경이 통하지 않는 곳이 없는 네트워크를 갖고 있다는 걸 알아보고 스승으로 모시는 글인 '배첩(拜帖)'을 계운경의 집으로 보낸 뒤, 곧 직접 찾아가 무릎 꿇고 머리를 조아려 사부님으로 모시는 의식을 치른 바 있다. 시간이 흘러 이제 이사군은 일본인을 위해 76호를 세우고 옛 사부를 찾아가 자기를 도와달라고 청을 하게 된 것. 이에 계운경은 흔쾌히 승낙하고 자신이 제일 아끼는 부하를 통 크게 76호에 내어주었다. 이 아끼는 부하가 바로 나중에 상해탄에서 악명을 떨치는 '살인 마왕' 오사보(吳四寶: 우쓰빠오)이다.

오사보는 일명 오세보(吳世保: 우스빠오)로서 강소성의 남통(南通)사람이다. 76호에 가입하기 전에 계운경의 전속 운전기사로 근무했다. 왕정위 정권에서 근무해 오사보에 대해 잘 알고 있던 김웅백(金雄白: 진슝빠이)은 회고록『왕정권의 시작과 끝(汪政權的開場與收場)』에서 다음과 같이 그를 묘사하고 있다. "오사보의 몸은 아주 크고 건장했으며 성격은 거칠고 야만적이었다. 하지만 보스에게는 어떻게 공손하게 대해야 하는지를 잘 알고 있었으며, 보스의 환심만 살 수 있다

오사보 흑사회 출신이지만 76호의 경위대장이 되어 온갖 악행을 저지르다 결국 일본인에게 독살당한다. 희미한 얼굴 한 장을 남겼다.

면 어떤 다른 고려 없이, 아무 의심이나 망설임 없이 곧장 집행할 줄 알았다. 다른 녀석이 하지 않으려는 짓이나 감히 할 수 없는 짓을 용감하게 앞장서서 그것도 철저하고 깨끗하게 해치웠다."

오사보는 조직의 보스 입장에서는 말할 수 없이 귀여운 녀석인 셈이다. 이런 그가 76호에 들어갔으니 상해의 피바람은 이미 예고된 거나 마찬가지였다. 오사보가 76호에 들어가자마자 이사군은 그를 경위대장에 임명했으

니 말하자면 행동대장이라는 날개를 달아준 셈이다. 이런 조치는 오사보로 하여금 이제 나는 앞날이 더욱 창창할 것이라는 자신감을 심어주게 된다. 그래서 오사보는 자신의 이런 출세에 만족하지 않고 본래 청방에서 데리고 있던 '아들급 부하(徒子도자)'와 '손자급 부하(徒孫도손)'들을 모두 자신의 휘하로 불러들인다. 그래서 76호에는 갑자기 각가지 색깔의 정치깡패 300여 명이 한데 모이게 되는데, 괴뢰정부가 하나 서면서 깡패세계에도 일대 지형변화가 온 셈이다.

세상이 바뀌자 어떤 이는 국민당을 따라 떠났고, 어떤 이는 공산당으로 스며들었으며, 어떤 이는 아무런 활동 없이 침묵 속으로 빠져들었다. 이러한 변화는 천하가 바뀌면서 지식인이나 선비사회에서만 나타나는 현상은 아니다. 나라를 팔아먹는 기회주의자들은 엘리트 계층에서 제일 먼저 나타나지만, 깡패사회라고 다르겠는가. 오사보는 새로운 조직에 몸을 담으면서 자신만의 천하를 만들어 나가기 시작한다. 깡패세계가 배출한 가장 적극적이고도 악랄한 매국노로는 단연 그가 첫 손가락에 꼽힌다.

여기에다 이사군은 한 술 더 떠서 이들 300여 명 중에서 몸이 날래고 담력이 돋보이는 150명 정도를 뽑아 행동대를 만든다. 나머지는 정보와 암호해독 등으로 나누어 임무에 따라 소속부서를 조직하고. 이렇게 추려낸 행동대에게 이사군은 첫 번째 임무를 부여하는데, 그 임무는 당연히 국민당 특무공작원을 찾아 체포하는 것, 그리고 군통 암살단을 체포하는 것이었다.

5) 왕정위 암살단 일망타진

1939년 여름, 상해의 크고 작은 골목마다 국민당이 다시 왕정위를 암살하기 위한 준비에 들어갔다는 소문이 돌기 시작하였다. 우원로의 관저에 머물고 있던 왕정위는 불안감에 하루도 편히 넘기는 날이 없었다. 청나라 마지막 황제 부의의 아버지인 재풍을 암살하려다 실패하면서 혁명가로서 몸을 일으켰지만, 이제 그는 하노이에서의 구사일생이 머릿속에 박혀 그 트라우마에서 못 벗어나는 나약한 매국노에 불과했다. 지나치게 신중한, 혹은 겁쟁이가 돼버린 괴뢰정권의 수장은 일절 문밖으로 나가지 않고 이 삼엄한 경비 속 양옥에서 회견 등 모든 일정을 소화하였다.

얼마 지나지 않아 왕정위는 이사군과 정묵촌을 접견했는데, 둘은 왕정위에게 좋은 소식을 선물로 갖다 준다. 즉 76호의 행동대가 방금 군통의 특파원을 한 명 잡았는데, 이 녀석 입만 열게 하면 국민당이 자신에게 보낸 암살단을 일망타진할 수 있을 것 같다는 보고였다. 이 특파원의 이름은 왕종기(王鍾麒: 왕종치)로 소장(少將)급 정보요원이었으므로 꽤나 우대를 받고 있었던 인물이었다. 그는 이사군의 지시에 따라 76호 정원의 서쪽에 있는 보통 죄수를 가둬두는 유치장이 아니라, 76호의 대강당에서 혼자 하룻밤을 보낸다. 다음날, 이사군은 오사보의 사무실 앞에 있는 심문실에서 왕종기를 직접 심문하기 시작한다. 이사군이 확보한 정보에 따르면 왕종기가 상해에 온 뒤부터 이제시(李濟時: 리지스)라는 군통의 전문요원(專員)과 계속해서 연락을 취하고 있었다. 군통이 상해에 파견한 전문요원이라면 필시 왕정위 암살계획을 잘 알고 있을 것으로 판단, 이제시의 행방을 추궁한다. 왕종기가 입을 열지 않자, 이사군은 상의를 벗겨 속옷 하나만 남기고 소가죽 서 너 장을 꿰매 붙인 5cm 너비의 혁대로 요원들이 돌아가며 채찍질을 가하게 하였다. 이때 왕종기의 비명소리는 76호 밖의 이웃주민들 집까지 들려 주민들은 온몸의 털끝이 쭈뼛해지는 신음소리에 밤을 지새울 수밖에 없었다.

혹독한 고문 끝에 왕종기는 이제시의 행방을 토설하고 만다. 오사보는 왕종기의 진술에 따라 어렵지 않게 군통이 상해에 특파한 전문요원 이제시를 체포할 수 있었다. 그런데 이 프로페셔널 특무가 76호로 잡혀 오자 76호에서는 고문은 물론 매질도 할 필요가 없었다. 곧바로 군통의 왕정위 암살단의 소재를 줄줄 다 불었기 때문이다. 이제시의 진술과 왕종기의 자백, 그리고 76호 끄나풀의 탐문에 따라 프랑스조계 백이부로 66호 하비(霞飛)아파트 14호를 급습, 왕정위 암살을 준비하고 있던 군통 특무들을 체포한다. 당시 일본인들이 조계에서 누구를 체포할 때에는 반드시 현지경찰인 순포방(巡捕房)과 연합해 수색과 체포를 하게 돼 있었다. 1939년 6월 29일 오전의 이 체포작전은 일본·영국·프랑스 3개국 경찰로 구성된 연합부대가 아파트에 밀고 들어감으로써 시작되었다. 14호에서 그들은 두 명의 군통 특무를 체포하는 동시에 총과 탄약을 찾아낸다. 군통 특무는 우선 조계의 행정관리기구인 공부국(工部局)의 경무처에 수감되었으나 그들은 어떤 나쁜 짓도 하지 않았다고 범행을 완강히 부인한다. 그러면서 자기들은 국민당과는 아무 관련이 없다며 넉 달 동안이나 버티는 바람에 이사군은 격노했고 또 초조해졌다. 일본영사는 공부국 경무처에 정식으로 그 둘을 일본인이 심문할 수 있도록 넘겨 달라고 요청한다. 하지만 당시 일본헌병대는 범인을 학대하는 것으로 악명을 떨쳤기 때문에 공부국 경찰당국이 처음엔 수락하지 않았다. 일본인들이 여러 증거를 재차 들이밀면서 이 두 사람이 확실하게 군통 특무의 혐의가 있다는 것을 설명하자, 공부국도 어쩔 수 없었는지 둘을 일본헌병대에 넘겨주는데 동의한다. 결국 일본헌병의 압송 하에 둘은 76호로 곧바로 들어온다.

그러자 이사군은 공부국 경무처에서 넉 달간 '범행인정'을 극구 거부하던 둘을 단 엿새 만에 완전히 무너뜨린다. 풍부한 경험에다 군통의 1급 훈련반 출신임이 무색하게도 군통 특무 둘은 많은 비밀을 실토하면서 덤으로 지난번의 외교부 장관 진록 암살작전에도 참가했었다고 자백하고 만다. 그리고 이번에 상해에 파견된 임무는 왕정위 암살임을 인정한 뒤, 함께 파견된 암살단의 다른 특무들의 이름과 주소까지도 모두 술술 토해냈다. 그해 11월 상해의 여러 신문들은 일본의 영사경찰이 20여 명의 테러리스트를 체포했는데, 그중에는 군통 특무도 몇 명 포함되어 있으며 이들은 유신정부, 즉 양홍지 정권의 외교부 장관 진록 암살뿐만 아니라 다시 왕정위를 암살하려는 음모에 참여했기 때문에 이미 사형에 처해졌다고 일제히 보도한다.

2. 76호의 언론탄압

상해가 함락된 뒤, 조계지의 기반가(棋盤街)에 줄지어 서있는 신문사들 중에는 조계지당국의 여러 제약 속에서도 적지 않은 수가 여전히 반일논조를 고수하고 있었다. 때문에 많은 신문 종사자들이 왕정위 정보기구 특공에게 여러 형태로 핍박을 받거나 심지어 구타당하는 경우가 속출했다. 하지만 이는 그나마 다행이라고 해야 할까. 언론인을 대상으로 한 암살사건이 끊이질 않았으니까… 친일정권에 저항하는 수많은 사례 중에서도 그 선도적 역할을 감안하면 언론의 저항은 매우 큰 울림이었고 영향력도 지대했으므로 특히 주목해야 할 대목이다.

상해 함락 후 시간이 갈수록 언론은 매우 다양한 모습으로 개량, 혹은 개악되어 상해시민들에게 소비되고 있었다. 그 당시의 언론지형으로는 역시 신문이 가장 큰 비중을 차지하고 있었는데, 친일정권 하의 상해였으므로 왕정위를 찬양하고 적극적으로 친일을 부추기는 이른바 '기레기'들도 적지 않았다. 그래서 목숨 걸고 대항한 언론인들의 희생에 대해선 시대와 국적을 떠나 찬양에 조금도 인색할 수가 없다. 이와 관련, 가장 극적인 언론 사건 몇 건을 골라 소개한다.

왕정위가 상해로 귀환한 지 한 달이 지난 1939년 6월 어느 날, 당시 이미 '마귀의 소굴(魔窟)'로 악명을 떨치기 시작한 상해 제스필드 로드(極司非而路, Jessfield Road) 76호에 자리한 왕정위 정부의 특공총부(特工總部)에서는 두목인 정묵촌과 이사군이 어두운 불빛 아래에서 비밀명단을 작성하고 있었다. 명단에는 당시 완전히 고립된 섬과 같았던 시기의 상해를 일컫는—이른바 '고도(孤島)시기'의 신문사 기자 이름이 빼곡하게 나열되어 있었다. 이름마다 죽을 '사(死)'字를 빨간 글씨로 무자비하게 휘갈겨 넣었는데, 바로 암살대상 명단이었다. 이 두 사람의 사인은 곧 상해의 언론계에 불어 닥칠 백색테러 피바람의 서막을 알리는 신호탄이었다.

1939년 6월 15일, 상해는 계속된 장마로 음산한 날씨가 이어진 탓에 시민들의 마음도 따라서 잔뜩 움츠러든 상태였다. 거기다 날마다 계속되는 암살사건에 불안은 더해갔고, 곧 터질 것 같은 억압 분위기는 그 도를 넘어서고 있었다. 거의 매일 같이 흥건한 핏속에 누군가 고꾸라지는 흉흉한 소식이 끊이지 않았다. 그 속에서 사람들은 고개를 숙이고 귓속말로 나지막이 말했다. 죽은 사람 알고 봤더니 비밀신분이 있었대, 킬러의 뒤에는 누가 있다는데… 그런데 이런 암살사건은 대부분 바로 베일에 가려져 묻히는 법인데, 왜 늘 이렇게 금방 까발려지면서 대서특필이 되는 거지? 이상하지 않아? 잘 짜인 일련의 프로그램이 진행되는 것 같지 않아? 상해 소재 외국인 명의의 신문 지면을 통해 시민들은 시국이 어떻게 돌아가는지 어렴풋이 실체에 접근할 수 있었는데, 암살사건도 마찬가지였다. 피살자가 군통의 특무인지, 공산당 지하당원인지, 그리고 암살자는 흔히 사람들이 '76호 마귀소굴(魔窟)'이라고 부르는 왕정위 괴뢰정부의 특별공작 총본부라는 것도 이들 신문보도를 통해 알 수 있었다.

1) 언론자유의 작은 틈새 '양기보'

이렇게 매일 행사처럼 치르는 암살 중에서 왕정위 친일정권이 심혈을 기울였던 언론에 대한 조종과 박해는 한 번 눈여겨 볼만하다. 언론에 대한 살벌한 위협이 현실로 다가오자 상해의 중국어 신문들은 거의 자의반타의 반으로 정간되는 운명을 피할 수 없었다. 정간되지 않은 조계(租界)지역 내 신문은 대립이 상해에 잠입시킨 군통의 지하공작원들과 긴밀한 연락을 취하면서, 국민정부의 요청이나 정보제공에 따라 항일전쟁을 옹호하는 논조를 유지할 수 있었다. 이것이 가능했던 이유는 일본과 왕정위 정부의 신문검열은 조계지 내에서 중국인이 경영하는 중국어 신문에만 국한되어 있었고, 그것도 조계지당국의 동의를 얻어야 가능했기 때문이다. 그러므로 외국인이 경영하는 신문은 일본인의 검열을 받지 않는 약간의 자유 틈새가 있었던 셈이다. 그들이 발행한 신문을 서양깃발을 내세운 신문이라는 뜻으로 '양기보(洋旗報)'로, 신문사는 '양보관(洋報館)'으로 불렀다. 이 틈새와 조계당국의 중립정책 및 언론자유 정책을 잘 활용해 항일운동을 위한 길을 연 것인데, 이들 신문의 취재와 보도는 대체로 항일정신을 고취하고 일제의 앞잡이가 된 왕정위 괴뢰정부를 비판하는 논조가 주류를 이뤘다. 그런데 이제는 경영인 국적이나 사상노선에 상관없이 모두 똑같은 협박편지를 받게 된다.

이들 양기보 속에는 공동항일을 내세웠던 공산당 계열의 신문도 빠지지 않는데, 1938년 1월 25일 창간한 《매일역보(每日譯報)》가 그것이다. 중국

공산당이 주도했지만 영국상인의 명의를 빌어 간행하는 등 조계의 특수환경을 이용해 일본의 신문검열을 피해나가면서 항일과 애국을 선전하였다. 그리고 4일 후에는 '항일구망(抗日救亡)'을 창간사시(社是)로 내세운 영국상인 명의의 《문휘보(文彙報)》가 간행됐으며, 이어서 《신보(申報)》가 미국 컬럼비아출판공사의 명의로 복간된다. 이들은 모두 일본과 화친을 주장하면 곧 매국노이며, 화친은 바로 멸망이라는 논조를 유지하였다.

물론 양기보의 한간에 대한 맹공에 맞서 왕정위 측에서도 언론을 통한 선전공작을 게을리 하지 않았다. 그 결과, 왕정위 정부로부터 적지 않은 지원을 받으며 친일논조로 왕정위 정부에 부역하는 '기레기'들도 적지 않았다. 대표적인 신문이 왕정위 정부기관지인 《중화일보(中華日報)》로, 1939년 상해에서 복간시켜 선전 나팔수로 적극 활용했다. 《중화일보》는 매일같이 76호를 옹호하는 기사를 실었으며, 발행부수도 대폭 늘려갔다. 보는 사람이 거의 없다보니 안 팔린 《중화일보》가 상해 신문가판대마다 쌓여있었지만 무슨 상관이랴, '계속 발행하다 보면 잔비에 옷 젖듯 시민들에게도 서서히 젖어든다'는 대중여론 공작전략을 견지하고 있었다. 이 외에도 일단의 친일매국 진영 역시 신문창간을 통해 일본의 침략행위를 옹호하는 논조로 항전을 반대하는 매국여론을 획책하였다. 이로써 상해의 언론계는 두 편으로 양분되는 양상이 극에 달한다.

이렇게 언론을 장악해 여론을 친일선전에 유리한 지형으로 바꾸고자 하는 '정상적인' 노력 이외에도 협박과 매수 등 악랄하고 포악한 수법에 끝내 굴복, 적지 않은 언론 종사자들이 왕정위 정권에 협력하게 된다. 76호는 한 술 더 떠 그들을 각 신문사에 프락치로 침투시켜 신문사 내 자기네 동조그룹을 결성케 하는가 하면 조계 안의 언론동향을 매주 76호에 보고토록 한다. 그래도 전두환 정권 때 보도지침 보다는 덜 노골적이라고 봐야 하나?

예나 지금이나 언론에 대한 통제나 박해는 전 세계에 걸쳐 은밀하게 혹은 공공연하게 벌어지고 있지만, 직접 총으로 '응징'하는 경우는 지구촌의 몇몇 나라를 제외하면 그리 많지 않다. 그 후폭풍이 만만치 않기 때문이다. 그래서 외적의 앞잡이가 된 민족반역자들의 행위는 지금도 데자뷔처럼 남아있는데, 그 중 가장 충격이 컸던 사건 중 하나인 주성공(朱惺公: 주싱꽁) 암살사건부터 보기로 한다. 왕정위 정권의 추악함을 보도하기를 멈추지 않았던 상해의 신문사들에게 1939년 8월 30일에 발생한《대미만보(大美晚報)》의 편집인 주성공의 암살은 그 서막에 불과하였다.

2) 주성공 암살사건

여느 아침처럼 주성공은 에드워드로(Avenue Edward, 중국어로는 愛多亞路애다아로) 19호에 있는《대미만보(大美晚報)》신문사로 들어서고 있었다. 그는 이 신문 부간(副刊)의 편집인으로 상해에선 꽤 유명한 기자였다. 하지만 그날 주성공은 사람들이 자기 몰래 속닥거리며 자기 눈을 피한다는 느낌과 함께 신문사를 짓누르고 있는 기묘한 공포 분위기를 본능적으로 감지한다. 얼마 안 있어《대미만보》의 편집인이 편지 한 통을 건네주었다.

신문사 직원 앞으로 보낸 편지에는 '즉시 태도를 바꿀 것'이라는 경고문에 이어 만약 계속해서 '왕정위를 반대하고 용공 태도로 평화를 반대'하는 보도를 계속한다면 당신들 모두를 '공산당의 하수인으로 우리 당의 전복을 기도하고 국가를 해롭게 하려는 자'들로 간주, 다시는 어떤 경고나 통지 없이 즉시 특공을 파견해 사형을 집행하겠노라고 쓰여 있었다.

그렇다면《대미만보(大美晚報)》를 비롯한 다수의 신문사들, 즉 양기보가 받았을 이 협박편지의 발신자가 누구였을까? 바로 '76호'였음은 두 말 할 필요가 없다. 이렇게 되자 《대미만보》는 물론 《중미일보(中美日報)》, 《대만보(大晚報)》 등 상해의 양기보는 76호의 탄압으로 언론자유가 곧 심각한 위기에 봉착할 것임을 직감한다. 그런데 왜 하필 《대미만보》의 주성공이 76호의 암살대상으로 떠올랐을까? 몰론 이 신문의 항일보도 때문이겠지만, 그 전말을 좀 더 들여다보면 이렇다.

위에서 말한 대로 1939년 5월 말, 왕정위 등 일행은 상해로 들어와 정부 조각에 착수하는 동시에 이른바 '평화운동(和平運動)'도 함께 추진하였다. 이런 매국행위는 곧바로 상해여론의 따가운 질책을 받게 되는데, 그 중에서도 《대미만보》의 비판이 가장 격렬하였다. 신문사의 필봉은 당연히 왕정위와 그 주구인 정묵촌과 이사군 무리에게 집중되었다. 뿐만 아니라 왕정위 정부에 참가한 학계의 진제성(陳濟成)·풍일선(馮一先)·고계무(顧繼武) 등과 암흑가의 두목인 왕만운(汪曼雲: 왕만윈)등을 주인공으로 한 『매국노 이야기(漢奸史話)』를 연재하는 등 비판의 수위가 매우 높았다. 위의 학계 세 사람은 왕정위에게 투항한 교육계 인사로 이름이 나오지만, 진제성의 경우 상해 공부국(工部局)에서 중국 측 위원을 맡았으며, 상해중학교 교장을 지냈다는 정도의 기록이 나올 뿐, 나머지 두 사람의 행적은 전혀 밝혀지지 않아 별달리 얘기할 부분은 없다.

신문사 앞으로 협박편지를 발송한 다음 날, 이사군은 청방 두목인 계운경을 76호로 초대해 연회를 베풀었는데, 그동안 음으로 양으로 자신을 도와줬을 뿐만 아니라 '신문사 협박' 역시 그의 아이디어였기 때문이다. 게다가 76호에 오사보 등 청방 소속의 부하 깡패조직원을 대거 보내줘 힘한 일을 처리하게 해준 것에 대한 평소의 고마움의 표시였다.

협박으로 신문사를 잠재울 수 있다고 여겼던 이사군에 반해 정묵촌은 그렇게 보지 않았다. 그는 언론인이라고 모두 나약한 겁쟁이가 아니라는 걸 잘 알고 있었다. 이사군은 오사보에게 협박편지를 보낸 날짜의《대미만보》를 가져오라고 시켰는데, 거기 4면에는 "왕정위 일파가 편지를 보내 신문사를 협박했다"는 제목이 뽑혀 있어 이사군을 섬뜩하게 했다.《대미만보》는 협박편지에 움츠러들기는커녕 아예 편지를 기사로 보도해 버린 것이다. 6월 27일,《대미만보》는 한술 더 떠 1면에 중경소식을 게재했는데, "왕정위가 동경에서 매국협정을 맺다(汪精衛在東京簽賣國協定)"라는 제목으로 왕정위의 평화운동 뒤에 숨어있는 매국음모를 적나라하게 파헤친 기사를 실었다.《대미만보》가 이렇게 강경한 태도를 굽히지 않자 정묵촌과 이사군은 이참에 왕정위의 평화운동을 반대하는 신문사를 철저히 손봐서 분쇄해 버려야 한다는 데에 공감하게 된다.

1939년 7월 22일 저녁 8시쯤, 76호의 특공요원 한 무리가 신문사로 출동하는데, 이번 출동의 타격목표는 프랑스조계 에드워드로(愛多亞路) 19호에 자리하고 있는 대미만보사가 아니라 그 길 맞은편에 있는 중미(中美)일보사였다. 그러나 그때 중미일보사의 경비원들이 사태의 심각성을 눈치 채고 재빨리 입구철문을 내려 출입을 봉쇄해버린다. 그러자 조계지역이라 오래 머무를 수도 없는 특공요원들은 타격목표를 맞은편에 있는 대미만보사로 바꾸어 곧바로 쳐들어간다. 대미만보사로 진입한 그들은 닥치는 대로 부수고 활자판을 망가뜨리는가 하면 식자공 한 명을 죽이고 한 명에게 중상을 입히는 등의 만행을 저지른다. 사실 이 습격은 오해나 착각에서 나온 행동은 아니었다.《대미만보》나《중미일보》모두 왕정위의 매국행위를 비난했기 때문이다. 하지만 이런 공격에도 불구하고 이들 신문사의 비판 필봉을 꺾을 수 없었을 뿐만 아니라 곧이어 참으로 왕정위를 격노케 하는 필화사건이 일어난다.

대미만보사 습격 그 다음날, 76호는 대혼란에 빠진다. 왕정위에게 커다란 상처를 입힐 수 있는 시(詩)가 《대미만보》에 실렸기 때문이다. 이사군과 정묵촌이 오랜 시간 《대미만보》에 가했던 협박이 효과도 없고 오히려 자신들이 수습할 수 없는 방향으로 나아가고 있었다. 그날 이사군과 정묵촌은 모든 부서의 수하들과 깡패들을 총동원해 상해 전 지역 가판대에 나와 있는 《대미만보》를 미친 듯이 사들였지만, 결국 피하려 해도 피할 수 없는 상황으로 낙착되었다. 우원로 1136농(弄, 주소의 가장 아래 단위)에 앉아있는 자신들의 최고의 보스 왕정위가 그 기사를 결국 보고야 만다.

그날 상해시민들은 《대미만보》에 진검혼(陳劍魂: 천지엔훈)이라는 사람이 투고한 「왕정위 시를 개작하다(改汪精衛詩)」는 글을 읽게 되는데, 친일분자가 아닌 이상 통쾌한 카타르시스를 느끼는 시민이 많았다. 그 시(詩)란 왕정위가 젊은 시절에 혁명당에 투신해 청나라 조정에서 가장 영향력이 있는 섭정왕이자 황제의 부친인 애신각라 재풍을 암살하려다 미수에 그친 뒤 투옥되어 옥중에서 지은 시를 말한다. 이십대의 청년이 죽음을 앞두고 쓴 절명시는 수많은 청년의 피를 끓게 했었는데, 이제는 민족반역자 나락으로 떨어진 그의 시에 진검혼은 여덟 자를 더해 왕정위를 격노하게 만든 것이다. 앞의 제Ⅰ장에서 이미 왕정위가 옥중에서 지은 절명시를 소개했지만, 가장 회자되는 네 구절만 다시 인용하면 다음과 같다.

慷慨歌燕市,
從容作楚囚.
引刀成一快,
不負少年頭.

연(燕) 땅에서 강개하게 노래하던 형가처럼,

내 의연하게 죄수가 되리니.

칼을 끌어 목을 쳐도 통쾌한 마음이라,

청년의 호방함을 저버리지 않으리라.

하지만 진검혼은 매 구절 앞에 2자씩 더해 다시 왕정위에게 되돌려 주었는데 다음과 같다.

當時慷慨歌燕市,

曾羨從容作楚囚.

恨未引刀成一快,

終慚不負少年頭.

그때는 연(燕) 땅에서 강개하게 노래했었는데,

의연하게 죄수가 되는 것을 한때 부러워했지.

칼을 끌어 통쾌하게 목을 치지 못해 한이라,

청년의 호방함을 저버리지 않은 것을 끝내 부끄러워한다.

왕정위가 보기에 이 시에 더해진 몇 자가 주는 상처와 충격은 강한 자존심 못지않게 당시 열등감과 패배의식에 젖어있던 그에게 비수보다 더 아프게 가슴을 후벼 팠을 것이다. 격노한 그는 즉시 정묵촌과 이사군을 불러 신속히 엄하게 다룰 것을 명령한다. 왕정위에게 안 보여줄 것을 들켜버린 치욕에, 그리고 출세에 지장이 생길지도 모른다는 생각에 역시 분노한 두 사람은 그날로 특단의 대책마련에 들어간다.

그렇다면 사형집행을 떠벌리는 76호의 괴물들을 마주하고도 조금도 위축되지 않고 목숨과도 바꿀 수 있는 여덟 자를 더한 진검혼은 누구인가? 그는 다름 아닌《대미만보·부간(副刊)》의 편집인인 주성공이었다. '부간'이란 중국신문의 체제의 하나로 주로 문예작품이나 학술적인 글들을 싣는 전용 지면이나 독자투고란을 말한다.

주성공의 자(字)는 송려(松廬)이고 필명은 진검혼(陳劍魂), 1900년생으로 강소 단양(江蘇丹陽)사람이다. 그는《대미만보》의 부간인《야광(夜光)》의 주편으로 있었는데, 통속적이고도 쉬운 구어체 문장인 백화문(白話文)으로 이들 민족반역자들을 통렬히 비판하고 항일사상을 고취하였다. 그는 신문업계는 물론 일반 대중에게 큰 영향력을 가지고 있었는데, 부간에《민족영웅전집(民族英雄專輯)》과《매국노 역사(漢奸史話)》 등을 기획 연재하여 충신과 간신을 선명하게 대비시켜 드러낸 사람이 바로 그다.

주성공 필명 진검혼(陳劍魂). 암울한 시대에 한간들에게 항거한 용기 있는 언론인. 결국 76호의 특공에게 암살당하고 만다.

김웅백은 그를 평가하길 "주성공은 기질적으로 신경질에 속하는 사람으로 명사파(名士派) 부류라고 할 수 있다. 술을 좋아했지만 일부러 꾸미는 것은 없었다. 하지만 '외로운 섬' 상해에서 그는 이미 유명인사였고, 그가 말한 바와 행동하는 바 역시 확실한 '광사(狂士)'같았다."라고 했다. 여기서 '광사'는 직역하면 '미친 선비'라는 의미가 되지만 정신에 문제가 있는 사람이라는 뜻이 아니라, 전통 지식인들 중 허례허식을 벗어던지고 자신의 본성에 충실하며 원칙을 고수하는, 지향하는 바가 높고 먼 진취적인 선비 부류를 가리키는 표현이다. 이런 사람들은 누군가의 시선을 별로 의식하지 않기 때문에 왕왕 눈앞에 아무도 뵈지 않는 오만한 사람으로 비춰지기도 한다. 전통 중국사회에서 굳이 그 예를 찾는다면 아마도 죽림칠현(竹林七賢) 중 혜강(嵆康)이나 완적(阮籍) 정도가 이에 해당될 것이다. 그러니 누가 그를 곤경 속으로 밀어 넣을 수는 있을지 몰라도 그의 정신만은 그 누구도 빼앗지 못할 것이니, 선비정신 혹은 기자정신에 충실한 사람이라고 해석해도 되겠다.

왕정위 역시 결국 깨닫는다. 처음부터 끝까지 자신과 대거리하면서도 아무런 얽매임이나 거리낌이 없었던 사람이 바로 주성공이고, 이런 '광사'에게는 영원히 사라지게 하는 것 이외에는 다른 방법이 없다는 것을.

1939년 8월 30일. 며칠째 계속되는 더위로 상해는 찜통이었다. 지금도 어김없이 35도를 오르내리는 상해의 여름을 경험해 본 사람은 다들 동의하겠지만, 에어컨이 있는 호텔방을 두고 밖에 한 번 나가려면 꽤나 많은 준비를 하고 마음을 다잡고 전투하듯이 나가게 된다. 폭염에 숨이 턱턱 막히는 오후 4시쯤 그날도, 신문사 거리에는 이른 퇴근과 늦은 출근이 교차하는 시간대라 빈차는 거의 보이지 않았다. 주성공은 평소와 마찬가지로 여유로운 걸음으로 북하남로(北河南路) 94호 자기집을 나와 신문사로 향했는데, 이날이 주성공의 이승에서의 마지막 날이 될 줄이야. 목격자 진술에 따르면 주성공이 집을 나선 지 얼마 되지 않아 3명의 괴한이 그의 앞길을 막아선다. 그리고 곧바로 그 중 두 사람은 주성공 뒤로 돌아가 양팔을 틀어쥐었고, 나머지 한 사람은 앞에서 주성공의 귀와 눈 사이 급소인 태양혈(太陽穴), 즉 관자놀이에 총을 겨눴다고 한다. 목격담은 이어진다. 이어서 총을 든 괴한의 입에서 뭐라고 중얼거리는 소리가 들렸지만, 주성공은 입을 다물고 아무런 대꾸도 하지 않았다. 이에 화가 난 괴한이 방아쇠를 당긴다. 하지만 뜻밖에도 총알이 걸려서인지 두 발을 쏘았는데도 불발되었고, 당황했는지 총을 쥔 괴한의 손이 약간 떨리는 듯했다. 세 번째 방아쇠를 당기자 그제야 "탕!"

하고 소리가 났다. 주성공은 이렇게 76호에게 암살당하고 마는데, 길에 쓰러져 허망하게 세상을 떠난 1939년 8월 30일 그날, 그의 나이 불과 서른아홉이었다.

9월 2일,《대미만보》의 중국어판과 영어판 1면에 동시에 《왕정위에게 보내는 공개편지(給汪精衛一封公開信)》를 게재하고 다음과 같이 매국노의 죄상을 폭로한다. "친애하는 왕정위 선생님, 지난 몇 주 몇 달간 우리와 상해의 각 언론사는 익명의 협박편지를 받았는데, 그 협박편지의 발신인이나 단체는 모두 선생께 충성을 다짐하고 있습니다. 확실하게 선생께서 정직하고 성실하고 양식이 있는 사람이 되고자 하신다면 즉시 선생께서 암살폭도 무리의 수령이라는 것을 부인하시기 바랍니다."

그리고 주성공 암살, 그 뒤로도 76호의 언론인에 대한 협박과 암살은 이어지는데, 간단히 몇 개만 추려보자. 1940년 7월 19일,《대미만보(大美晚報)》총편집인 장사욱(張似旭)이 76호 특공의 기관총 난사로 사망했으며, 7월말에는《신문보(新聞報)》편집인 예란심(倪瀾深)이 76호에 납치되어 고문 끝에 사망했다. 또 8월 17일에는 《신문보》 기자 고집중(顧執中)이 길에서 목에 총을 맞아 사망했으며, 며칠 후 《대미만보》 기자이자 국제판 편집인 정진장(程振章)이 프랑스조계에서 76호 특공에게 살해당했고, 1941년 2월 3일에는 《신보(申報)》 기자 신화정(申華亭)이 길에서 난사 총에 맞아 사망하였다.

3) (僞)중국국민당 제6차 전국대표대회 개최

주성공이 암살당한 바로 이틀 후, 그러니까 1939년 9월 1일, 왕정위가 소집한 이른바 '(僞)중국국민당 제6차 전국대표대회(國民黨六大)'가 제스필드 로드 76호에서 열렸다. 이들 특공집단이 왕정위를 옹위하면서 드디어 세상에 모습을 드러내는 순간이었다.

중국자료를 보면 흔히 가짜를 의미하는 '위(僞)'자를 접두사처럼 앞에 붙이는 경우가 많은데, 왕정위 정부 또한 손문의 정통성 계승을 표방하여 국민당이나 중화민국 등의 호칭을 그대로 쓰고 있었으므로, 장개석의 국민당과 구별하기 위해 붙인 것으로 이해하시면 되겠다.

제6차 대회(六大)가 소집된 뒤 얼마 안 있어 왕정위의 어용 언론인인 유눌구(劉吶鷗: 리우나오우)와 《국민신문(國民新聞)》의 주편 목시영(穆時英: 무스잉)도 연달아 국민당 군통 특무들에 의해 암살된다. 이에는 이, 피는 피로 씻은 셈이다. 이에 왕정위는 상해에 잠입한 국민당의 특무를 반드시 섬멸시키겠다고 공언한다. 얼마 안 있어 1940년 7월 2일자 《중화일보》에는 83명의 수배령이 실렸는데, 그중에서 무려 32명이 언론인이었다. 당시 매국노 진영에 가담하고 있었던 언론인 김웅백은 다음과 같이 소회를 풀어놓고 있다. "나도 언론계에 한때 몸을 담았기 때문에 같은 업계 사람들에게 매우 관심이 많았다. 불행하게도 언론계의 친구들이 죽는 일이 많았기 때문에 나는 왕왕 신문을 보고나서는 무언가 잃어버린 것 같은 느낌에 젖곤 했다. 같은 업계 동료들이 연이어 순직하는 것을 보고 토끼가 죽자 여우가 슬퍼하는 느낌이 절로 들었다."

도끼 운운한 것은 고사성어 '토사호비(兎死狐悲)'를 말한 건데, 토끼와 여우가 함께 공동의 적인 사냥꾼에게 대항하자고 맹서했다가 토끼가 사냥꾼에게 죽자 여우가 슬퍼했다는 말로서, 영원한 친구는 될 수 없지만 한때 동료였던 사람의 죽음이나 불행을 슬퍼한다는 의미로 쓰인다. 김웅백의 말은 오늘의 언론계 동료의 죽음은 내일 나의 죽음이 될 수도 있다는 불길한 예감을 슬프게 표현한 말로 이해할 수 있겠다. 김웅백이 잠시 감상에 빠져있던 이때가 사실 76호의 핏빛 호기가 하늘을 찌를 듯 한참 뻗어나가는 시기였다.

앞에서 언급했듯이 왕정위는 상해로 오자마자 76호의 삼엄한 보호 속으로 들어가 우원로(愚園路)에 자리한 정원 딸린 양옥에 거주한다. 이 집 둘레로는 적지 않은 경찰과 밀정들이 진을 치고 있었고, 몇 걸음마다 초소와 보초를 세워 놓아 경비 또한 삼엄했다. 게다가 왕정위는 깊은 곳에 꽁꽁 싸매고 있듯이 거주하면서 밖으로는 거의 얼굴을 내밀지 않았으므로, 군통이 그를 암살하는 것은 거의 불가능에 가까웠다. 하지만 1939년 8월, 군통은 드디어 정보를 입수하게 되는데, 왕정위가 상해에서 소위 국민당 제6차 대표대회(國民黨六大)를 소집하고 자신이 직접 출석한다는 것이었다. 군통 입장에선 왕정위 암살에 있어 놓칠 수 없는 절호의 기회가 아닐 수 없었다.

당연히 제스필드 로드(極司非而路) 76호의 이사군과 정묵촌도 모든 방어시설을 꼼꼼히 점검하는 등 발빠르게 움직였다. 문을 연 지 석 달 정도 지나면서 그동안 76호의 성과가 탁월했다는 평가와 함께 이번에 매우 중요한 임무를 부여받았기 때문이다. 76호에서 왕정위를 보호하고 있으면서 동시에 76호에서 '국민당 제6차 대표대회(國民黨六大)'를 개최하게 된 것이다. 그러니까 우리식으로 말하자면 여당 전체회의를 국정원 비밀강당에서 거행한다는 얘기가 되겠다. 그만큼 모든 것이 비상시국 하의 기형적 행태였다. 왕정위 정권이 상해로 왔다 해도 왕정위와 주불해 등 측근들뿐이었고, 그나마 거의 빈손으로 온 것이나 다름없기 때문에, 그들의 정치적 보호나 신변상 보호 모두 76호가 맡아서 처리해야 했다. 왕정위 집단은 자신들이 '평화운동'을 하러 나온 것이기에 일본인들이 전면에 나서서 보호해 주는 것을 원치 않았다. 상해로 온 것만으로도 비판을 많이 받고 있는데 '국민당 제6차 대표대회(國民黨六大)'까지 일본 헌병들에 둘러싸인 채 거행한다면 권위나 명예가 실추될 게 불을 보듯 뻔했기 때문이다.

왕정위는 상해에 오자마자 친히 76호로 가서 회의장을 둘러보았다. 그는 이미 일본의 신임수상과 인식을 같이 하고 이번 대회를 소집했는데, 그 목적은 각 당과 각 정치파벌의 한간들과 연합해 이른바 '중앙정치회의'를 조직하고 남경(南京)으로 '환도'하여 '새 정부'를 수립하는 것이었다. 즉 명실상부하게 새로운 (괴뢰)정부의 합법적인 수반으로 자신의 신분과 지위, 심지어 정통성까지도 확보하려는 기도였다.

4) 존슨의 계운경 암살과 여인

이렇게 한간들이 대집결하여 대회를 치른다는 것은 군통에게 있어 그들을 일망타진 할 수 있는 절호의 기회였다. 그래서 대립은 장고 끝에 킬러인 첨삼(詹森: Zhansen, Johnson의 음역. 이하 존슨)에게 왕정위 암살임무를 맡긴다.

왜 존슨을 골랐으며, 그는 누구인가? 여기엔 여러 고려가 숨어 있었다. 첫째, 이사군과 정묵촌 둘 다 한때 군통의 고위직에 있었기 때문에 군통 특무들의 신상을 훤히 꿰뚫고 있었다. 즉 그들이 익히 보아온 대부분의 특무들은 그들에게 발각되기 십상이었으므로 단독으로 행동하던 킬러가 필요했다. 詹森, 즉 'Zhansen잔썬'이라는 이름 자체가 영어 이름인 존슨의 중국식 표기로 007처럼 숫자로 부르는 암호명과 마찬가지였다. 그의 본명은 윤무훤(尹懋萱: 인마오쉬엔)으로 군통 내 최고의 '나 홀로' 킬러 중 한 명이었다. 그는 언제나 단독으로 활동했으며 접선하는 이조차 없었다. 군통 내에서도 그를 아는 사람이 없었으며 지금까지 그의 사진조차 한 장남아있지 않다.

그런데 천하의 나 홀로 킬러 존슨이라 해도 이사군과 정묵촌이 한참 기세를 올릴 때 왕정위 제거가 맘먹은 대로 그리 쉬웠을까? 맞다. 전에 하노이에서 실패했을 때보다 훨씬 더 힘들었다. 정묵촌과 이사군 두 사람은 과거 국민당 특수공작원 활동 시 배운 모든 걸 쏟아 부어 군통·중통과 맞서고 있는 형국이라 허점을 파고들기가 쉽지 않았다. 이 두 사람의 76호 회의장 방어책을 한번 보자. 우선 76호 옆 골목에 자리한 화촌(華村) 골목 주민들을 모두 다른 곳으로 이주시키고, 골목 안 20여 개의 2층 양옥 모두를 접수했다. 그리고 화촌골목 양쪽 담 끝에 작은 가게 몇 개를 열어 바깥쪽 초소로 삼는 한편 조가도 신강리(曹家渡 新康里) 부근에는 각종 길거리 행상을 늘어놓고 검문초소 역할을 하도록 하였다. 이렇게 작은 이상징후에도 즉시 대응할 수 있도록 촘촘하게 호위망을 짜 놓았기 때문에 존슨이 며칠이나 계속 면밀하게 관찰해 봤지만, 회의장 접근조차 불가능해 보였다. 그래서 존슨은 왕정위가 거주하는 우원로의 양옥은 제스필드 로드(Jessfield Road)에서 멀지 않기 때문에 회의 참석하러 이용하게 되는 길에서 손을 쓰기로 계획을 변경한다.

1939년 9월 1일, 제스필드 로드 76호 앞 높은 탑에는 색색의 장식간판이 걸리고, 가운데는 노인의 생일을 축하하는 의미로 내거는 목숨 '수(壽)' 한 글자가 네온사인으로 제작되어 빛나고 있었다. 언뜻 보아 부잣집 노인네 생신잔치 하는 것으로 꾸며놓았지만 잔치 집 대문은 굳게 닫혀 있었고, 맞은편에는 생뚱맞게도 실탄을 장착한 총을 맨 이탈리아 병사들이 정렬해있었다. 이 지역 안전을 책임지고 있는 이탈리아 주둔군에게 연락을 취해 공공조계 경찰이 간섭 못하게 미리 조치를 해 놓았던 것. 그 시각, 안에서는 왕정위 괴뢰정권의 이른바 '6대(六大)', 즉 국민당 제6차 대표대회가 거행되고 있었다. 회의에 참가한 매국노들의 승용차는 제스필드 로드를 돌아 개납로(開納路) 입구에 와서 일본헌병 호서(滬西) 분대 뒷문에 있는 작은 길로, 차가 없는 자들은 76호 서쪽 끝의 화촌(華村)을 통해 76호로 돌아오게 했다. 한편 우원로에서 제스필드 로드 사이에 잠복하고 있던 존슨은 계속 관찰을 했지만, 회의 참가대표들 속에서 왕정위는 그림자도 볼 수 없었다. 그것은 이사군과 정묵촌이 회의 당일 오고가는 길에서 생길지 모를 돌발상황에 대비해, 왕정위에게 하루 일찍 76호에 왔다가 회의가 끝난 뒤 하루 늦게 우원로로 돌아가기를 건의했고, 왕정위가 이를 그대로 받아들인 결과였다. 그래서 길에서 매복하고 있던 존슨의 암살계획은 수포로 돌아갈 수밖에 없었다. 이렇게 왕정위 정부의 '6대(六大)'는 76호의 엄밀하고도 삼엄한 호위 속에서 착착 진행되었다.

왕정위 정부의 '6대'에 참가한 대표들은 왕정위 집단을 위해 76호가 각 분야에서 겁주고 어르면서 데려온 허수아비들이었다. 그래서 회의기간 중 76호는 장소를 제공했을 뿐만 아니라, 회의과정에서 누구라도 허튼 소리를 하면 총을 든 특공이 그 뒤로 가 시위하듯 서 있기도 했다. '순조로운 진행'을 위한 최선의 분위기를 조성했다고 해야 하나? 아무튼 이런 분위기 속에서 회의진행은 말 그대로 일사천리로 진행되었다.

이렇게 원만하게 '6대(六大)'를 진행시키면서 힘을 얻게 된 76호는 전부터 '특공총부'라고 불렸지만, 이 대회를 기점으로 '중국국민당중앙집행위원회 특무위원회 특공총본부(中國國民黨中央執行委員會特務委員會特工總部)'라는 긴 공식명칭을 얻게 되었고, 철저하게 매국노의 충견이 된다. 왕정권의 순조로운 '6대(六大)' 진행으로 멀리 중경에서 76호의 일망타진과 왕정위 암살을 꿈꾸던 군통 국장 대립(戴笠)의 체면은 땅에 떨어지게 된다. 첩보전에서 치욕을 느꼈다면 이는 좀 더 격렬하고 잔인한 복수전으로 돌입하게 된다는 것을 의미한다. 하노이에서의 암살시도가 실패로 돌아간 이후, 대립은 여러 번 특무를 파견하여 왕정위를 암살하고자 했으나, 모두 실패로 돌아가고 오히려 아까운 특무들 생명만 잃게 만든 꼴이었다. 이젠 76호까지 조직적으로 적극 보호에 나섰으니, 왕정위를 죽인다는 것은 거의 불가능해 보였다. 하지만 대립이 어찌 이 정도에서 그만 둘 사람이겠는가. 일찌감치 다음 수순을 그는 생각해 두었다.

앞에서 이사군이 76호를 장악했을 때 무기지원은 받았지만, 자신을 위해 목숨을 바칠 수 있는 수하가 없었기 때문에 옛날 흑사회 아버지 격인 계운경(季雲卿: 지원칭)을 새삼 주목해 다시 그를 찾아가 교분을 쌓고, 그가 가진 네트워크를 이용해 흑사회와 76호에서 자신의 영향력을 넓히고자 했다고 말한 바 있다.

1939년 9월 19일 오후, 청방(靑幇)의 큰 형님 격인 계운경은 평소대로 늘 가던 이마로(二馬路)에 있는 목욕탕에서 목욕을 한 후 자가용에 올라 남성도로(南成都路) 진덕방(晉德坊) 2호에 있는 집으로 향했다. 진덕방 골목 입구, 집으로 들어가기 위해 계운경이 차에서 내리는 순간, 길옆에서 갑자기 괴한이 튀어나오더니 아무 말도 없이 계운경을 향해 총 한 발을 쏜다. 그가 총을 맞고 쓰러지자 집안 식구들이 총소리에 놀라 뛰쳐나와 보지만, 킬러는 이미 그림자도 없이 사라진 뒤였다. 즉시 가족들에 의해 병원으로 옮겨져 수술대에 올랐으나, 급소에 총을 맞은 데다 나이도 많아 한때 상해탄을 호령하던 흑사회 보스는 이렇게 망연히 생을 마감한다.

계운경은 사실상 76호 특공총부의 흑사회 쪽 고문이라고 할 수 있다. 76호 같은 신생 정보조직이 상해에서 생존하고 발전하기 위해서는 필요할 때 서로 이용할 수 있는, 일종의 공생관계로 이뤄진 흑사회 배경이 필요했다.

당시 계운경은 비록 나이는 많았지만 명성은 그대로였다. 게다가 그의 '아들(徒子)'과 '손자(徒孫)' 항렬에 속하는 부하들이 계속해서 상해에서 횡행하면서 이사군을 도와 난국을 타개해 주곤 했기 때문에 이사군한테는 더없이 귀한 '스승'이었다.

76호가 갈수록 위력을 떨치며 발호하던 그때, 누가 감히 백주 대낮에 76호 부주임의 사부를 쏘아 죽인단 말인가. 계운경의 사망소식이 76호에 전해지자, 그들에게는 그야말로 청천벽력과도 같은 충격이 아닐 수 없었다. 그의 부하들은 안절부절 못하면서 모두들 총을 뽑아들고 뛰쳐나가 스승의 복수를 하려 했다. 그 중에서도 가장 큰 충격에서 헤어나지 못한 사람은 당연히 76호의 부주임 이사군이었다. 이사군은 사부 계운경의 죽음을 매우 애통해 했다. 그 자신이 특공총부에서 막 일을 시작할 때부터 뒤를 밀어주던 든든한 스승이었기에 계운경의 죽음은 실로 심대한 타격이 아닐 수 없었다. 암살이 일어난 다음날, '보물 사모님(金寶師娘)'이라고 불리던 계운경의 아내 육(陸)씨가 이사군을 찾아와 통곡하며 범인을 잡아 남편 복수를 꼭 하게 해달라고 매달렸다. 이사군인들 왜 다른 마음이었겠는가. 계운경의 아내는 옛날 상해조계 경무처의 여형사로서 꽤나 유명했었다. 그녀가 울고불고하자 이사군은 가슴을 치며 반드시 범인을 잡아서 사부님 복수를 해주겠노라고 약속한다. 조금 있다 조계지의 경찰인 순포방에서 연락이 왔는데, 계운경이 맞은 총탄이 일반 권총 것보다 크기가 많이 작다는 것이다. 즉 킬러가 썼던 총이 일반 총보다 작다는 얘기가 되는데, 이는 이사군에게 매우 중요한 단서가 되었다. 세 치도 안 되어 손바닥에 딱 들어가는 권총, 속칭 '손바닥 천둥'이라는 별명을 가진 장심뢰(掌心雷) 권총은 이때 군통 킬러인 존슨의 손에 있었다.

대립은 '6대(六大)'가 열렸지만 존슨이 왕정위를 암살할 기회를 잡지 못한 것을 알고, 즉시 암살목표를 청방 두목 계운경으로 변경, 지목했는데 계운경은 앞에서 언급했듯이 상해에서 행동대로 활동하면서 중통과 군통에게 실제적인 위협세력으로 등장한 흑사회의 대부이자 76호의 배후 지지자였기 때문이다.

대립의 명령을 받은 존슨은 진덕방에 있는 계운경의 집 앞에서 며칠을 지키면서 관찰한 결과, 계운경이 외출을 거의 하지 않고, 어쩌다 나온다 해도 부하들이 둘러싸고 있어서 손쓰기가 매우 어렵다고 판단했다. 1년 전쯤 계운경이 갑자기 풍에 걸려 반년을 치료하고 겨우 나았는데, 그 뒤로는 사업을 기본적으로 아들과 부하들에게 맡기고, 자신은 집에서 부하들과 마작 등으로 소일하면서 밖에 나가 손님 만나는 경우가 거의 없었다. 하지만 중풍이 나은 뒤로 습관이 생겼으니, 매일 공중목욕탕에 가서 목욕을 즐긴다는 것. 그래서 며칠을 계속 관찰하던 존슨은 마침내 계운경이 매일 정확히 같은 시간대에 목욕하러 가는 습관을 알아낸다. 그리고 목욕 후 누구나 기분이 좋을 때가 계운경이나 그의 수하들이 가장 마음 놓고 있을 때라, 거사 하기에도 좋은 기회라고 판단한다. 그래서 9월 19일 오후, 존슨은 특별 제작한 '장심뢰'를 들고 진덕방 골목 입구에서 매복하고 있었다. 이 권총은 매우 작아서 손 안에 쥐고 있어도 남의 눈에 잘 띄지 않지만 다만 사정거리가 짧아서 목표물과 최대한 가까워야 상대를 죽일 확률이 높았다. 그렇지만 존슨에게는 가까이 가더라도 한 발만 쏠 수 있는 기회가 있을 뿐이었다. 미처 두 발째 쏘기도 전에 현장지형 상 계운경의 가족이나 수하들에게 잡힐 게 뻔했기 때문이다.

오후 3시 50분, 계운경의 자동차가 진덕방 골목 입구에 정차하자 계운경은 기분 좋게 차에서 내렸다. 존슨은 즉시 앞으로 뛰어 나가 한 방을 명중시키자 계운경은 그대로 쓰러졌고, 다른 사람들이 반응하기도 전에 존슨은 이미 흔적도 없이 사라져 버린다. 다음날 존슨이 《신보(申報)》의 사회 면을 보니 이런 기사가 눈에 들어왔다. '계운경, 저격 받고 사망! 목욕이 끝나고 집으로 돌아오다 갑자기 폭도의 저격을 받아-연로하고 기력도 쇠약하여 응급조치에도 불구하고 사망' 존슨은 군통의 상해지역 특무들과 연락하지 않았지만 중경방면에서 이미 자신의 성공소식을 접한 것을 알고 있었다.

계운경이 피살된 지 3일째 되던 날, 이사군은 사부의 장례식을 성대히 치르는 한편 76호의 모든 요원들에게 일본 민간 위장요원들과 연합해 어떻게든 범인을 체포하라는 명령을 내린다. 하지만 태평양전쟁이 터지기 전 공공조계의 경찰은 겉으로는 중립을 표방했지만, 실제론 항일과 장개석 옹호활동에 비교적 동정적이었기 때문에 76호 사람들은 상해 서쪽 일본인 세력범위 안에서만 수사를 진행할 수 있었다. 두세 번 연달아 이어지는 수색으로 상해 서쪽지역 주민들의 민심까지 흉흉하게 만들고도 여전히 어떠한 단서도 성과도 내지 못하고 있었다. 암살범은 상해를 이미 탈출했단 말인가? 범인을 잡기 위해 76호가 혈안이 돼 있을 때 암살자 존슨은 자신을 쫓고 있는 자들 바로 곁에서 유유자적해 하고 있었다. 이런 위급상황에서도 도망가지 않은 건 자신의 나 홀로 행동방식에 대한 유별난 자신감인가? 아니면 너무 쉽게 계운경을 해치운 나머지 성에 안 차서 더 큰 계획을 도모하고 있었던 걸까? 그것도 아니면 또 다른 어떤 숨겨진 사정이 있었던 것일까?

그 전후 사정은 이렇다. 중국에는 예전부터 영웅은 미인이라는 관문을 잘 통과 못한다는 속담으로 '영웅난과미인관(英雄難過美人關)'이라는 말이 있다. 나 홀로 킬러 존슨은 상해에서 행동할 때, 군통 사람들과는 연락을 취하지 않았지만, 상해탄에서 유명한 사교계의 꽃과는 친밀하게 연락하고 있었다. 사람들에게 노(盧)씨댁 일곱째라는 의미의 '노로칠(盧老七: 루라오치)'로 불렸던 노문영(盧文英: 루원잉)이라는 여성인데, 계운경을 성공적으로 저격한 존슨은 아예 노문영의 집으로 옮겨 살고 있었다. 그녀의 부드러운 환대에 푹 빠진 나 홀로 협객은 자신의 사업이 완전무결한 것이라고 여겼지만, 12월 어느 날 76호의 특공요원이 노문영의 집을 덮치자 그는 아무런 방어도 못하고 체포된다. 76호에서는 어떻게 매사에 신중하고 조심스럽고 흔적도 남기지 않는 이 암살자를 잡을 수 있었는가?

이사군이 사방으로 계운경 암살단서를 찾고 있을 때 갑자기 보고 하나가 날아들었다. 누군가 세 치도 되지 않는 작은 권총 하나를 보내온 것이다. 총을 보낸 자는 장덕흠(張德欽: 장떠친)이라는 변호사로, 일찌감치 76호에 포섭된 자였다. 그 총 탄창에 마침 총알 한 발이 비어 있었는데, 그 총알의 모델과 번호가 계운경 몸에서 꺼낸 총알과 완전히 일치했으므로 계운경을 죽인 총인 게 분명했다.

장덕흠의 말에 따르면 이 권총은 자신의 수양딸 노문영으로부터 선물로 받은 것으로, 계운경이 암살된 지 얼마 되지 않아 수양딸이 자기를 만나러 왔는데, 정교하게 제작된 소형 권총을 꺼내 들고는 자랑을 하더라는 것이다. 장덕흠은 이 권총이 보통 물건이 아니라는 걸 직감하고 노문영에게 그 총 웬 것이냐고 묻자, 노문영은 애인이 준 선물이라며 자기 애인이 능력 있는 남자라 방금 큰 인물 하나를 죽였다고까지 자랑삼아 늘어놓더라는 것. 별 뜻 없이 무심코 수양아버지에게 털어 놓은 얘기지만 듣고 있던 사람이 누군가. 장덕흠은 계운경 암살사건이 떠올랐고, 탄창 안의 총알이 한 발 비워 있는 것까지 확인하고는 이 총이 암살사건과 관계가 있다는 것을 확신한다. 그래서 딸에게 선물로 그 총을 달라고 했고 총을 받자마자 바로 76호로 넘긴 것. 군통의 유명킬러 존슨은 애인의 허영심 때문에 자신이 목숨을 잃을 거라고는 꿈에도 생각 못했다. 존슨은 노문영 집에서 '손바닥 천둥'을 그녀에게 선물하면서 계운경을 암살한 것까지 영웅담인 양 포장해 털어놓았었는데, 이 때문에 스스로 죽음을 부른 것이었다.

위에서 소개했던 왕만운(汪曼雲)은 자신의 회고록 『내가 알고 있는 왕정위 정보특공의 내막』에서 이와 관련, 다음과 같이 술회하고 있다. "그날 이사군은 즉시 노문영의 집으로 요원들을 급파해 존슨을 76호로 잡아들였다. 혹독한 고문을 가한 끝에 존슨을 굴복시켰는데 범인을 잡았다는 소식을 들은 계운경의 아내 '보물 사모님'은 정묵촌과 이사군에게 남편 복수를 해줄 것을 다시 한번 요구했다. 1939년 늦가을, 존슨에게 수갑과 족쇄를 채우고 맥근로(麥根路)와 중산북로(中山北路) 사이의 작은 수풀 속에서 총살을 집행했다. 그날 76호 바깥문 밖에는 특공총부의 주임과 부주임 명의로 존슨의 '죄상'과 처형을 알리는 포고문이 붙었는데, 존슨은 76호에서 공개 총살된 첫 번째 사람이 되었다."

존슨은 이렇게 허망하게 죽고 말았는데, 그 뒤 믿기 힘든 후일담이 하나 있다. 존슨이 죽은 그해 겨울, 왕정위 정권의 사천(四川)연락처 부주임인 윤정일(尹定一: 인띵이)이 상해로 왔는데, 어느 날 상복을 입은 여인이 찾아와 그를 보고 아버님이라고 부르고는 땅바닥에 꿇어앉아 대성통곡을 하였다. 윤정일은 어찌된 영문인지 몰라 처음엔 이 여자가 사람을 잘못 봤나 라고 생각했지만, 여자의 설명을 듣고 그녀가 노문영이라는 것을 알았다.

노문영의 이름은 일찍이 들은 바 있어 그리 크게 놀랄 일은 아니었지만, 그녀의 입에서 나온 다음 말은 꿈에도 생각 못한 말이었다. 대(大)한간 계운경을 죽인 존슨이 바로 윤정일 본인의 아들이라는 것이다. 부자 두 사람 중 한 명은 한간의 구렁텅이로 빠졌고, 한 명은 한간을 제거하는 암살자가 되었지만, 부자간에 피차 서로의 상황을 알 수 없었던 것이다. 이런 황당한 이야기는 글자 그대로 소설이나 막장 드라마의 한 장면 같아서 선뜻 믿기 힘들다. 그리고 당시 기밀문서를 소장하고 있는 상해 당안관(檔案館)에는 윤정일의 파일이 지금도 보관되어 있는데, 좀 다른 이야기를 전하고 있다.

항일전 승리 직후인 1946년에 작성된 한간숙청에 관한 파일인 『숙간당안(肅奸檔案)』에 실려 있는 윤정일 항목을 보면, 윤정일과 아들 존슨은 동시에 76호에 체포되었는데, 윤정일은 체포되기 전에 이미 아들의 신분을 알고 있었으며 윤정일은 이미 아들의 항일공작을 적극 지지하고 있었다고 전하고 있다. 존슨이 계운경 암살 성공한 뒤에도 상해를 즉시 떠나지 않았던 것은 더욱 중요한 임무가 있었기 때문인데, 그것은 76호에 폭탄을 장치해 매국노들을 폭사시키는 작전이었다. 하지만 계운경 암살임무 수행 후 불행하게도 76호에 체포되었다. 76호는 한자리에서 존슨과 윤정일 부자를 심문했는데, 이사군은 일부러 윤정일이 보는 앞에서 존슨을 고문했다. 고춧가루 물을 붓고 가죽채찍으로 때리고, 못이 박힌 의자인 '호랑이 의자(老虎凳 노호등)'에 앉히는 등…. 악랄한 고문에 성한 피부 한 군데 없이 겨우 숨만 붙어 있을 뿐이었지만 존슨은 끝까지 굴복하지 않았다. 반면 윤정일은 눈 뜨고 못 볼 아들 존슨의 고문장면을 견디지 못했고, 이사군의 투항회유에도 끝내 버텨내지 못하고 마침내 투항해 왕정위 괴뢰정권의 직책을 맡게 되었다는 것이다. 하지만 이사군이 아들 존슨을 놔주지 않고 총살시켜버릴 것이라고는 꿈에도 예상치 못했다.

그러니까 아버지는 아들의 항일을 이미 알고 있었으며, 아들의 목숨을 구하기 위해 한간의 길로 들어섰다는 말과 아들이 선택한 길을 전혀 모르는 상태에서 자발적으로 한간이 되었다는 자료가 서로 상충되고 있다. 하지만 지금으로서는 이 부분을 검증할만한 다른 자료는 더 이상 찾지 못했으므로 여기까지 참고로 적어두기로 한다.

V

왕정위 정권수립과 처절한 항일

Chapter Ⅴ 왕정위 정권수립과 처절한 항일

1. 일본과의 밀약과 정부수립
    1) 마지막 밀약-일중신관계조정요강
    2) 일·왕(日·汪)밀약의 폭로
    3) 왕정위 정부수립

2. 처절한 항일투쟁
    1) 대성병의 왕정위 암살시도
    2) 오갱서의 복수와 죽음
    3) 76호 두 늑대의 갈등과 색계(色戒)
        (1) 정빈여의 가족과 중통
        (2) 일본수상 아들 납치작전
        (3) 정묵촌과의 만남
        (4) 모피가게의 총성
        (5) 체포와 순국
    4) 상해시장 부소암 암살

3. 공작과 배반, 그리고 불신
    1) 조풍클럽의 총성과 왕천목
    2) 함정에 빠진 왕천목
    3) 항일매국노제거단의 붕괴
    4) 대립의 역공작, 책반(策反)
    5) 훗날의 왕천목

4. 진삼재의 76호 폭파계획
    1) 진삼재와 북극공사
    2) 진공주의 재등장, 그러나…
    3) 진공주의 투항과 한간들의 계산

왕정위 정권수립과 처절한 항일

1. 일본과의 밀약과 정부수립

1) 마지막 밀약-일중신관계조정요강

위에서 왕정위가 귀환하여 자신이 수반이 되는 정부수립을 준비하는 데까지 이야기했다. 중국에 돌아온 왕정위는 자신의 통치능력을 믿었나 보다. 그는 상해와 남경을 중심으로 한 '왕정위 정부' 수립을 위해 1939년 5, 6월에 걸쳐 참모진을 데리고 직접 일본에 건너가 정권수립을 놓고 구체적으로 일본과 담판을 벌인다.

왕정위 입장에선 일본의 당초 설계와는 달리 서남지역에 정부를 수립하는 것이 불가능하게 되자 속으로 쾌재를 불렀을지도 모른다. 일본이 뒤를 받쳐주니까 자신감도 생겼겠지만, 서남지역보다는 화중이나 화동지역이 정치·경제적으로 더욱 중요한 지역이었으므로, 정치적 야망을 달성하기에 더 적합한 곳이라는 계산을 한 것으로 보인다.

그러니까 상해와 남경을 근거지로 하는 정부라면 손문이 세운 중화민국의 계승자로서 중경으로 피란 가 있는 장개석보다는 훨씬 더 정통성을 내세울 수 있다고 생각했던 것이다. 그리고 여기엔 이젠 정치적 숙적이 돼버린 장개석과 중앙무대에서의 사생결단을 통해 정치적 원한을 갚고 싶다는 개인적 은원관계도 작용했다고 본다. 국가의 원수를 등에 업고 개인의 원수를 갚는 동시에 사리사욕도 채우려는 계산…. 매국노의 행태는 어느 나라나 다 비슷하다.

왕정위와 함께 일본에 간 일행 중에는 고종무(高宗武: 까오쭝우)도 끼어있었다. 하지만 그의 목적이 평화회담인 것은 왕정위과 일치했지만, 일본의 점령지역에 따로 친일 괴뢰정권을 세우는 것은 분명히 반대했기 때문에 대다수 구성원들과 갈등의 골이 깊어진다. 이때부터 자신의 보스 왕정위에 대한 믿음과 존경이 점차 사라지기 시작하는데, 고종무, 이 사람을 잠시 기억하시기 바란다.

일본에 도착했지만 일본은 아직 내부적으로 통일된 의견으로 조율되지 않은 상태라 왕정위에게 어떤 조건을 제시할 수 있는 상황이 아니었다. 그래서 그들의 내부협의를 열흘이나 기다린 끝에 왕정위는 일본 정계요인과 만날 수 있었다. 결국 왕정위은 일본이 내미는 매우 가혹한 조건을 받아들이고 수락할 수밖에 없었으며, 자신은 국민당의 법통을 계승하는 사람이라는 명분을 내걸고 중화민국의 국기인 청천백일기를 계속 쓰게 해달라는 조건을 양보의 마지노선으로 겨우 내민 정도였다. 얼마 지나지 않아 일본의 다섯 장관회의(五相會議)는 왕정위의 마지막 조건에 대답을 내놓았다. 새 정권이 청천백일기를 계속 사용하고 싶다면 인정하되, 깃발 밑에 삼각형 노란 천을 덧붙이고 그 위에는 '평화·반공·건국'이라는 세 단어를 써 넣으라는 것. 이런 우스꽝스러운 국기 디자인에 대해 함께 간 대(大)한간 주불해(周佛海)

조차도 혀를 차며 이 '돼지 꼬리'를 받아들일 수가 없다고 버텼다.

같은 해 11월, 일본정부가 세운 중국 점령지에 대한 식민지 사무 총괄기구인 흥아원(興亞院)에서는 왕정위의 새로운 중앙정권 수립에 대한 구체적인 방안을 통과시킨다. 이어서 왕정위 집단과 일본의 특무기구인 매기관(梅機關)은 상해 홍구(虹口)에 있는 육삼화원(六三花園)에서 비밀회담을 열고 비밀조약인《일본-지나 신 관계 조정요강(日支新關係調整綱要)》을 체결한다. 그 요강 속에는 지나친 조항들이 많아 '보기에 안 좋았지만', 회의에 참석한 중국 측 인사 모두는 사인을 하지 않을 수 없었다. 동시에 영원히 이 내용을 대외비로 할 것도 맹서한다. 이 협의로 왕정위가 상상했던 자치나 자유, 혹은 권한은 거의 다 박탈되었다. 이를 기초로 수립된 정권은 철저하게 일본의 주구(走狗)가 된다는 것을 의미하기도 했다.

그리고 이 비밀조약은 연말인 1939년 12월 30일자, 왕정위와 일본 사이에 정식으로 체결된다. 그리고 거기에는《일본-지나 신 관계 조정원칙(調整日支新關係原則)》과《일본-지나 신 관계 조정요항(日支新關係調整要項)》,《일본-지나 신 관계 조정요강 첨부문건(日支新關係調整綱要附件)》등 3개의 첨부문건이 붙는다. 이를 합쳐 간단히 '일·왕밀약(日汪密約, 일본·왕정위밀약)'이라고도 부른다. 여기서 '지(支)'는 '지나(支那)'를 말하는데, 이 단어는 우리에게 '인도지나반도' 등 지역 명칭으로 낯설지는 않지만, 사실 이 당시 일본인들이 중국을 폄해 부르던 멸칭(蔑稱)이다. 그래서 중국자료에는 이 '일지(日支)'를 '일화(日華)'로 바꾸어 표기하고 있기도 하지만 같은 조약이다.

이 시기를 배경으로 하는 영화를 보면 일본인들이 잔뜩 이죽거리는 표정으로 중국인을 '시나진(支那人: 중국어로 즈나런)'이라고 부르는 장면이 나오곤 하는데, 우리를 '조센진'이라고 부르는 것과 같은 어감이다. 식민지 괴뢰정부이지만 하나의 정부를 세워 놓고 어린 아이 팔을 비틀 듯이 조인한 밀약에서 '지나'라는 용어를 거리낌 없이 쓰는 그들의 행태를 보라. 당시 그들 제국주의자들이 얼마나 타민족에 대한 황당한 우월의식에 젖어있었는지 짐작할 수 있다. 역설적으로 그들 마음속에 깊이 자리한 천민의식, 혹은 노예근성과 치환할 수 있는 그 저열한 우월의식은 아직도 변하지 않았다. 가해자이지만 상관없다. 여전히 열등하고 저열한 타민족은 짓밟을 만하니까 짓밟는 거다.

일본서점에 가득한 이른바 혐한(嫌韓)서적을 보라. 독일서점에 온통 유태인 혐오서적이 가득한 꼴이다. 일본은 그런 나라다. 하지만 21세기 초에 보는 일본은 온통 낙일(落日)의 노을만 가득하다. 다행이다.

그 밀약의 주요내용은,
① 만주국을 승인하고 일본·지나(왕정위 정부)·만주국 '삼국'이 제휴한다.
② 몽강(蒙疆, 당시의 내몽고자치구 중부와 남부, 그리고 차하얼察哈爾성과 산서성山西省 북부) 및 화북(華北)과 장강(長江, 양쯔강) 하류와 광동지역의 도서지방을 '일본·지나의 강한 결합지대'로 정하고 일본군이 장기적으로 점령한다.
③ 왕정위 정부는 중앙에서 지방에 이르기까지 일본고문 혹은 직원이 감독한다.
④ 왕정위 정부의 군경은 일본이 무기를 제공하고 훈련을 시킨다.
⑤ 왕정위 정부의 재정경제 정책과 공업·농업 및 교통사업은 일본이 제어하며, 일체의 자원은 일본이 임의로 개발하며, 일체의 항일활동을 금지한다.

지금까지 본 각종 불평등조약 중 가장 정도가 심하다. 이미 괴뢰정부를 세웠으니 외교적 수사 따위는 없이 원하는 바를 이렇게 노골적으로 명기해 놓았다. 한 마디로 다 내 맘대로 할 테니, 아무 소리 하지 말라는 말을 이렇게 정성스럽게 써놓았다. 이제 왕정위는 진정한 꼭두각시가 되었다.

이 매국조약이 공포된 뒤, 왕정위는 이른바 '평화운동' 위에 쳐두었던 위장막을 보란 듯이 걷어낸다. 그리고 특무기관을 이용한 암살이나 납치 등의 만행을 더욱 악랄하게 자행하고, 언론말살과 항일민중에 대한 탄압수위를 높여갔다. 1940년이 되자 왕정위는 동포들이 아무리 자신을 성토하고 증오해도 이제 어떤 두려움이나 한 점의 거리낌도 없는 듯 했다. 확실하게 방향을 정하고 나니 차라리 마음이 편해서 그랬을까, 모든 이가 주시를 하는 속에서도 동포로부터 점점 더 멀어져 갔다. 그리고 왕정위의 정부수립 잰걸음은 한층 더 빨라졌다. 새해 벽두부터 왕정위는 왕극민(王克敏: 왕커민)·양홍지(梁鴻志: 량홍즈) 등과 함께 청도에서 다시 회의를 연다. 수하인 주불해(周佛海)와 매사평(梅思平)은 이 회담을 두고 마작판에 비유하는 농담을 하곤 했다.

겉으로 보기엔 중국사람 몇 명만 마작판에 둘러앉아 있지만, 실제로 그들 뒤에는 일본사람이 서서 각자 자신의 이익을 위해 훈수를 두고 있다는 것이다.

2) 일·왕(日·汪)밀약의 폭로

그런데 모두 전혀 상상조차 하지 않았던 일이 터졌다. 1940년 1월 3일 왕정위나 일본 모두 최고의 극비문서로 취급했던《일본-지나 신 관계 조정 요강(日華[支]新關係調整綱要)》의 초안이 홍콩의 유력지인《대공보(大公報)》에 보도되어 버린 것이다.

사정은 이랬다. 왕정위-일본 간의 협상에 합류했던 고종무(高宗武)와 도희성(陶希聖) 두 사람이 고심 끝에 결단을 내린 것. 홍콩에 가있던 두월생(杜月笙: 뚜위에성)의 협조를 얻어 두 사람은 홍콩에 도착한 뒤, 왕정위 괴뢰집단 탈퇴선언 후 국민당에 충성서약을 한다. 투항을 하는 데에는 선물이 필요한 법, 두 사람은 아직 잉크도 안 마른-왕정위와 일본이 서명한 요강을 찍은 필름을 내어 놓았다. 이 사건을 두 사람의 성을 따서 '고도(高陶)사건'이라고 부른다.

《대공보(大公報)》에 '일·왕(日·汪)밀약'이 폭로되자 중국의 여론은 들끓으면서 왕정위와 그 패거리들은 순식간에 양식 있는 중국인들이 퍼붓는 집중성토의 표적이 되었다. 폭로 소식을 들은 왕정위는 펄펄 뛰면서 "이런 짐승같은 놈들! 일찌감치 처단해버렸어야 하는데."라고 개탄하며 온갖 욕을 퍼부었지만 이미 때는 늦어도 한참 늦었다. 피 흘리며 결사항전하고 있는 중국군대와 일반국민들의 눈에 왕정위는 이제 국가와 민족에 맞서는 치욕스런 일본의 꼭두각시, 매국노일 뿐이었다.

3) 왕정위 정부수립

이런 우여곡절을 거치기는 했지만 일본의 괴뢰정권 건설계획은 그 삼엄한 분위기 속에서 착착 시간표대로 진행되고 있었다.

위에서 본대로 1939년 9월 1일의 (僞)중국국민당 제6차 전국대표대회 개막을 치르고 난 이듬해, 1940년 3월 30일에 마침내 왕정위의 친일 괴뢰정권이 '(僞)중화민국국민정부(中華民國國民政府)'라는 이름으로 수립된다. 하지만 단 한 명의 외교 축하사절도 참석하지 않았으며, 심지어 일본도 어떤 관리 하나 파견하지 않았다. 하지만 자리를 차지하고 앉아있는 일단의 매국노들은 자신들이 얻어낸 괴뢰정권의 고위직을 위안 삼아 '불길한' 회의장 분위기를 애써 누르고 있었다.

국민당이 집권하던 시절의 정식국호인 '중화민국'에 '국민정부' 넉 자를 덧붙인 일종의 짝퉁 명칭이었지만, 사실 중화민국과는 180도 대립되는 매국정권의 호칭이다. 그러나 이 명칭은 왕정위 정권이 공식적으로 사용했던 터라 그 시기의 공문서 표지에는 전부 이 호칭으로 인쇄되어 있다. 지금도 가끔 국민당의 '중화민국'과 혼동하는 이가 적지 않은데, 이는 80년 전부터 왕정위가 노리던 바이기도 한다. 지금 남경시정부 앞에는 당시 세웠던 이른바 '환도기념관'이 그대로 서있어 당시 거물 매국노가 세운 정권의 추악한 시작과 끝을 증언해 주고 있다. '환도'란 글자 그대로 수도로 돌아온다는 뜻인데, 장개석은 임시수도 중경으로 중화민국 정부를 옮겨갔지만, 일찍이 손문 선생이 세운 중화민국의 정통성을 계승하는 나 왕정위가 다시 수도 남경으로 돌아왔음을 알린다는 선언인 셈이다. 예나 지금이나 큰일을 저지르는 매국노들의 공통점은 정말 얼굴이 두껍다는 것이다. 큰일을 하는 데에는 남의 말에 상관없이 굳세게 밀고나가는 배짱도 필요하지만, 이 점은 매국노도 마찬가지이다. 목표는 정반대에 있지만….

아무튼 정부수립을 선포하는 의식을 막 치르고 내려온 왕정위에게 작지만 참 난처한 사건이 기다리고 있었다. 이날 중앙당부에 높이 매달려 나부끼던 국기에 일본인이 요구하던 노란색 삼각 깃발이 덧붙여지지 않은 것을 본 일본군인들이 총까지 쏘며 항의소란을 피운 것이다. 정부수립 첫날부터 난감해진 왕정위는 깃발을 내리라는 명령을 할 수밖에 없었다. 그 결과, 왕정위 정권통치 아래 남경(南京)의 집집마다 문 앞에는 여전히 중화민국의 국기인 청천백일기가 걸려있게 되었다. 다만 일본의 뜻에 따라 국기 위에 '평화·반공·건국'이라고 쓰인 '돼지 꼬리' 노란색 삼각 깃발이 하나 더 붙어 있는 것이 좀 색달랐다. 1년 3개월이나 뜸을 들이며 진통을 겪던 이른바 왕정위의 친일 괴뢰정권이 마침내 수립된 것이다. 정권수립 의식은 왕정위가 취임연설을 하고 바로 총총히 끝났으며, 곧 식장 앞에 모두 모여 기념사진을 찍었다. 정권이 수립되면 흔히 뒤따르는 외교사절의 축하도 없는 기형적인 정부수립 의식이라 이를 불길한 징조로 받아들이는 사람이 많았다.

이렇게 왕정위가 중경 국민당 정부와 결별한 지 1년이 좀 더 지난 시점에 다시 나타나 남경에 환도했다는 선언을 하고 정식정부로 출발했지만, 일본정부의 태도는 좀 모호했다. 자신들이 기획하고 실행한 정부가 수립을 선언했으면 요식행위라도 곧 승인하고 외교사절 등을 파견하는 등의 절차를 취해야 하지만, 사실 적지 않은 시간을 지체했기 때문이다. 여기서도 일본의 이중적인 태도가 잘 나타난다. 사실은 그때까지도 일본은 장개석의 중경방면과 평화회담을 염두에 두고 여러 각도로 연락을 시도하고 있었던 것이다.

여기에는 웃지 못할 에피소드가 하나 있다. 1939년 11월 말에 중국주둔 일본군의 정보기구가 자칭 송자량(宋子良: 쏭쯔량)이라는 사람과 접촉을 시작했다. 송자량은 장개석의 부인인 송미령(宋美齡: 쏭메이링)의 동생으로, 당시 서남(西南)운수회사의 회장이었다. 일본은 중경방면과의 회담에 중요한 전기가 마련되었다고 꽤나 흥분하고 있었다. 그래서 일본은 왕정위 정부의 환도승인 작업을 일단 미뤄두고, 1940년 가을 회담에서 어떤 결론을 얻게 되면 그때 가서 중경 국민당 정부와 왕정위 정부가 다시 합치기를 원했다. 그러나 사실 자칭 송자량이라고 했던 사람은 가짜로 중경의 군통에서 파견한 공작요원이었다.

다시 교섭을 시작했다고 여긴 일본은 중경 쪽에서 명확한 대답이 오지 않는데다, 또 1940년 9월 27일엔 일본·독일·이탈리아 세 나라가 동맹조약을 맺어야 했기 때문에 중국파견 일본사령관과 중경의 국민당 정부와의 평화회담 추진은 중지될 수밖에 없었다. 그래서 11월 30일이 되어서야《중일기본관계조약(中日基本關係條約)》을 체결하고 정식으로 왕정위 정권을 승인하는 절차를 마쳤던 것이다. 무려 여덟 달을 끌고서야 자신들이 내세운 허수아비를 인정한 셈이다. 그 짧지 않은 시간 동안 애가 탔을 왕정위는 조약 체결 전에 두 눈에 눈물이 흐르는 것을 참지 못했다고 그 자리를 함께 했던 사람들은 증언하고 있다. 하지만 조약체결 현장에서 일본인들은 겸손하지만 약간 비굴해 보이는 왕정위의 얼굴만 볼 수 있었을 뿐이다.

왕정위가 일본으로부터 정부승인을 받고 감격하던 그날, 멀리 중경의 국민당 정부 또한 즉시 현상금 10만 법폐(法幣, 당시 중국의 화폐)를 건다는 명령을 하달하고 특무(特務)나 주민들에게 왕정위를 체포해 법정에 세울 것을 촉구한다. 일본의 괴뢰정권인 왕정위 정부가 손문의 적통을 계승했다고 강변하면서 장개석의 국민정부와 대립하기 시작하자, 이제 겉만 비슷하고 속이 전혀 다른 명목상 두 개의 '민국'이 들어선 셈이었다.

125km 정도 되는 오송강(吳淞江)은 태호(太湖)라는 호수에서 발원한다. 상해를 지나는 부분을 소주하(蘇州河)라고 부르는데, 태평양전쟁 발발 전, 소주하의 남쪽은 공공조계로서 영국과 프랑스가 관리했고, 북쪽은 일본군의 점령지역이었다. 소주하와 황포강이 교차하는 곳에 외백도교(外白渡橋)라는 다리가 있는데, 이 다리가 전혀 다른 두 진영을 연결해 주고 있었다. 당시 상해사람들에게 아주 그럴듯한 말이 돌고 있었다. "매국노들이 강을 건너 내려오네!" 하지만 강을 건너 내려오는 사람들은 소주하를 건너 일본으로 투항하는 매국노뿐만 아니었다. 일본의 제국주의 침략이 전성기에 도달한 것처럼 보였는지, 아니면 일본의 패배란 상상할 수 없었는지, 앞길이 막막하다고 생각하는 일부 국민당 인사들과 국민당 군대도 왕정위 집단의 매수와 회유에 넘어와 매국노 집단에 속속 가세하였다. 적어도 당시 그들에게는 장개석의 국민당이 가망 없어 보였던 것이다. 이렇게 막을 올린 왕정위 정부의 기세는 일시적이지만 불꽃이 꺼지기 전 반짝하듯이 크게 타올랐다. 항복을 유도하고 배반자들을 받아들인 결과, 왕정위 정부는 정식성립 전부터 60만 대군에 이르렀다가, 1938년엔 70만으로, 다시 100만까지 늘

어났는데 이때가 전성기였다.

그리고 왕정위 정권의 특공총본부 76호의 규모도 날로 커져 왕정위의 암살기도는 갈수록 성공하기 어려워졌다. 그래서 국민당의 군통은 다른 방법을 모색하게 되는데, 그것은 앞에서 언급했듯이 왕정위 정권이 사람들을 대거 끌어들이는 틈을 타 일단의 특무들을 가짜로 투항, 왕정위 정권에 침투시키는 것이었다. 대성병은 그중에 한 명이었다.

2. 처절한 항일투쟁

1) 대성병의 왕정위 암살시도

대성병(戴星炳: 따이싱삥)은 호남(湖南) 상담현(湘潭縣) 사람이며 국민당 제4전구(戰區)의 고등참모를 지낸 인물이다. 76호와 일본헌병들이 왕정위를 철통같이 보호하고 있었으므로, 밖에서 그를 저격할 기회는 갈수록 멀어지자, 하노이 저격실패로 절치부심하던 군통국장 대립(戴笠)은 이리저리 궁리 끝에 발상의 각도를 바꿔보기로 한다. 그러니까 아예 왕정위 정부에 들어가 일할 수 있는 사람을 물색해 왕정위 가까이에 심어보자는 것.

군통 특무 명단을 보며 고심하던 대립은 한 인물을 찍는다. 그 인물이 바로 대성병이었다. 한글 발음으로 이름이 좀 그렇긴 하지만…. 대립은 약 10년 전 그와 왕정위와의 인연을 떠올린 것이다. 이 인연을 설명하기 위해선 1927년 당시로 잠시 돌아가 국민당 내의 권력투쟁이 어떻게 전개되었는지를 이해할 필요가 있겠다.

1927년, 그해는 국민당 대분열의 한 해였다. 4월 12일에 장개석은 당을 깨끗하게 한다는 이른바 청당(淸黨)을 내세워 노동조합과 공산당을 학살하는 '4·12정변'을 일으킨다. 한편 7월 15일, 이번엔 무한(武漢)으로 옮겨가 장개석과 대치하던 무한(武漢) 국민정부의 왕정위가 다시 정변을 일으켜 공산당과의 결별 결의를 하고 대거 검거와 학살을 시작한다. 이로써 1924년에 시작한 제1차 국공합작이 완전히 결렬되고 만다. 이렇게 당내에서 합작하던 공산당과는 물론, 주도권을 놓고 쟁탈하던 장개석 계열과 왕정위 계열도 갈라서는 형국이 펼쳐진다.

이듬해인 1928년 2월 2일, 우여곡절 끝에 함께 국민당 2기4중전회(二屆四中全會)를 치렀지만, 왕정위 일파의 당권쟁취는 결국 실패했다. 5월이 되자 왕정위 최측근이자 국민당 중앙집행위원 진공박(陳公博: 천꽁뽀)과 고맹여(顧孟余: 꾸멍위) 등은 혁명동지를 모아 국민당 강령을 새로 만들어 국민당을 개조해야 한다고 주장하며 상해에 '중국국민당개조동지회' 총본부를 설립한다. 왕정위를 영수로, 진공박이 총책임자로 나서면서 손문이 국민당을 개조하던 혁명정신을 회복해 농민·노동자·소시민의 연맹정당으로 개조돼야 한다는 기치를 내걸었다. 그래서 이들을 '개조파'라고 부른다. 그리고 한편으론 군대를 일으켜 장개석을 토벌해야 한다고 나섰으나 모두 실패한다. 한편 왕정위는 북경으로 가 국민당 중앙당부 확대회의를 소집, 새로운 국민정부 성립을 선포하는 등 온 힘을 쏟았음에도, 결국 무력의 부족으로 무너진다. 이렇게 개조파는 정치세력화를 시도했지만, 1931년 왕정위에 의해 명목상 해산되었고, 1937년 중일전쟁이 터지자 왕정위가 일본에 투항하면서 정식으로 와해되었다.

개조파의 명단을 보면 진공박을 필두로 왕정위의 아내인 진벽군(陳璧君: 천삐쥔)·저민의(褚民誼: 추민이)·진춘포(陳春圃: 천춘푸) 등 훗날 왕정위 정부에 합류해 고관을 지낼 자들이 대거 포함되어 있다. 그러므로 국민당 내 왕정위를 지지하는 세력, 혹은 훗날 친일매국노가 될 집단은 10여 년 전부터 공고히 자리 잡고 있었던 셈이다. 그런데 바로 그 개조파에 대성병도 한동안 참여하고 있었던 것이다. 그래서 위에서 언급한, 대립이 왕정위를 암살할 수 있는 인물을 물색할 때, 반(反)장개석 그룹에 참여했던 배경이 있어 왕정위 측에게 호감을 살만한 그를 가장 먼저 점찍었던 것이다.

이러한 배경의 대성병은 일찌감치 1939년에 왕정위 정권 속으로 순조롭게 들어갈 수 있었다. 하지만 반년이 지나도록 왕정위의 신임을 얻지 못해 중용이 안 되자, 암살시도 기회조차 없는 게 문제였다. 아니 그보다는 왕정위에게 가까이 접근할 기회 자체가 없었다는 게 정확했다. 심사숙고 끝에 대성병은 계책을 하나 생각해낸다. 당시 일본침략군이 광동(廣東)의 일부는 점령하고 있었지만, 나머지 대부분의 광동지역은 여전히 광동지역 군벌들이 장악하고 있었다. 그래서 대성병은 광동에 가서 아직 세력이 남아 있는 지역의 장군들과 실력자들을 만나 왕정위를 지지하도록 설득하겠노라고 제안한다. 하지만 말이 좋아 지지설득이지 이미 일본의 괴뢰가 된 왕정위를 지지하는 것은 일본에 항복하는 것과 다를 바 없지 않은가.

그런데 그 말에 왕정위가 솔깃했다. 원래 왕정위가 중경을 떠나 운남으로 가서 용운을 만날 때만 해도 남의 나라인 월남 하노이로 가기 보다는 제3지역, 즉 국민당 통치지역이 아니고 일본점령도 아닌 곳에 장개석에 반대하는 지역 실력자들을 모아 정부를 세우고 나서 일본과 평화협상을 진행하겠다는 구상도 있지 않았던가. 그래서 대상으로 꼽은 사람이 당시 광동 제4전구 사령관 장발규(張發奎: 장파fa퀘이)였으며, 왕정위는 광동성 주석 이한혼(李漢魂: 리한훈)과도 관계가 매우 좋았다. 그들은 반(反)장개석을 표방하고 한때 왕정위의 행동을 지지한다는 의사를 밝힌 적도 있었다. 하지만 왕정위가 일본에 투항한 뒤로는 전국에서 일제히 왕정위를 성토하는 분위기였으므로 그들 또한 침묵을 지킬 수밖에 없었다. 바로 이때 대성병이 나서서 그들을 설득해보겠노라고 하니 왕정위 측에서는 매우 기뻐할 수밖에.

이 사건에 대해 왕정위 정부의 국민당중앙사회부 부부장이었던 왕만운(汪曼雲: 왕만윈)은 회고록에서 다음과 같이 회고하고 있다. "왕정위는 이를 사실로 믿고 대성병을 제4전구 사령부가 있는 광동 소관(韶關)으로 파견했다. 대성병은 소관에 도착하자마자 즉시 대립에게 비밀보고를 하는 동시에 장발규 등을 찾아가 왕정위의 비밀서한을 보여주고, 기회를 봐서 왕정위 정부에게 투항하겠다는 말이 담긴 회신을 받아냈다. 왕정위는 장발규와 이한혼 등의 회신을 받고 크게 기뻐하였다. 그는 대성병에게 훗날 남경으로 환도하게 되면 중책을 맡기겠다고 약속하였다."

그런데 왕정위가 한순간 감정이 폭발해 일을 그르치는 미성숙함에다, 순진하고 선한 서생의 티를 못 벗은 어리숙한 면모가 있는 위인이라 할지라도, 그래도 판단이 안 설까. 당권과 당의 노선을 놓고 장개석과 등을 졌다하더라도 그건 당내에서의 둘의 다툼이고, 왕정위는 이제 외적 품에 안긴 한간이다. 그리고 장발규와 이한혼이 누구인가? 결과적으로 둘 다 항전시기에 중국군을 이끌고 일본에 저항했고, 특히 장발규에게는 애국장군이라는 평가까지 더해져 있지 않은가. 당연히 가짜로 의심하고 진위부터 파악했어야 하는 대성병의 편지를 들고 기뻐하는 왕정위는 지금 자신이 어떤 상황에 처해 있는지, 그리고 다른 사람들이 어떻게 자기를 보고 있는지 아주 기본적인 감도 못 잡고 있는, 요즘 말로 '정무감각 제로'인 자질부족 지도자의 모습이 아니고 무엇이겠는가.

광동 출장에서 상해로 돌아온 대성병이 왕정위를 가까이할 기회를 노려보고 있는 차에 중경의 대립은 대립대로 반년이나 성과가 없자 팀을 새로 보강하기로 마음먹는다. 군통 서기장인 오갱서(吳賡恕: 우껑수)에게 열 명의 특무를 끌고 대성병을 따라 상해로 잠입, 왕정위 암살을 성사시키라는 명령을 내리게 된다. 상해로 잠입한 오갱서는 계속 정보수집과 기회포착에 진력하던 중 1940년 연초에 비밀첩보를 받는다. 왕정위가 화북 한간 우두머리인 양홍지(梁鴻志: 량홍즈)와 남경 한간 우두머리인 왕극민(王克敏: 왕커민) 등을 만나 국민정부(國民政府) 조직에 대해 논의하고, 회견이 끝나면 상해로 와서 상해시장 부소암(傅筱庵: 푸Fu샤오안)과 만난다는 것이다. 대성병 역시 여기에 발맞추어 먼저 상해에서 석탄회사 임원으로 있는 친구 허천민(許天民: 쉬티엔민)을 만나러갔다. 허천민은 상해시장 부소암 집에 자주 초대받는 사이였기 때문에 그 인맥을 이용해 부소암을 이쪽으로 끌어들여 왕정위 암살공작에 협조토록 만드는 게 목적이었다.

구체적으로는, 왕정위가 상해에 오면 부소암이 상해시장이라는 신분으로 연회를 베풀고 연회석에 있던 군통 특무가 기회를 봐서 왕정위를 암살한다는 계획이었다. 왕정위 정부 내부의 고위인사를 포섭할 수 있다면 그의 동선과 시간을 파악할 수 있어 성공확률이 높아지는데, 군통의 판단으로는 부소암은 오직 자신의 이익만 생각하는 자인데다가 자신의 출세와 관련해 불평불만이 가득했으므로 공작대상으로 아주 적합한 위인이었다. 아니나 다를까 허천민을 통해 이야기를 들은 부소암은 흔쾌히 동의하면서 군통이 순조롭게 암살계획을 수행할 수 있도록 돕겠다고 큰소리를 쳤다. 하지만 이건 군통의 결정적인 판단착오였다. 계획을 듣고 모든 것을 파악한 부소암은 즉시 왕정위 암살계획을 76호 특공총부에다가 모조리 일러바쳤다. 부소암은 이리저리 재본 뒤 중국에서 일본인들의 세력을 막을 수가 없다고 판단하고 왕정위에게 자신의 모든 것을 맡겼던 것. 또 아까운 엘리트 정보요원들을 개죽음으로 내몰게 생겼다.

76호의 두목인 이사군은 부소암이 가져온 밀고를 접하자마자 즉시 차를 몰아 부소암의 관저로 직접 찾아가 그를 만난다. 이사군은 부소암에게 절대로 들킬만한 행동을 삼가고 계속 군통과 접촉해, 암살 계획의 구체적인 상황파악과 함께 계획에 참여하는 모든 군통 특무들의 명단을 확보하라고 당부한다. 그리고 이사군은 왕정위에게 비밀전문을 띄웠는데, 군통이 상해의 연회에서 왕정위를 암살할 계획을 세웠으며, 킬러는 바로 곁에 잠복해 있는 대성병이라는 내용이었다.

군통에서는 단단히 약속한 부소암의 태도만 믿고 암살 D-데이만 기다리고 있었다. 하지만 곧 왕정위의 상해일정이 취소되었다는 소식이 날아들고 이어서 더욱 나쁜 소식도 날아드는데, 대성병이 체포되고 부소암을 포섭한 허천민도 체포되었으며, 이번 암살계획에 참여한 특무들 거의가 전멸했다는 것이다. 그 과정에서 함께 행동하던 동지 진동생(陳冬生: 천똥셩)의 배신이 컸다고 하는데 그 구체적인 상황은 자료에 나오지 않는다.

76호에 잡혀간 대성병은 3층에 있는 우대실 안에 갇힌다. 76호가 생긴 이래 처음으로 우대실에서 '귀빈'접대를 하는 건데, 그 방에 초대된 귀빈은 일반감방 안에 갇혀있는 사람들과는 당연히 대우가 달랐다. 매일 생선과 고기, 심지어는 과일과 간식까지 제공되었다. 이 같은 대우는 대성병에게 또 다른 기대를 걸었기 때문이다. 이사군과 정묵촌의 속셈은 대성병과의 관계를 통해 군통의 최고위층과 관계를 연결하고, 군통과 협력할 방안까지 강구하려는 것. 이는 물론 대오각성한 것이 아니라 나중에 왕정위라는 보스가 없어지거나 일본패망으로 보호망이 없어질 경우 자신들의 퇴로를 남겨놓기 위함이었다. 기회주의자들은 참 생각도 많고 꼼꼼하기도 하다.

포로의 몸이 된 대성병은 중국식 표현으로 자기 집이 아닌 남의 집 처마 밑에서는 고개를 숙이지 않을 수 없어서 그랬는지, 정묵촌과 이사군의 요구에 따라 중경에 있는 군통에 편지를 보낸다. 76호는 군통과 전쟁을 멈추고 평화를 원하며 앞으로 피차간에 체면을 세워주기로 하고, 군통에서 왕정위를 암살하겠다는 집요한 계획을 포기해 줄 것을 요청한다. 그리고 만약에 대립의 군통이 평화에 동의한다면 대성병에게 차관급에 해당되는 직책을 줄 수 있다고 이사군이 약속하는 내용이었다.

대성병이 편지를 부친 지 일주일 뒤에 군통의 최고위층에서 회신이 오자 정묵촌과 이사군은 상당히 기뻐했고, 심지어 정묵촌은 왕정위에게 가서 공적을 인정받으려고 급하게 서두르기까지 했다. 그때까지 대성병은 우대실에서 줄곧 귀빈대접을 받았지만, 며칠 뒤 곧바로 맥근로(麥根路)와 중산북로(中山北路) 사이에 있는 작은 숲속으로 끌려가 총 한 방에 일생을 마친다. 그날 대성병이 총살당한 곳은 1939년 늦가을 계운경을 저격했던 존슨이 처형당했던 바로 그곳이었다.

왜 그렇게 되었을까? 김산(金山: 진산)이 쓴 『군통사흉(軍統四凶): 스파이왕 대립의 4대 킬러(軍統四凶, 特功王戴笠的四大殺手)』라는 책을 보면 중경에서 보내온 대립의 답장에는 다음과 같이 쓰여 있었다.

"전보 잘 받았음. 교장(장개석)께 보이고 동의를 받은 뒤 요청한 그대로 동의하였음. 중경과 상해가 서로 양해 가능함. 지금 시국이 더욱 어렵고 전쟁도 날로 긴장됨. 적과 우리 쌍방은 서로 기복이 있음. 다만 일본인들이 우리를 멸망시킬 의도가 사라지지 않았으므로 후환이 끝도 없으니, 스스로 알아서 잘 지내고 왕정위와 공존하기 바람. 이전의 모든 계획된 일은 일체 그만둘 것, 앞으로 전신으로 연락을 유지할 것."

(電悉. 請示校長同意後, 同意所請, 渝滬可互相諒解. 目前時局更加艱難, 戰事日益緊張. 敵我雙方, 互有消長. 唯日人滅我之心不死, 後患無窮, 望好自爲之, 與汪共處. 前所計劃之事, 一切作罷. 以後可保持電訊聯系.)

아무 문제없다. 76호가 원하는 대로 중경 측은 평화공존에 동의하며, 동시에 대성병에게 왕정위 암살계획을 포기하고 왕정위와 잘 지낼 것을 이야기하고 있다. 하지만 이사군은 이 편지를 대성병에게 보이고 나서는 즉시 다시 회수하는데, 이상하게도 이 편지 속 몇 글자의 필적이 다른 글자와 달랐기 때문이다. 그래서 유심히 보고 반복해서 그 글자들을 조합하다가 마침내 이 편지에 숨어있는 내용을 발견한다. 필적이 약간 다른 글자를 모으니 다음과 같은 다섯 자가 나왔다. 앞 페이지 하단의 편지 원문에서 밑줄 친 다섯 글자들을 모아 보시라. '加·緊·消·滅·汪(가긴소멸왕)', 즉 긴장을 늦추지 말고 왕정위를 소멸시켜라! 그것은 대성병에게 협력하는 척하며 기회를 봐서 암살하라는 지시였던 것이다. 76호의 보고를 받은 왕정위는 크게 노하여 즉시처형 명령을 내렸고, 결국 대성병은 정묵촌과 이사군의 명령을 받은 76호 요원들에 의해 총살되었다.

위의 대성병 이야기를 읽으면서 중국 최고 첩보기관의 비밀지령 얘기라 재미있었는지 몰라도 부모님께 안 들키려고 쓰는 비밀 연애편지도 이렇게 쓰면 정말 금방 걸린다. 몇 년 전이던가 모 보수단체에서 주최한 '이승만 시 공모전'에서 이승만 찬양 영작 시로 최우수작을 받은 작품의 첫머리 글자를 모으면 'NIGAGARAHAWAII(니가 가라 하와이)'가 되는, 흔히 우리말로 '세로드립'으로 부르는 '애너그램(anagram)' 시가 세간의 화제가 된 적이 있었다. 젊은이의 재치와 풍자로 웃고 넘길 수 있는 일이다. 하지만 당시 중국의 이 이야기는 삶과 죽음이 왔다갔다 하는 첩보전 얘기다. 목숨 걸고 나라를 구하고자 죽음으로 뛰어든 사나이들은 멀리서 내리는 암살지령을 그저 숙명으로 받아들이고 실행하는데, 이렇게 허술하게 작성된 암호 하나 때문에 결국 아까운 자기 사람들을 의미 없는 죽음으로 내모는 경우가 안타깝게도 너무 많았다. 항일투사 대성병은 이렇게 본인의 의사와는 직접 상관없는 이유로 죽임을 당했다.

그런데 여기까지 이야기하다 보니 한 사람을 잊고 있었다. 대립이 대성병과 힘을 합하라고 별도로 보낸 군통 서기장 오갱서말이다. 그는 그럼 어떻게 되었을까? 영화 같은 이야기가 있다.

2) 오갱서의 복수와 죽음

오갱서는 1934년에 군통의 전신인 역행사(力行社) 특무처의 천진구(天津區) 지역장을 지내다 1938년에 군통 상해구 구장에 보임되었다. 그의 부하로 오랫동안 옆을 지켰던 군통의 특무 위계룡(魏桂龍: 웨이꿰이룽)의 오갱서 회고를 간단히 정리해 보면 다음과 같다.

우연한 기회에 면접관으로 온 오갱서는 조국을 위해 희생하고 싶다는 나의 대답을 듣고 나를 군통 특경반(特警班)으로 뽑아 훈련을 시켰다. 훈련반 문 앞에 붙은 '단체는 가정이며, 동지는 수족과 같다. 살아서는 군통국의 사람이 되고 죽어서는 군통국의 혼백이 된다'는 글귀가 생각난다. 나는 그에게 사격술을 배웠다. 부소암의 밀고와 진동생(陳冬生)이 동지를 팔아먹는 바람에 왕정위 암살이 실패로 돌아간 뒤, 며칠 있다가 오갱서는 나에게 작은 상자 하나를 주면서, "자네가 이걸 서애로(西愛路)○○ 번지에 ○○○문패가 붙어 있는 진동생의 집에 전달하고 오시게. 열어보지도, 흔들지도 말고 전달하고 나서 무슨 일이 일어나도 상관말고 속히 귀환하시게."라고 지시하였다. 도착해서 벨을 누르자 진동생이 직접 나와 상자를 받았다. 전해주고 골목을 나와 큰 길에 이르렀을 때 갑자기 큰 폭발음이 났는데, 상자 속에 폭탄이 들어 있었던 것이다.

그때 우리는 프랑스조계에 머물고 있어 비교적 안전했는데, 30분 정도 있다가 사이렌을 울리며 온 차에서 사람들이 내리더니 우리를 향해 총을 쏘았고, 우리도 6~7발을 응사하면서 대치하고 있었다. 그렇게 30분 정도 버티고 있었는데, 한 바탕 연무가 지나가고 난 뒤, 우리는 그대로 정신을 잃었고, 눈을 떠보니 76호에 와 있었다. 그들이 독가스를 살포한 것이다. 그런데 4일 후 왕정위 부인인 진벽군(陳璧君: 천삐쥔)이 남경에서 상해 76호 특공 총부까지 날아와서 오갱서를 만났다. 나도 그 자리에 있었다. 진벽군이 말했다. "우리 남편 왕 선생이 오 선생을 매우 높게 평가하고 중시하고 있어요. 중경정부도 애국애민하는 정부이고, 우리 정부도 애국애민하는 정부예요. 우리는 오 선생이 국민정부 군통국에서 요직에 있었고 업무능력도 대단하시다는 것을 알아요. 그래서 우리 부부는 오 선생이 왕 선생을 따라 옆에 계셨으면 합니다만 어떠세요?" 오갱서는 미소만 지을 뿐 아무 말도 하지 않았다.

우대실에서는 신문을 볼 수 있었는데, 하루는 그가 갑자기 큰 소리로 "눈 안의 가시가 뽑혔군!"하고 소리쳤다. 상해시장 부소암을 말하는 것이었다. 애초에 부소암의 밀고로 왕정위 암살시도가 완전히 날아갔는데, 그 부소암이 암살당했다는 기사가 떴던 것이다. 오갱서는 신문을 보고 미친 듯이 웃었다. "우릴 팔아먹은 진동생과 부소암 모두 죽었으니 이제 나도 가도 되겠다!"

다음날 오갱서는 중요한 걸 알려줄 테니 자기 방으로 와달라는 말을 정묵촌에게 전해달라고 경비원에게 부탁한다. 정묵촌은 본래 국민정부 조사국 처장을 지냈기에 일곱 살 어린 후배 오갱서와는 서로 잘 아는 사이였다. 곧 정묵촌이 와서 침실로 들어가 꽤 오랜 시간 밀담을 나누고 나왔지민 대화내용은 알려지지 않았다. 그 다음날 정묵촌은 군통의 전신인 남의사(藍衣社) 요원이 입던 파란색 장포(長袍)를 가져왔다. 그러고는 다시 오갱서의 침실로 들어가 밀담을 나누었다. 나오면서 정묵촌이 말했다. "우리 76호

인물 중 감히 자네를 죽일 수 있는 사람은 없으니 신중하게 생각하시게." 그날 오후 이발사가 와서 오갱서의 머리를 깎았다. 오갱서는 머리카락을 하얀수건에 잘 싸고는 말했다. "이건 부모님께 돌려드리는 것이야." 금방 '신체발부, 수지부모(身體髮膚, 受之父母)' 구절이 생각나지 않으신지? 『효경(孝經)』에 나오는 말로 뒤에 '불감훼상(不敢毁傷)' 한 구가 더 붙는다. 잘 아시는 대로 내 몸은 모두 부모님에게서 받은 것이니 함부로 상하게 해선 안 된다는 말인데, 소자의 몸을 온전하게 보존하기는 글렀으니 소자의 온전한 머리털이라도 이렇게 돌려드린다는 고별인사를 부모님께 남긴 것이다. 그러고는 옛 남의사 시절의 파란 장포를 입고 침대에 누워 냉수 한 잔을 요구하고 병에 든 것을 입 속에 붓고는 물을 삼켰다. 반시간 지나니 눈·코·입·귀로 피를 쏟으며 혼이 하늘로 돌아갔다.

아마도 정묵촌은 옛 동지이자 후배인 오갱서를 자기 손으로 처형하는 것이 부담스러웠는지, 또 옛 동지에게 처형당하는 굴욕을 주지 않겠다는 배려인지 그 심사는 헤아리기 쉽지 않다. 아마도 오갱서도 스스로 생을 마감할 수 있게 해달라는 부탁을 한 것으로 보인다. 전란이 벌어져서 친구가 동지가, 심지어는 형제가 서로 총부리를 겨누는 장면을 영화에서 보면 누구나 당연히 감독이 우연을 극적장면으로 포장한 상품으로 보지만, 현실에서는 인간의 힘으로 어쩔 수 없는 너무 잔인한 운명의 장난이 너무나 자주 이렇게 벌어진다. 그래서 나는 신을 믿지 않는다.

3) 76호 두 늑대의 갈등과 색계(色戒)

위에서 진록 암살을 얘기할 때, 영화 《색계(色戒)》 대사를 잠깐 소개했는데, 이제 이 영화의 주인공들 이야기를 해보고자 한다.

지금까지 왕정위의 주구(走狗)노릇을 한 76호의 두 인물, 정묵촌과 이사군 얘기가 계속 나왔는데, 정묵촌은 주임이고 이사군은 부주임인데도 중요한 결정에 정묵촌 보다는 이사군 이름이 더 많이 나오는 것이 약간 이상하다고 여기지는 않으셨는지? 애초에 76호 특공본부의 창립을 위해 계획을 세워 제일 먼저 발로 뛰며 작업을 하고 멀리 홍콩에 가 있는 정묵촌을 수장으로 '모셔온' 사람은 이사군이었다. 이사군은 일찍이 중국국민당 중앙위원회 통계조사국의 특무였는데, 위에서 언급한 대로 1938년 여름에 일본에 투항해 국민당의 정보를 수집하기 시작했다. 그는 첩보공작 경험이 비교적 풍부했지만 괴뢰정부의 특수공작 조직을 혼자서 장악하기에는 직급이 현저하게 낮은 게 큰 핸디캡이었다. 그래서 이사군은 특별히 정묵촌을 모셔와 76호에 속된 말로 '얼굴마담'으로 내세우려고 한 것이다. 76호가 성립될 당시에 이전의 경력이나 직급 등 어느 것으로 보아도 이사군은 정묵촌에 비교대상이 되지 못하였다.

정묵촌은 일찍이 대립(戴笠: 따이리)과 같은 직급인 군통 3처 처장을 지낸 바 있었다. 1937년 항일전쟁이 발발하자 그는 군통 2처 처장이었던 대립이 자신을 모함하는 바람에 따돌림 당하고 곧 해직을 당했다고 생각하고 그를 원수로 여기고 있었다. 그래서 이사군이 포섭하자 별 망설임 없이 왕정위 정권으로 투항했고, 1년도 안 되어 왕정위 정부의 특공본부인 76호 '마귀소굴(魔窟)'의 주인이 된 것이다. 그러니까 본래 이사군이 정묵촌을 청해온 뜻은 당신은 그저 폼만 잡고 자리를 지키라는 뜻이었는데, 뜻밖에도 정묵촌이 진짜로 1인자가 돼버린 것이다. 그러므로 자신만의 이익을 따지는 이 둘의 생각이 일치할 수가 없었다. 한 사람은 그래도 내가 수임인데 직속부하가 저렇게 나서서 결정을 하다니…, 또 한 사람은 실업자로 놀고 있는 사람을 불러 이 자리에 올려준 게 누군데, 일은 내가 훨씬 더 많이 하고…. 이렇게 각자 서로에게 불만이 쌓여갔다. 특히 이사군은 76호가 인정받고 새 정권의 든든한 기둥으로 신임을 받게 된 것은 순전히 자기 덕분인데, 76호의 책임자가 자신이 아니라는 것 때문에 시간이 갈수록 평정심을 잃게 된다. 그리고 얼마 지나지 않아 이사군은 이런 상황에 대해 돌파구를 찾기 시작하는데, 결국은 직속상사 정묵촌을 없애버릴 수 있는 기회를 계속 노리고 있었던 것이다.

(1) 정빈여의 가족과 중통

여기 한 젊고 아름다운 여인이 등장한다. 그녀의 이름은 정빈여(鄭蘋如: 정핑루, 1918-1940). 정빈여의 집은 프랑스조계의 만의방(萬宜坊) 88호에 있었는데, 당시 이곳은 상해의 고급주택지로 정부고관과 사회 유명인사들이 많이 살았다. 정빈여의 부친 정월(鄭鉞: 정위에)은 일찍이 일본 법정대학(法政大學. 즉 호세이 대학)에서 유학할 때 손문(孫文)을 따라 혁명에 투신하고 중국동맹회(中國同盟會)에 가입했으니, 국민당 내에서도 원로급에 속하는 인물이었다. 귀국 후에는 상해 복단(復旦)대학 등 몇 개 대학의 교수를 지내다 강소(江蘇)고등법원 제2분원 수석검찰을 지냈다. 하지만 이 시기 일본통치 하의 상해에서 고위직에 있던 정월은 일본이 회유하려는 유력인사 명단에 올라 있었기 때문에, 끊임없이 유혹과 협박을 받는다. 일본 대사관 서기관인 시미즈 토오조오(淸水董三)는 매번 고가의 예물을 들고 와 정월에게 법무장관에 해당하는 사법부장직을 제시했으나 그때마다 정월은 병을 핑계로 완곡하게 사절하였다.

그의 부인은 이름이 기무라 하나코(木村花子)로 일본여자였으며, 일본 나고야 명문가의 규수였다. 그녀는 중국혁명에 매우 찬동하였고, 정월과 결혼한 뒤 중국으로 와서는 이름도 중국식인 정화군(鄭華君: 정화쥔)으로 개명했다. 그들 부부는 2남 3녀를 두었는데 정빈여는 그 중 둘째 딸이다. 중일 혼혈인 정빈여는 어려서부터 총명하고 다른 사람의 뜻을 잘 헤아렸으며, 독립적인 사고와 기품 있는 모습에다 놀랄만한 미모까지 갖추고 있었다. 거기에 어머니에게서 배운 일본어를 유창하게 구사할 줄 알았으므로, 어느 방면으로도 성공할 수 있는 재원이었다.

정빈여는 상해시 북중학(北中學)과 대동중학(大同中學), 그리고 민광중학(民光中學, 명광明光중학으로도 나옴)을 다닌 적이 있었는데, 훗날 76호의 수장이 되는 정묵촌이 민광중학의 교장(일설에는 이사)을 지냈기 때문에 그와 간접적인 인연이 한 차례 있었다.

그녀의 애국심 또한 어려서부터 남달랐는데, 1931년 9·18사변(즉 만주사변)이 났을 때부터 정빈여는 여동생, 남동생과 함께 용돈으로 종이와 인쇄 선전물을 사서 포동(浦東)으로 가 항일을 선전하였다. 또 1932년, 그러니까 중일전쟁이 터지기 5년 전에 이미 일본은 상해를 공격한 적이 있었는데, 한 달여 동안 진행된 이 전쟁에서 일본은 민간지역 폭격 등을 자행하고, 네 차례에 걸쳐 상해 진격을 시도한다. 사상자가 만 명이 넘는 이 전쟁을 발발한 날짜를 따서 '1·28사변'이라고 불렀는데, 날로 전쟁이 확대되던 중 3월 3일, 일본군은 총참모장의 전문(電文) 지시에 따라 정전성명을 발표하고, 국제연맹도 쌍방이 정전할 것을 결의하는 등 분위기가 무르익자 24일 정식 정전회의를 열고 5월 5일 《상해정전협정》을 조인함으로써 막을 내린다. 이때 불과 열네 살의 정빈여는 위문품을 구입, 위문대를 따라 전선으로 가 항일 중국군을 위문하면서 부상병 옷을 빨아주고 얼굴을 씻겨주는 등의 봉사활동을 했다. 또 자기 돈으로 항일전단도 찍어 친구들과 포동일대의 벽에 붙이거나 뿌리고 다녔다. 학창시절의 정빈여는 유도와 연극활동을 했는데, 학교에서는 항일애국문예 동아리를 만들어 자신이 극본을 쓰고 연출한 《항일 여학생 전선에 가다(抗日女生上前線)》라는 제목의 연극을 무대에 올려 친구들에게 찬사를 받는다. 훗날 영화 《색계(色戒)》에서 항일연극으로 항전모금을 하는 장면이 나오는데, 정빈여의 연극반 경험을 반영한 것으로 보인다.

그녀는 아름다운 미모에다가 어머니에게 배운 유창한 일본어 실력까지, 당시 많은 이들의 눈길을 끌어 학교에선 요즘 말로 '얼짱스타'로 유명했다. 그래서 그런지 정빈여는 교내에서 연극활동을 하면서 자연스럽게 한때나마 영화배우를 꿈꿨던 적도 있다. 당시 호접(胡蝶: 후띠에)과 완영옥(阮玲玉: 롼링위) 등 30년대 최고의 여배우에 열광할 때였다. 그리고 상해의 번화가인 남경로(南京路)에 있는 왕개(王開) 사진관에 유명배우들이 자주 와서 사진을 찍었는데, 그때마다 밖에는 소녀들이 줄지어 까치발을 하고 구경하곤 했다. 정빈여도 그 중 한 명이었고…. 대학에 입학한 뒤로는 친구를 통해 당시 무성영화에서 유성영화로 발전하던 시기 유명했던 명성(明星) 영화사에 찾아가 배우를 시켜달라는 청을 할 정도였으나, 이를 안 아버지 정월이 단칼에 무 자르듯 반대하는 바람에 꿈을 접을 수밖에 없었다고 한다.

하지만 왕개 사진관에 걸린 배우들 사진에 매료되어 그녀도 스타포즈를 취하고 사진찍기를 좋아했는데, 일찍이 1934년 11월 17일 『북양화보(北洋畵報)』에 당시 유행하는 옷을 입은 정빈여의 사진이 실린다. 또 왕개 사진관에서 찍은 사진 중 한 장이 사진관 유리창에 붙여지는 바람에 1937년 7월에 나온 『양우화보(良友畵報)』의 표지사진으로 이 사진이 실린다. 하지만 정빈여라는 이름은 등장하지 않고 그저 '정여사'라고만 소개되는데, 그때 정빈여는 아직 정식 중통요원은 아니지만 상당히 선이 닿아있었기 때문이었다. 지금으로서는 정보요원의 얼굴이 이렇게 잡지 표지모델로 나오는 게 타당한가 싶고, 차라리 가명을 쓰지 '정여사'라고만 한 것이 되레 더 이상해 보이지만, 아무튼 이 사진으로 정빈여는 더욱 유명해졌다.

『왕정위 정권의 시작과 끝(汪政權的開場與收場)』의 작가 김웅백(金伯雄: 진슝빠이)은 정빈여에 대해서 다음과 같은 회고를 하고 있다. "만의방(萬宜坊)에는 백여 채가 넘는 가구가 살았는데 나도 한때 거기서 산 적이 있다. 마침 학교 등하굣길 길목에 우리집이 있었던 터라 매일 저녁이면 자전거를 탄 정빈여가 우리집 앞을 지나갔다. 갸름한 얼굴에 눈물이 쏟아질 것 같은 아름다운 눈에 미소를 머금은 표정과 복사꽃 같은 뺨, 확실히 사람들의 마음을 움직이게 할 만한 분위기가 있었다."

'양우화보' 표지인물로 실린 정빈여
중통과 관련 있던 시절 '정여사라는 이름으로 당시 인기 있던 잡지 양우화보(良友畫報)의 표지인물로 실릴 정도로 소위 요즘 말로 '얼짱스타'였다.

전쟁 중에도 정빈여는 일본 친구들을 많이 사귀었는데 그들 중 일본군인, 문관 등 고위층이나 그 자제들이 많았다. 정빈여는 기회만 있으면 그들과 대화를 나눴으며, 일본클럽에 가서 커피를 즐기고 청주를 마시는가 하면 가끔 집으로 초대해 일본노래를 들으며 일본요리를 함께 먹었다. 거기서 취득한 정보는 그때마다 중통에 제공되었다. 점점 사교범위가 넓어지면서 일본 정보책임자들과도 가까워지는데, 특히 일본해군 정보책임자인 오노데라 신(小野寺信)은 총명하고 아름다운 이 아가씨를 자기 통역원으로 쓰고 싶어 했으므로 적지 않은 기밀자료를 넘겨주고 번역을 부탁했다. 또 일본군사정보부 신문검열실에서는 일본군 뉴스방송국의 아나운서로 특별요청하기도. 더욱이 상해주둔 일본군 특무기관장인 카타야마(片山) 대좌는 정빈여를 매우 아꼈다. 중요한 회의나 모임에 정빈여를 옆에 데리고 다니는 것을 좋아했는데, 일본인들도 정빈여를 카타야마의 개인비서로 알고 있을 정도였다. 영화《신세계》대사처럼 그야말로 '딱 스파이하기 좋은 나날'이었다.

여기서 잠깐 정빈여가 중통에 가입하기 직전으로 돌아가서, 정빈여의 개인사를 잠시 보기로 한다. 사실 정빈여에게는 이미 결혼을 약속한 약혼자가 있었다. 본래 1937년 가을쯤 상해항공작전대대의 대장인 왕한훈(王漢勳: 왕한쉰)과 홍콩에 가서 결혼할 계획이었다. 하지만 7월 7일 중일전쟁이 터지면서 모든 게 어긋났다. 8월에 상해에서의 저항전인 송호회전이 폭발하자 정빈여는 가만있을 수 없었다. 다시 모금에 나섰으며, 약혼자 왕한훈의 전우들이 전사했을 땐 일일이 그 유가족을 찾아가 위문품을 전하며 위로하였다.

11월 11일, 항일연극 대본을 쓰고 있던 정빈여는 창밖에서 자기 이름을 부르는 익숙한 목소리를 듣는다. 왕한훈이었다. 밤에 항공작전대대가 서쪽으로 철수하라는 명령을 받아 떠나기 전 얼굴을 보러 온 것이었다. 왕한훈은 품에서 새로 찍은 자신의 전신사진 한 장을 꺼내 건넨다. 사진 뒤에는 '사랑하는 빈여, 기억해줘! 영원히 당신을 사랑하는 한훈'이라고 쓰여 있었다. 그는 약혼녀를 꼭 껴안고 말했다. "일본 귀신놈(鬼子귀자)들을 다 무찌른 뒤 우리 결혼하자!" 그러곤 지프를 타고 사라진다. 당시 중국인들은 서양인을 양귀자(洋鬼子)라는 멸칭으로 불렀는데, 일본인은 '일본 귀자', 혹은 그냥 '귀자(중국어로 꿰이쯔)'라고 불렀다. 둘 다 중국인들에게는 20세기 벽두부터 요란하게 등장한 침략자였기 때문이다. 약혼자와 헤어진 그날 밤은 순국의 운명으로 들어서는 첫 날이었던 셈이다.

그리고 다음날 12일 깊은 밤, 끝까지 버티던 마지막 중국군대는 서쪽으로 철군을 하고 상해는 끝내 함락되고 만다. 그리고 상해의 조계는 '외로운 섬(孤島)' 신세가 돼버리자, 상해의 각종 항일단체들은 지하로 숨어드는 수밖에 없었다. 정빈여의 아버지 정월도 중경과 비밀연락을 취할 수 있는 전신기 하나 들고 대외적으로는 병으로 집에서 요양한다고 말하고 항일공작에 참여하였다. 이때 정월의 오랜 친구로서 국민당 중앙조직부장이자 중통의 실권자인 진과부(陳果夫: 천꾸어푸fu)는 정월을 찾아와 정빈여가 중통 지하 항일조직에 가입하는 일을 논의하고 동의를 얻는다. 친구 딸을 정보조직에 끌어들인 이유야 위에서 본 그대로이다. 일본어 잘하고 일본 고위층과 교류도 많고 일본인의 특색과 습관 등을 잘 아는데다, 여자 공작원이 젊고 예쁘고 배운 것도 많으면 적진에 투입시킬 수 있는 최적의 인선이기 때문이다. 그래서 중통의 상해주재 전문요원인 혜희종(嵇希宗: 지시쫑)이 소개하는 형식으로 중통에 가입해 정식으로 정보요원이 되는 절차를 밟아 나간다. 전쟁 중이라 이런 선택과 결정이 가능했겠지만 무엇보다 본인의 선택이 크게 작용한 것으로 보인다. 새해가 되어 1938년 1월, 진과부는 친척이자 당시 중국국민당 상해시당부 상무위원이자 조사통계국 책임자인 진보화(陳寶驊: 천빠오화)에게 정빈여를 소개한다. 진보화는 다시 상해 프랑스조계 하비로(霞飛路)에 있는 프랑스식 양옥으로 그녀를 데려갔는데, 바로 중통 항일조직의 비밀연락처였다. 이로써 정빈여는 중통의 정식가입 절차를 마치고 곧장 일본 고위층의 사교그룹에 들어가 정보를 수집하라는 명령을 받는다.

1938년 8월 말 토요일 저녁, 상해주재 일본 영사관 잔디밭에서는 이른바 납량(納凉) 무도회가 열렸다. 작은 규모이지만 점령지 상해의 일본정계와 군부고위층이 대부분 모인 자리였다. 정빈여는 하야미 치카시게(早水親重)의 초대로 참석한다. 하야미는 후미마로 수상이 파견한 담판대표의 한명이기도 하지만, 그보다는 상해에 와있는 수상의 아들 고노에 후미다카(近衛文隆)를 보살펴 주라는 특별부탁을 받고 상해에 와있었다.

이때 정빈여는 이미 유명한 일본 사교계의 꽃이었으므로 웬만한 명사들은 그녀와 춤추기를 고대하면서 대기하고 있었고, 정빈여 역시 누군가 춤을 요청하면 기꺼이 함께 춤을 추었다. 그런데 분위기가 무르익을 무렵 하야미는 무심코 기밀사항 하나를 털어 놓는다. 즉 일본이 중경에 극비리에 파견한 밀사가 국민당의 2호 인물과 접촉을 했는데, 그 2호는 이미 일본과 협력하겠노라고 했다는 것이다. 그때는 왕정위가 아직 중경을 탈출하기 전이었으므로, 다음날 아침 정빈여는 급히 왕정위의 배반 가능성을 중경에 보고한다. 하지만 중경 측에서는 이 정보를 받고도 그리 중시하지 않는다. 이때 왕정위에 대해 최소한 가택연금 등의 조치만 취했어도 역사가 달라졌을 테지만, 지나간 얘기가 돼버렸다.

또 그해 12월 초에는 상해의 일본 고위층에게서 다시 믿을만한 정보를 얻는다. 왕정위와 일본인들이 이미 합의를 해 중경을 떠나 일본에게 곧 투항할 준비를 하고 있다는 것이다. 정빈여는 다시 긴급전문을 띄운다. "2호 인물이 이미 일본 측과 결탁하여 며칠 내에 이상행동이 있을 것임. 필히 행동을 취해 저지해야 함." 하지만 이 긴급전문도 중경에서는 별로 염두에 두지 않는다. 하지만 이 전보를 보낸 지 3일 후 왕정위는 갑자기 실종된다. 그리고 연말에 왕정위는 월남 하노이에서 염전을 발표하고 공개적으로 한간이 된 것은 위에서 언급한 그대로이다. 이 내용은 앞으로 이야기할 훗날 정빈여의 정묵촌 암살 미수사건에만 관심이 집중되기 때문에 그에 앞선 정빈여의 정보활동과 그 가치를 재평가한다는 측면에서 소개할만한 의미가 있어 보인다.

『삼국지연의』에서 유비가 '호부무견자(虎父無犬子)'라고 한 말이 생각나시는지? 말 그대로 호랑이 아버지에 개아들 없다는 말로 아버지의 훌륭한 점을 물려받은 아들을 칭찬하는 말이다. 그런데 꼭 그렇지만도 않다는 것은 가끔 매스컴에 오르내리는 부자(父子) 얘기를 보면서 우리는 너무나 잘 알고 있다. 일본수상의 아들 후미다카가 그랬다. 본래 아버지는 아들을 미국으로 보내 공부시켰다. 하지만 거기서 먹고 마시고 노는 데만 정신이 팔리자 할 수 없이 다시 데려왔다가 일본인이 1900년에 세운 상해 동아동문서원(東亞同文書院)에 집어넣고, 졸업생 하나를 딸려 보내 생활을 보살펴 주도록 했다. 하지만 점령지 중국에 와서는 옛날 버릇이 더 심해졌다. 도박에 경마에 매춘까지…. 그러다 보니 상해주둔 일본군에게는 수상 아들이 공부를 열심히 하든 안 하든 별무관심이었고, 단지 사고 쳐서 위험에 빠지는 상황만 없기를 바랐다. 특히 수상에게 특별부탁을 받은 하야미는 속이 더 탈 수밖에. 이 생각 저 생각 끝에 정빈여를 떠올리고 수상 아들을 잘 보살펴 달라고 부탁하기에 이른다.

(2) 일본수상 아들 납치작전

1938년 늦가을, 상해 일본영사관 주최의 일중(日中)평화친선 모임자리에 정빈여도 통역 겸 하객으로 참석했는데, 이 자리에서 일본수상 아드님을 소개받는다. 수상 아들 후미다카는 금방 정빈여에게 빠져버린다. 매일같이 전화를 걸어 만나자고 매달렸고, 착실하게 응대해준 정빈여를 마치 약혼녀처럼 대하기 시작했다. 이 못난 아들은 수시로 자기가 들은 얘기나 중요한 소식을 전혀 거르지 않고 여자 친구에게 다 얘기했으므로. 정빈여 입장에선 생각지도 못한 정보덩어리가 넝쿨째 굴러 들어온 거나 다름없었다. 1938년 12월 초에 정빈여는 중통 본부에서 온 비밀전문을 받는다. 지금 친분이 있는 일본수상 아들 후미다카를 납치하라는 명령이었다. 당시 중국은 상해 남경을 포함한 화동지역 거의 전체가 일본군의 손아귀에 떨어진 상태였으므로 수상 아들을 납치해 일본군 철수협상에 이용하려던 참이었다.

어느 주말 오후, 정빈여는 후미다카를 파나마 나이트로 데려가 온갖 달콤한 얘기를 하면서 흠뻑 취하게 만들었다. 그러곤 호텔 객실로 끌고 가 눕혀 놓는다. 이제 중통요원이 데려가기만 하면 된다. 그런데 정빈여의 사냥감을 손에 넣었다는 뜻의 두 글자 '득수(得手)'를 전문으로 받은 중통본부의 회답은 '놔줘라(放人)'였다.

본부가 판단하기에 수상 아들 납치로 목적을 달성하기도 힘들고, 오히려 일본군이 상해에서 대대적인 수색과 함께 남경에서처럼 대량살육이 벌어지는 사태를 우려한 것이다. 같은 시각 수상 아들의 실종정보를 접한 일본 헌병대는 초비상이 걸려 상해의 모든 교통요지를 봉쇄하고, 특공까지 총동원해 조계지역을 샅샅이 뒤지고 있었다. 하지만 다음날 후미다카와 정빈여가 나란히 손잡고 나타나자, 둘이 호텔에서 하룻밤을 보낸, 그래서 단순 소동으로 끝난다.

(3) 정묵촌과의 만남

이와 비슷한 시기에 정빈여는 중통으로부터 모든 방법을 동원해 정묵촌을 암살하라는 지령을 받는다. 정빈여는 정묵촌의 행동이나 기호, 성격 등을 파악하기 시작했지만 그렇게 애쓸 필요는 없었다. 이런저런 사교장소에서 정묵촌은 이미 정빈여를 눈여겨보고 있었기 때문이다. 기회는 금방 찾아왔다.

5월 말의 어느 날, 상해 주재 일본영사관에서는 또 '일중친선과 동아시아 공영'을 위한 사교모임이 열렸고, 곧 만찬으로 이어졌다. 정빈여는 귀빈실로 모셔졌고, 이 자리에서 정묵촌 등 특무수장들과의 인사와 함께 건배 한 잔이 돌아간 뒤, 정묵촌은 눈에 띄게 정빈여에게 호감을 표시하며 접근해 왔다. 그리고 지금도 상투적이지만 효과만점인 익숙한 장면으로 이어진다. 집까지 바래다주겠다고 나선 것. 그러고는 하비로(霞飛路)의 커피숍으로 데려갔다. 대화 중 옛날 민광중학교의 교장으로, 학생으로 함께 했던 시절 얘기가 나오자 두 사람은 십년지기처럼 금세 가까워진다. 그 다음부터는 무도회 커피숍 레스토랑으로 줄줄이 만남이 이어졌다. 얼마 안 가서 곧 정빈여 같은 고귀한 성품의 아가씨가 76호의 수장 정묵촌과 사귀는 사이라는 소문이 퍼졌고, 정묵촌 역시 이렇게 빼어난 여자와의 교제에 대해 매우 흡족해 했다. 정빈여에게 옛날 네가 중학교에 다닐 때 난 교장이었지만, 지금은 76호 특공본부의 제일 높은 의자에 앉아있다고 의기양양하게 말하면서 젊은 여제자의 환심을 사기위해 노력한다.

하지만 그러면서도 정보부 수장답게 정묵촌은 매우 신중했다. 정빈여와 만나는 장소는 보안이 철저한 곳으로, 일반인은 출입할 수 없어서 정빈여 입장에선 행동에 돌입할 기회도 중통과 연락하기도 매우 힘들었다. 한번은 파나마 나이트에 가기로 하고 결국 간 곳은 대화(大華) 나이트였으며, 둘이 함께 차를 타고 가다가 정묵촌이 좋아하는 커피숍으로 갔는데 문 앞에 도착해서는 다른 곳으로 가자고 기사에게 지시하였다. 방금 문 앞에 수상해 보이는 사내가 있었다는 이유에서였다. 나름 직업적 습관이 철저한 정보부 수장이라 좀처럼 기회를 잡기 힘들었던 중통은 논의 끝에 매우 위험하지만, 정빈여를 집 앞까지 바래다줄 때 해치우기로 한다.

1939년 8월 14일, 다시 정묵촌과의 데이트가 잡히자 정빈여는 중통과 연락해 집 앞에 요원을 잠복시킨다. 그날 밤 10시 정도에 갑자기 바람이 불면서 소나기가 내리기 시작했는데, 어떤 면에서는 잠복하기 딱 좋은 날이었다. 정묵촌의 차는 평소처럼 정빈여 집 앞 골목에 섰다. 차에서 내리면서 정빈여는 오늘 마침 집에 아무도 없으니 잠시 차라도 한 잔 하시겠냐고 말을 건넨다. '라면 먹고 갈래?'의 80년 전 버전인 셈인데, 정묵촌으로서는 드디어 고대하던 기회가 온 셈이었다. 그럴까? 하던 차에 차창 너머로 검은 그림자 몇 개가 다가오는 모습이 정묵촌 눈에 들어왔고, 동시에 정묵촌은 기사에게 빨리 시동 걸라고 소리쳤다.

굉음과 함께 순식간에 사라지는 차를 보며 정빈여는 망연해 했고, 멍청한 중통요원들도 빗속으로 멀어지는 승용차 뒤꽁무니만 멍하니 바라볼 수밖에 없었다. 이 상황은 영화《색계》에서 아마추어 친구들이 집 안에서 잠복해 있다가 정묵촌(영화에선 이易선생)이 문 앞에서 그냥 돌아가는 바람에 실패하는 장면으로 각색되었다. 그런데 영화 속 그 친구들이나 실제 중통요원의 아마추어 같은 실패나 그리 달라 보이지 않는다. 결과론이지만 중통과 군통의 이해하기 힘든 아마추어 같은 미숙함으로 얼마나 많은 항일투사들을 개죽음으로 내몰았는지 모른다. 그래서 이 장면은 두고두고 아쉬운 장면이 아닐 수 없다.

정묵촌은 키가 오척 단신인데다가 외모도 빼어나지 않았으므로 사람들은 그를 '정 새끼귀신'이라고 불렀다. 김웅백도 정묵촌을 이렇게 묘사하고 있다. "그는 호색한 아귀로서 삐쩍 말라 병골이라 바람에도 쓰러질 듯 약하고 폐병은 이미 3기가 되었다. 하지만 정력약은 여전히 그의 몸에서 떠나지 않는 보물이었다."

두 사람의 수수께끼 같은 왕래에 대해 사람들은 가지각색의 추측을 했지만, 정빈여는 확실히 정묵촌을 가까이 하고 있었으며, 사람들의 입방아엔 개의치 않고 마음 속 깊이 품고 있던 대담한 계획을 실행할 기회를 보는 중이었다. 정묵촌은 자신이 정빈여와 교제하는 것이 극히 비밀스럽다고 생각했지만, 자신과 정빈여를 암중 주시하는 두 눈이 있다는 사실을 조금도 알아차리지 못했다. 정보부의 수장으로서는 낙제점이었다. 처음부터 끝까지 암중 주시하고 있던 사람은 바로 76호 마굴(魔窟)의 2인자인 이사군이었기 때문이다.

(4) 모피가게의 총성

76호 특공본부에서의 이사군과 정묵촌의 관계는 지극히 미묘한 긴장에서 시작해 점차 적대적인 관계로 나아가고 있었다. 76호에서 자신의 위치를 확보하기 위해 이사군은 줄곧 정묵촌을 모시는 부하들을 자기편으로 끌어들여 그의 비밀행동을 감시토록 적절히 배치해 두고 있었다. 정묵촌과 정빈여의 애매한 관계를 손바닥 보듯 훤히 뚫고 있었던 건 이사군이 매우 중요한 정보를 쥐고 있었기 때문이다. 그리고 이 정보는 또한 이사군이 정묵촌보다 한발 앞서, 베일에 가려진 중통(中統) 특무를 잡았기 때문에 장악할 수 있었던 정보였다.

1939년 연말 국제도시인 상해는 기이하게도 노래하고 춤추는 매우 기형적인 태평시기를 구가하고 있었다. 밖에서는 전쟁이 교착상태에 빠져 있었지만, 크리스마스는 여전히 요란했다. 한겨울의 추위도 시민들의 연말분위기를 깰 수 없어서 남경로(南京路)·복주로(福州路)·광동로(廣東路)등 공동 조계지역의 번화가는 저녁은 물론 밤늦도록 인산인해를 이뤘다. 이보다 앞서 12월 초, 광동로의 조용한 작은 골목 안에 한참을 잠복해있던 76호 요원들이 갑자기 길가는 남자 한 명을 습격한다. 미처 어떠한 반격도 못한 이 남자는 머리에 천을 뒤집어쓰고 차 안으로 끌려들어갔다. 76호 특공총부에 납치된 사람은 장서경(張瑞京: 장뤠이징)이라는 인물이었는데, 당시 비밀신분은 중통 상해지역 부책임자(부부장)였다. 장서경이 체포된 뒤 이사군에게 자기가 알고 있는 중통 특무들의 윗선 아랫선을 모조리 불기 시작했는데, 그 명단 속에 정빈여가 있었던 것이었다.

정묵촌은 천성적으로 의심이 많아 매순간 마치 놀란 새처럼 주위를 살피며 일상을 보내고 있었다. 정묵촌과 이사군의 침실 겸 사무실은 76호 동쪽 건물 2층에 있었다. 방 안에 침대를 놓아두긴 했지만 정묵촌은 사방에 방탄철판을 장치해 놓은 목욕탕에서 매일 밤을 보냈다. 그는 자기 전에 종려나무 잎을 욕조 위에 펴놓고 잠을 잤으며, 다음날 일어나서는 본래대로 돌려놓았다. 이렇게 경계심이 많은 사람의 치명적인 약점인 여색을 탐하는 버릇에 대해 이사군은 속속들이 알고 있었다. 이사군은 이 시각에 정묵촌이 정빈여와 무도장에서 춤을 추고 있으리라는 것을 확신하고 있었는데, 이는 심문실에서 장서경(張瑞京) 부부장이 암살의 모든 계획을 줄줄이 이사군에게 털어 놓고 있었기 때문이다.

이사군은 계속해서 정묵촌의 일거수일투족을 보고 있었지만, 한편에선 이에 대해 아무것도 모르는 중통 특무 혜희종이 정빈여와 함께 정묵촌 암살계획을 짜는 한편 '한간제거(鋤奸서간)행동소조'를 결성하고 진빈(陳彬: 천삔)의 지휘 하에 움직이고 있었다. 1939년 연말 크리스마스 며칠 전, 마침내 정빈여는 행동에 들어갔다.

1939년 12월 21일, 일본 특무기관인 매기관(梅機關)의 기관장인 카게사 사다아키(影佐禎昭)가 홍구(虹口)에 있는 월매가 요릿집에서 76호의 고위요원들을 초청해 연회를 베풀었다. 연회장으로 막 출발하려고 할 때 정묵촌은 정빈여에게서 걸려온 전화를 받는데, 전화기 속에서 정빈여는 정묵촌에게 새해선물을 달라고 조르고 있었다. 정묵촌은 즉시 흔쾌히 승낙하고 재빨리 머리를 굴려본다. 적들의 모든 암살시도 가능성을 계산해 보고는 결국 정빈여와 차를 함께 타고 정안사로(靜安寺路)에 있는 시베리아 모피가게로 간다. 이 장면은 《색계》 영화에선 보석가게에서 6캐럿의 분홍색 다이아몬드 반지를 사주는 장면으로 연출되었다.

시베리아 모피가게의 본점은 정안사로 1122-1174호에 있었고, 길 맞은편의 1151호는 그 분점이었다. 시베리아 모피가게는 상해에서 제일 큰 외국교포 가게 중 하나로, 원료는 모두 시베리아에서 직접 구매해 국내로 운반한 뒤 특수 냉방장치가 돼 있는 별도 방에 보관했는데 당시 그 가게에서 판매하는 모피는 고가품인데다 귀해서 시쳇말로 '잘 나가는' 여자들이 몹시 탐을 냈다. 그래서 정빈여가 지금 유행하는 모피코트를 새해선물로 사달라고 한 것은 신분에 맞는 그럴듯한 요구였다. 더욱 더 중요한 것은 시베리아 모피가게가 있는 정안사로는 변화한 곳이라 사람도 많았으므로, 사람이 많은 곳이 가장 안전한 곳이라는 걸 상해를 속속들이 파악하고 있는 정묵촌은 잘 알고 있었기에 흔쾌히 OK했던 것이다. 하지만 중통 입장에서도 이 모피가게는 같은 이유로 암살하기 좋은 곳이었다. 가게 주변으로 도로가 사통팔달로 뚫려 있어 저격 후 몸을 피하거나 도망가기 좋은 곳이었기 때문이다.

  12월 21일 저녁 6시 경, 제스필드 로드로 가던 까만색 승용차는 남쪽으로 달리다 동쪽으로, 그리고 다시 정안사로를 따라서 협덕록 소사도로를 지나 곧장 서마로로 갔다. 그 뒤에 발생한 모든 일은 매우 긴장되고도 혼란스러웠다. 당시 신문을 보면 정묵촌과 정빈여가 차에서 내려 시베리아 모피가게로 들어갔는데, 바로 그때 노련한 정묵촌이 갑자기 몸을 돌려 도망갔으며, 그가 문을 나서자마자 거의 동시에 날카로운 총성이 울렸다고 보도하고 있다. 훗날 가장 믿을만한 중통의 당안자료가 전하는 좀 더 상세한 당시 상황을 보면 다음과 같다.

  상점에 들어간 지 얼마 안 되어 정묵촌은 상점 분위기가 좀 이상하다는 점을 금방 눈치 채고, "자기가 골라봐."라고 하면서 정빈여 손에 지폐 뭉치를 쥐어주고는 모피코트를 자신의 지인 반삼성(潘三省) 집으로 보내달라고 하고, 재빨리 모피가게를 빠져나와 길에 세워둔 차로 뛰어들었다. 그러자 가게 주변에서 매복하고 있던 중통요원들이 상해 책임자 진빈(陳彬: 천삔)의 지휘 아래 일제히 튀어나와 차를 향해 총을 발사했다. 총알은 모두 차량유리에 맞았지만, 그 차는 방탄차량이었다.

정묵촌은 도망가면서 이 자식아, 이거 방탄유리야! 라고 소리쳤을까? 아무튼 이렇게 또 좋은 기회를 놓치고 말았다. 이제 정빈여는 어떻게 해야 하나?

(5) 체포와 순국

며칠 뒤《신보》등 상해의 신문들은 진상이 밝혀지지 않은 이 총격사건을 일제히 보도하고 있었지만, 내용은 여자 친구와 함께 있던 마굴(魔窟)의 두목 정묵촌이 요행히 모피가게를 뛰쳐나와 검은색 방탄 자동차로 나르듯 뛰어들어 암살을 모면했다는 식의 피상적인 목격담 정도였다.

정묵촌이 모피가게에서 피격을 피해 달아난 뒤 가장 먼저 의심을 받은 사람은 당연히 정빈여였다. 정묵촌은 즉시 부하들에게 상해를 뒤져서 정빈여를 체포하라고 지시한다. 하지만 그의 예상과는 전혀 달리 이때 정빈여가 스스로 전화를 걸어와 총격을 당한 것에 대해 의외라고 말하며 미안하다고 한다. 그리고는 다시 한번 만나고 싶다고 하는데, 여자의 이런 애교에 정묵촌은 다시 혼돈에 빠진다. 정빈여의 속마음을 잘 헤아리지는 못한 탓일까. 아무튼 정묵촌은 그녀를 다시 만나 직접 해명을 듣기로 한다. 이렇게 정빈여가 다시 정묵촌 앞에 스스로 나타나겠다고 한 것은 물론 자신의 의지도 강했지만 사실 조직의 논의를 거쳐 나온 결정이었다. 하지만 지금 생각해봐도 이 결정은 도저히 이해가 되지 않는다. 주어진 임무완수를 위해 다시 한번 모험을 걸게 되지만, 결국 또 아까운 공작원 하나를 사지로 밀어 넣은 꼴이 되고 만다.

정빈여는 정묵촌과 약속한 시간보다 더 빨리 약속장소로 왔는데, 이는 여자가 일찍 나와 있으면 남자는 우월감에 좋아한다는 걸 알고 있었던 터.

하지만 여자보다 남자가 더 빨리 나와 있었다. 그런데 그 남자는 정묵촌이 아니었고 꽃다발이 아닌 차가운 권총으로 정빈여를 맞이했다. 그리고 곧장 그녀를 '살아나오는 것은 불가능하고 그렇다고 죽을 수도 없는 곳', 76호로 끌고 갔다.

원래 시베리아 모피가게의 총격현장에는 이사군의 부하가 와 있었으며, 그들은 중통 특무들보다도 먼저 와 있었다. 그들이 정묵촌과 중통 특무들의 총격전을 그냥 두고 본 까닭은 정묵촌이 총에 맞아 전신에 피를 흘리며 그대로 죽어가는 꼴을 이사군이 간절히 보고 싶어 했기 때문이라는 말도 있다. 정묵촌은 아주 운이 좋아 저격에서 벗어날 수 있었지만, 이사군의 일격은 전혀 예상하지 못했다. 이사군은 일찌감치 정묵촌의 전화를 모조리 도청하고 있었고, 그래서 이사군의 부하들이 정묵촌보다 먼저 정빈여를 자신의 손아귀에 넣을 수 있었던 것이다. 그래서 정묵촌은 더 이상 정빈여와의 왕래를 숨길 수 없게 된다.

정빈여의 76호 연행에 대해선 또 전혀 다른 이야기도 전해지고 있다. 즉 이사군의 부하에 의해서가 아니라, 나이트 클럽에서 정묵촌을 만나기로 한 정빈여가 예쁘게 화장을 하고 짙은 파라색 원피스와 까만 하이힐에 빨간 외투를 걸치고 골목 밖으로 나오자 이미 정묵촌의 차가 대기하고 있었다. 차에 올라타 보니 뒷좌석엔 이미 요염하게 차려입은 아가씨 둘이 앉아 있었고, 약속한 호서 나이트까지 동행한다. 안으로 들어가서는 늘 그랬던 것처럼 정묵촌과 춤을 추었다. 중간중간 화장실로 가 숨겨온 권총도 확인하는 등 틈틈이 기회를 엿보지만 그때마다 함께 온 아가씨 둘이 계속 친절한 미소를 띠며 따라붙어 감시한다. 결국 정묵촌 암살기회를 잡는 것은 불가능했을 뿐만 아니라, 오히려 클럽을 나와 다시 정묵촌의 차를 탔을 때엔 이미 모든 것이 끝난 상황이었다. 그 길로 승용차는 억정반로(憶定盤路) 37호에 있는 '평화군 제4로군 사령부'에 도착했고, 열흘 후 정빈여는 다시 76호로 압송된다.

여기까지가 지금까지 전해지는 정빈여의 체포과정 두 가지인데 결과는 똑같다. 정빈여는 처음에는 괜찮은 대접을 받으며 가족과의 안부전화도 허용되었지만, 결국 온갖 고문에 시달리게 된다. 하지만 정빈여는 끝까지 이사군이 원하는 것을 실토하지 않는다. 정묵촌이 자기를 버렸기 때문에 그저 복수하려고 했을 뿐인 치정사건이라고 버틴 것. 그래서 진빈 등 바깥의 조직에 대해서는 일체 불지 않아 안전할 수 있었다.

또 이런 얘기가 전한다. 왕정위 정부의 3호 한간이라 불리는 주불해(周佛海)의 부인 양숙혜(楊淑慧: 량수훼이)가 왕정부 요인의 부인들과 점심 먹는 자리에서 이런저런 얘기를 나누다가 76호에 감금돼 있는 정빈여 얘기가 나왔고, 호기심이 발동한 매국노의 부인들이 감옥으로 정빈여를 구경하러 간다. 거기서 정빈여의 미모를 본 부인들은 저런 여우같은 계집은 혼내주어야 한다며 정빈여를 끌어내 형틀 위에 엎어놓고 손발을 묶은 뒤, 세 겹으로 된 가죽채찍으로 내리치기 시작한다. 잠시나마 남편을 뺏겨 분을 못 참은 정묵촌의 아내 조혜민(趙慧敏: 자오훼이민)과 흑사회 출신으로 76호 내 가장 흉포한 행동대장 오사보(吳四寶: 우쓰빠오)의 아내 사애진(余愛珍: 서아이전)이 제일 앞장섰다. 얼굴은 표가 나면 안 되니 건들지 않고, 엉덩이와 허벅지에 채찍질을 가해 피와 살이 튀고 선혈이 형틀 아래로 흥건하게 고였다. 주불해는 자기 아내 등이 저지른 소행을 듣고 당분간 정빈여를 심문하지 말라는 명령을 내렸을 정도였다.

한편 이 사건으로 기세등등해진 이사군 앞에서 제대로 기를 펼 수 없게 된 정묵촌은 곧 침묵모드로 들어갔다. 그런데 이 침묵은 정빈여에게서 마지막 생존 기회조차 철저하게 앗아가고 만다.

 1940년 2월 7일, 상해는 여느 해라면 들려왔을 봄소식은커녕 냉기만이 길거리의 살벌함을 더하고 있었다. 우리의 음력설에 해당하는 춘절 바로 전날, 76호 특공들은 정빈여에게 곧 좋은 곳으로 데려다 줄 테니 예쁘게 꾸미라고 하였다. 다음날 새벽, 조금씩 희미하게 밝아오는 동쪽을 등지고 정빈여는 검은색 승용차에 오른다. 점차 상해 교외의 외딴 곳으로 향해가는 차 안에서 정빈여는 점점 분명하게 알아차릴 수 있었다. 이번이 살아서 마지막으로 가는 길이라고. 이윽고 상해 서남쪽의 황량한 진흙길 옆 작은 흙더미 앞에 차가 서자, 검은 색 외투의 76호 요원 십여 명이 미리 총을 들고 양쪽으로 늘어서 있는 가운데로, 금홍색(金紅色) 양모 내의에 붉은 가죽 외투를 걸친 긴 머리의 젊은 여인이 수갑을 찬 채 내린다. 여전히 목에는 황금 목걸이가, 손에는 다이아 반지도 끼워져 있었다. 새벽녘 그늘 아래로 피어난 꽃처럼 자동차 불빛 앞에 서있는 정빈여는 여전히 아름다웠다. 천천히 하늘을 올려다보는 그녀의 눈에는 눈물 몇 방울이 흘러내린다. 하지만 처음부터 끝까지 그녀는 매우 침착했다. 바람에 얼굴 위로 흐트러진 머리카락을 손으로 쓸어 넘기며 옷을 여미고 다시 하늘을 올려다보자 총성이 울렸다.

 일설에는 총살을 집행하기 전 정빈여에게 무슨 할 말이 있느냐고 묻자 그녀는 고개 들어 하늘을 쳐다보고 살짝 미소를 띠는 듯하더니, 갑자기 마음속 뭔가에 동요된 듯한 표정으로, 평생의 마지막 한 마디를 남겼다고 한다. "내 얼굴은 쏘지 말아요, 죽더라도 보기에 좀 괜찮게…" 세 발의 총을 맞은 그녀는 그렇게 숨져갔다. 스물두 살.

 장개석의 국민정부가 대륙에서 패퇴하여 대만으로 철수한 뒤, 1985년에 설립된 정보수집과 분석 전문기관인 대만군정국(臺灣軍情局)이 출판한 『정보전범인물(情報典範人物)』에는 여자 특무로는 유일하게 정빈여만 수록되어 있는데, 다음과 같은 평가를 내리고 있다. "정보수집 임무를 순조롭게 진행하기 위해 왜구 고관들 사이를 오가며 기회를 기다렸으며, 원수에게 몸을 굽히고 자신의 아름다움을 희생하여 국가의 정보자산으로 바꾸었지만, 털 끝만큼의 명예와 이익을 취하지 않았다. 뿐만 아니라 왜구와 한간들과 왕래가 있다하여 주변에서 그녀의 집안을 혐오하고 무시하였으니 가족들은 치욕을 입었고 가문은 빛을 잃었다. 오직 정빈여만은 후회 없이 유언비어가 널리 퍼져도 개의치 않았으니, 이러한 감정과 지조는 세속 사람들이 능히 할 수 있는 바가 아니다."

이 사건을 소재로 훗날 소설가 장애령은 『색계(色戒)』라는 제목으로 소설을 썼으며, 우리에게는 이안(李安)감독의 동명영화로 널리 알려졌다. 그런데 장애령은 이 깊숙하게 숨겨진 사건을 어떻게 알고 소설화시켰을까? 이에 대해 장애령은 죽을 때까지 명확하게 말한 적은 없지만, 사람들은 1년도 안 되는 짧고 불행한 결혼생활을 했던 남편 호란성(胡蘭成: 후란청)이 얘기를 해줬을 것으로 추측하고 있다. 호란성은 왕정위 정부에서 문화부 고위직을 거쳤으므로 이 사건의 내막을 알고 있었을 것으로 추정되기 때문이다.

장애령 말이 난 김에 조금만 보태자면, 21세기 새로운 밀레니엄이 시작될 때 중국의 여러 언론에서 지난 세기 각 분야 가장 위대한 인물을 설문조사하는 것이 유행이었다. 홍콩의 유력 주간지 『아주주간(亞洲周刊)』이 가장 대표적인데, 제일 위대한 소설가로는 노신(魯迅: 루쉰)을 꼽는 데에는 별 이견이 없었지만 다음 순위가 꽤 흥미로웠는데, 결과적으로 2위에 오른 인물이 바로 장애령이었다. 한간 호란성과 짧은 결혼생활을 말 그대로 '겪은' 장애령에 대해서는 별도의 책 한 권이 필요할 정도로 스토리가 많다. 특히 친일 한간으로 도피 중이던 호란성이 엄연한 법적인 아내 장애령에게 한 만행은 이 시기 사내들의 온갖 부끄러운 행위 중 최악이다. 한 가지만 얘기하자면, 한간으로 지명수배가 되자 체포를 피해 도망 다니던 그 와중에 새로 사귄 여자친구가 임신을 하자, 낙태시킬 돈이 없다고 상해에 있는 아내 장애령에게 편지와 함께 여자친구를 보내 대신 낙태 좀 시켜달라고 부탁한 놈이다. 장애령은 별 말 없이 데려가서 낙태시켜 주었고…. 하지만 이 불행한 여인과 파렴치한 호란성의 얘기는 일본이 패망하고 난 뒤의 얘기라 다음 기회로 미루기로 한다.

4) 상해시장 부소암 암살

위에서 본대로 왕정위가 상해 일정을 취소하고 대성병이 체포됨으로써 군통은 또다시 왕정위의 암살기회를 놓치고 말았다. 군통의 상해지역 책임자였던 진공주(陳恭澍: 천꽁수)는 조사결과, 계획을 누설한 자가 바로 상해시장 부소암이라는 사실을 알게 된다. 그래서 즉시 이 배신자 매국노를 제거하라는 명령을 내리는데, 대성병 사건으로 군통과 악연를 맺게 된 부소암 역시 목숨을 보존하기 힘들겠다는 두려움과 공포에 휩싸인다.

그는 곧바로 상해 홍구(虹口)에 있는 일본 해병대와 아주 가까운 곳으로 이사를 하고, 열두 명(어떤 기록엔 23명)의 백러시아 보디가드를 따로 고용한다. 외출할 때는 반드시 두세 명의 보디가드가 붙었으며, 방탄 자동차를 타고 귀가해서도 보디가드들이 부소암 침실 옆방에 대기하도록 조치한다. 게다가 문 앞 보초는 물론 층층마다 밤낮으로 경비를 세우는 등 날로 경비가 삼엄해졌으며, 그를 죽이려는 몇 번의 군통시도는 결국 점점 더 경계의 벽만 두텁게 할 뿐이었다.

이에 진공주는 두(杜)씨 성을 가진 특무를 파견해 부소암 집 근처에 작은 술집을 하나 내고, 내응할 수 있는 부소암 집안사람을 찾아 기회를 엿보기로 한다. 그러던 차 주승원(朱升源: 주성위엔, 혹은 朱升)이라는 부소암의 심복이 이 술집에 자주 와 술을 마시게 되는데, 그는 술에 취해 몇 번이나 실언을 한다. 자신이 모시는 집주인이 매국노가 된 것에 대한 불만을 털어놓곤 해 군통의 주목을 끈다. 주승원은 부소암이 국민당에게 지명수배 당해 도망 다닐 때 길에서 만나 거둬들인, 말하자면 노숙자였다. 산동사람이라고도 하고 부소암의 고향인 절강의 동향 사람, 혹은 안휘(安徽) 사람이라고도 하는데 확실치 않다. 주승원은 요리를 잘하는데다 충성스럽고 착실해 부소암이 크게 신뢰하였다. 주승원은 부소암을 곁에서 십 몇 년을 모시면서 집안의 장부를 관리하고 장보는 일을 책임지는 등 부소암의 바로 곁에서 그의 모든 생활 전반을 보살피는 집사역할을 충실히 했다. 주승원은 마흔이 넘었지만 아직 장가도 못 갔는데, 술집 주인 두씨가 여자를 소개해주겠다고 했고 나중에 실제로 그 여자와 결혼까지 한다. 게다가 방까지 얻어줘 생활할 수 있게 해주었으므로, 주승원은 매우 기뻐하면서 두씨를 큰 형님이라고 부를 정도로 아주 절친한 사이가 된다. 주승원이 또 술에 취해 부소암이 매국노가 된 것을 원망하는 불평을 늘어놓자, 두씨는 차라리 죽여 버리지 그러냐고 넌지시 떠보며 그렇게 되면 주승원 당신도 역사에 길이 이름이 남을 것이라고 부추긴다.

1940년 10월 10일 늦은 밤, 부소암은 하루일과를 마치고 집으로 돌아왔는데, 온몸에서 술 냄새가 진동을 한다. 부축해 들어오자마자 침대에 쓰러진 주승원을 위해 곧바로 흰목이(白木耳) 버섯 스프를 끓여 내놓았으나, 부소암은 입에 대지도 않고 그대로 코를 골며 곯아떨어진다.

왕정위 괴뢰정부는 스스로를 정통이라고 내세웠으므로, 여전히 10월 10일 쌍십절을 국경절로 정하고 경축했다. 그래서 부소암도 이날 오전 시정부 청사에서 경축회를 거행했고, 오후엔 광장에서 축제성격의 경축회를, 저

녘엔 친구 결혼피로연에 이어 밤에는 76호에 다시 가서 이사군, 황경재(黃敬齋: 황징자이)와 재차 술을 마시는 등 그야말로 술독에 빠진 하루일정을 소화했다. 11일 새벽, 부소암의 관저는 조용했으며 부소암 역시 깊은 잠에 빠져있었다. 그런데 갑자기 예리한 칼이 목에 떨어지면서 부소암은 신음소리 한번 제대로 못 내보고 즉사하는데, 그를 저승길로 보낸 사람은 다름 아닌 부소암이 가장 신임하던 머슴 주승원이었다. 주승원은 부소암의 움직임을 손바닥 보듯 잘 알고 있었으므로, 암살이 두려워 첩도 가까이 못 오게 하고 혼자 자는 것도 당연히 알고 있었다. 주승원이 새벽에 아무 소리도 내지 않고 아주 익숙하게 들어가서는 날카롭게 갈아둔 주방용 칼로 연속 세 번 내리친다. 중국요리 영상을 보면 세로로 길고 무게도 제법 나가는 직사각형의 만능 조리 칼이 그것인데, '채도(菜刀)'라고 부른다. 투박하게 생긴 이 큰 칼로 고기도 썰고 채소도 썰고, 식재료를 이리저리 돌려가며 온갖 형형색색의 예쁜 모양도 만들어 낸다. 한국의 가정에서도 요즘 꽤 눈에 띄는데, 좀 끔찍한 얘기지만 무엇을 내려쳐서 자르기에 좋게 생겼다. 주승원은 그 칼을 들고 첫 번째에 바로 정확하게 내려쳤기 때문에 단칼에 목이 거의 다 떨어졌다. 결국 일본의사가 와서 목을 실로 꿰매 붙이고 하얀 천으로 둘러싸고 나서야 관에 들어갈 수 있었다.

아침이 밝아오자 주승원은 아무 일도 없었다는 듯이 채소바구니를 들고 장보러 간다며 문 앞 경비원에게 가벼운 인사까지 건네곤 자전거를 끌고 시장 관저를 떠났다. 조금 있다가 밖에서 대기하고 있던 군통 특무가 일단 프랑스조계에 숨겨뒀다가 그를 중경으로 데려다 주었다.

이 암살이 이뤄진 뒤 불과 몇 시간 뒤 진공주는 서면보고를 즉시 받는다. 진공주의 『상해 항일의 후방공작(上海抗日的後方行動)』에서는 다음과 같이 묘사하고 있다. "보고는 작은 쪽지에 썼는데, 비밀번호도 암호도 없고 봉투도 없이 썼다. 대강 7~8촌 길이의 3~4푼 너비로 세 개를 한데 붙여놓았는데, 이것은 가장 긴급한 것이라는 뜻이었다. 보고의 내용은 아주 간단했다. '주승원이 사명을 완성하고 안전하게 탈출했음.'" 이렇게 주승원은 안전하게 탈출했지만, 대경실색한 일본헌병대가 부근 일대를 며칠에 걸쳐 대대적으로 수색작전을 펼치는 바람에 이웃 주민들은 때 아닌 곤욕을 치른다.

일본당국은 부소암에게 성대한 장례식을 치러주었는데, 와서 조문하는 사람들 중에는 마지막에 그와 술을 마셨던 이사군도 있었다. 몸에서 머리가 거의 다 떨어져 나간 부소암을 그렇게 보내고 이사군은 그가 자기에게 마지막으로 했던 말을 돌아보지 않을 수 없었다. 취중에 가끔 속마음이 튀어나오는 법인데, 부소암 또한 일본인들을 위해 일하는 게 그리 좋은 결과가 없으리라는 것을 예감하고, 일본인들은 자신을 이용만 할 뿐이지 진정으로 신임하지 않는다는 푸념을 늘어놓았다. 부소암은 이사군과 황경재에게 "자네들은 아직 젊지만 나는 이렇게 늙어 육십이 넘었네. 자네들은 아직 서른 몇 밖에 안 됐으니 다른 길을 찾아보시게! 죽어라고 일본사람들을 위해 일하지는 마시고…."라고 했다. 부소암의 죽음은 상해 등 피정복지역에서 일본인들에게 부역하던 한간 모두에게 위기의식을 느끼게 했다. 부소암이 죽기 전에 두 사람에게 한 이 말만 다들 못 들었을 뿐이다.

부소암이 죽고 난 뒤, 왕정위 정부가 개국하고 3년이 지난 어느 날, 일본 '천황'은 한간들에게 일본훈장을 내린다는 조서를 내린다. 유신정부 외교부장인 진록에게는 1등 서보장(瑞寶章)을, 전 중앙정치회의 비서장인 증중명(曾仲鳴)에게는 2등 욱일중광장(旭日重光章)을, 상해시 시장 부소암에게는 2등 서보장(瑞寶章)을…. 이미 무덤 속에서 백골이 된 이들에게 일본천황은 훈장을 주었지만, 일본 파시스트와 그 주구들이 필연적으로 멸망하는 운명에는 어떠한 도움도 될 수 없었다.

주승원의 후일담을 하나 덧붙이자면, 거사 성공 후 사전에 약속한 대로 오만 원의 상금을 지급했는지에 대해 기록이 좀 엇갈린다. 오만 원이면 엄청난 돈이다. 그대로 주었다고도 하고, 주지 않고 대립(戴笠)이 이용가치가 없어진 그에게 다달이 용돈만 좀 주다가 적당한 일거리를 주는 것으로 넘어갔다고도 한다. 또 주승원 자신이 그 돈으로 권련(卷烟), 우리가 궐련이라고 부르는 얇은 종이로 싼 담배를 만드는 작은 공장을 차려 여생을 보냈다는 말도 있다.

3. 공작과 배반, 그리고 불신

1) 조풍클럽의 총성과 왕천목

1939년 세밑, 이미 '외로운 섬(孤島)'으로 전락한 지 2년이나 지난 상해였지만, 여전히 중립을 표방한 조계지역을 중심으로 기형적인 번영을 누리고 있었다. 12월 24일 밤, 크리스마스 이브에 하천풍(何天風: 허티엔펑 feng)과 진명초(陳明楚: 천밍추)는 동료 부하들과 함께 승용차 몇 대에 나눠 타고 상해 서쪽지역의 댄스홀과 도박장을 돌며 연말 분위기를 즐기고 있었다.

상해 서쪽지역은 왕정위 괴뢰정권의 세력권 안이었고, 일본 헌병들이 지키고 있어 이른바 자기들 '나와바리'에 속해 있었지만, 정보요원답게 그들은 신중했다. 댄스홀을 몇 군데나 돌았지만 가는 곳마다 오래 머물지 않고 잠시 즐기고는 바로 자리를 떴다. 마지막으로 그들이 조풍클럽(兆豐總會)에 도착했을 때는 이미 밤도 깊었고 인적도 거의 끊긴 시각이었다. 일행 중 진명초와 하천풍, 그리고 76호 특공총부 제1청 청장인 왕천목(王天木: 왕티엔무)이 수하 몇 명과 남아 있었다. 새벽 3시쯤 되었을까 이제 놀 것 다 놀았다

싶어 돌아갈 준비를 하던 차에 몇 발의 총성이 울렸다. 땅에 쓰러진 진명초와 하천풍은 즉시 병원으로 옮겨졌지만, 아침을 넘기지 못하고 두 사람에게는 사망선고가 내려졌다.

진명초는 본래 군통 상해지구 서기였지만, 76호에 투항해 바로 76호 제1처 처장으로 임명되어 각종 사무를 관장하고 있었다. 그리고 하천풍은 본래 충의구국군(忠義救國軍, 군통 휘하의 유격대) 제1대 대대장이었지만, 일본에 투항한 후 비슷한 이름이되 정반대의 역할을 수행하는 구국군(救國軍) 제1로(路) 사령이 되었다. 이 두 사람이 일본에 투항한 뒤 당연히 군통의 긴급 제거대상이 되었다. 그렇다면 이 암살 역시 군통이 나서 배신자를 처단한 결과일까?

상해에서 너무 먼 중경 일본의 든든한 지원 하에 활동하는 왕정위의 76호에 비해 적의 심장부 상해에서의 군통 활동은 애로가 많았다. 특히 1937년 11월에 옮긴 전시수도 중경(重慶)에 있던 군통의 지휘탑은 상해에서 너무 멀었다. 사진은 중경 장강(長江)의 1940년대초 겨울 강변 모습.   출처: Everett Collection / shutterstock.com

군통과 76호는 이미 힘겨루기를 몇 차례 했었는데, 여러 면에서 불리했던 군통이 반격을 시도해 그나마 역전에 성공한 사례로 꼽을 수 있겠다. 즉 군통이 적의 심장부인 상해에서 활동하기엔 여러 제약이 많았던 게 사실이다. 우선 군통의 지휘탑이 있는 중경(重慶: 충칭)은 너무 멀었다. 전쟁과 마찬가지로 적진에 잠복시킨 비밀요원들에게도 후방에서 연락과 보급 등의 지원활동이 잘 뒷받침돼야 한다. 그것도 매우 은밀하게 빈틈없이 진행돼야 하기에, 그만큼 군통이 상해에 잠입한 자기요원을 지원하고 보호하는 비밀작전을 수행하기엔 애로가 많았다. 반면에 왕정위 휘하의 특공들은 일본의 든든한 지원을 받으며 상해에서 공개활동할 수 있는 정부기관의 요원들이었기 때문에 매우 유리한 위치를 선점하고 군통과 싸울 수 있었다. 그러니 둘 사이의 싸움은 군통이 절대 불리했으며, 76호 특공들이 점차 세력을 넓혀 나가는 추세였다.

조풍클럽에서 울린 총성은 당연히 76호 본부에 앉아있던 고위간부 모두를 안절부절 못하게 만들었다. 특히 위에서 나온 대로 영화《색계》의 실제 주인공인 정빈여의 정묵촌 암살 미수사건을 해결하고, 왕정위에게 강남 일대의 국민당 일당을 다 소탕했다고 보고한 이사군으로서는 절체절명의 위기가 아닐 수 없었다. 즉 자신의 관할구역 안에서 자기부하가 살해당했다는 소식이 왕정위의 귀에 들어가게 된다면, 정빈여 사건해결로 내심 경찰총수격인 경정부장(警政部長) 자리를 노리고 있던 자신의 능력이 의심받게 될 것이고, 그렇게 되면 오랫동안 공들인 게 한순간에 통째로 날아가게 생겼다.

하지만 이사군과는 비교할 수 없이 훨씬 더 불안한 사람은 사실 정묵촌이었다. 진명초와 하천풍을 죽이고 사라진 범인이 다름 아닌 자신의 부하인 왕천목의 부관 마하도(馬河圖: 마허투)였기 때문이다. 정묵촌은 거듭거듭

현장에 있던 진(陳)과 하(河)의 부관에게 어젯밤의 상황을 캐물었다. 부관들 말로는 일행이 다 놀고 조풍클럽을 나오고 있었는데, 클럽 정문에 이르기 직전 왕천목의 부관인 마하도가 갑자기 총을 꺼내 두 사람에게 연속으로 발사하고는 우왕좌왕하는 틈을 타 그대로 사라졌다는 것이다. 사건의 전말을 들은 정묵촌은 부관 마하도가 왜 총을 쐈는지는 상관없이, 그의 상관 왕천목은 책임을 면할 길이 없음을 직감한다. 하지만 그보다 지금 그의 머릿속에 꽉 차있는 건 직책상으론 부하이지만, 두려운 경쟁자로 떠오른 이사군이 이를 약점으로 자신을 한데 엮어 왕정위에게 비밀보고할 것이라는 불안감이었다. 그렇게 되면 이사군과 마찬가지로 내심 노리고 있던 경정부장이 날아가는 것은 물론 76호 주임, 이 자리도 위태롭게 될 판이었다.

12월 25일 날이 밝아오자 76호의 회의실은 숨이 막힐 정도로 팽팽한 긴장감이 감돌았고, 회의석상의 눈들은 사건의 열쇠를 쥐고 있는 왕천목에게로 모두 쏠려 있었다. 일찍이 왕정위 괴뢰정부에서 고급관료를 지낸 바 있는 왕만운은 자신의 회고록에서 다음과 같이 회상하고 있다. "살인을 저지른 마하도는 오래도록 왕천목의 부관자리를 지키면서 두 사람은 생사를 함께 넘나든 형제와 같은 우애를 다진 사이였다. 그리고 진명초나 하천풍하고도 나쁜 관계는 아니었다." 그렇다면 유일하게 추리할 수 있는 이유는 마하도가 바로 군통이 잠입시킨 요원이라는 것인데, 그러면 그의 직속상관인 왕천목이 76호의 모든 이가 의심하는 대상으로 떠오를 수밖에 없었다. 이에 왕천목은 부관인 마하도의 총격은 자신과는 무관하며, 녀석이 아마도 군통에 매수당한 것 같다며 자신은 요행히 벗어났을 뿐이라고 재삼 결백을 주장했지만, 회의실을 메운 매국노들과 특공요원들 중 누구 하나 자신의 결백을 믿어주는 분위기는 아니었다. 왕천목과 절친 관계인 정묵촌 역시 자신이 연루될까봐 그를 위한 변호를 쉽게 할 수 없었다.

사건정황으로 본다면 왕천목이 가장 짙은 혐의를 받을 수밖에 없었다. 당신 부관이 사람을 죽였는데 당신은 몰랐다고? 그리고 그 작자가 군통이 잠입시킨 요원이라면 왜 당신은 죽이지 않았지? 그때 당신은 때맞춰 자릴 피했다면서? 모든 사람의 의혹이 모아진 가운데 수차례 살벌한 회의 끝에 왕천목에게 합당한 설명을 재차 요구한다. 하지만 왕천목은 계속 자신의 결백주장으로 일관한다. "정말 몰랐다. 억울하다. 난 그때 요행히 화장실에 가서 화를 면했을 뿐이다. 나도 본래 암살대상이었을 것이다." 하지만 어떤 변명이 통했으랴. 정묵촌은 그 와중에 속으로 가장 우려하던 일이 곧 벌어지리라는 것을 감지할 수 있었다. 이사군이 이 기회에 수하들을 시켜 왕천목, 그리고 그의 직속상관인 자신을 정조준하고 있다는 것을….

이사군은 직속상관 정묵촌이 마하도 일당과 관계가 있는 이중간첩이며, 사실은 중경쪽 사람이라고 몰아가고 싶었다. 그래서 이 기회에 왕천목를 치면 왕을 지지하고 믿어준 정묵촌도 한꺼번에 얼굴을 들 수 없게 만들 수 있지 않을까? 왕천목을 치지만 실제 타깃은 정묵촌에게 두고 있었던 것이다.

진명초와 하천풍의 부하와 친구들은 몹시 흥분했다. 심지어 회의 중 몇 번이나 총을 빼들어 그 자리에서 왕천목을 해치우려고까지 했다. 일이 이 지경에까지 이르자 정묵촌은 76호의 주임으로서 나서지 않을 수 없었다. 그는 극력 왕천목을 변호하면서 군통의 계략에 말려들어 우리 편을 잘못 죽일 수도 있다고 경고하면서 분노한 부하들을 달랜다.

그런데 사실 이번 사건으로 막판까지 몰린 왕천목도 곰곰이 뜯어보면 수상한 점이 한 두 가지가 아니었다. 그는 일찍이 군통의 4대 킬러로서, 이

젊은 날의 왕천목 군통의 4대 킬러로서 대립의 두터운 신임을 받았으나 종국에 불신을 받게 되자 76호에 투항, 결과적으로 군통에 막대한 피해를 끼쳤다. 종전 후 대만에서 거주.

른바 '4대금강(四大金剛)'의 한 명으로 꼽혔었다. 그리고 군통국장인 대립(戴笠: 따이리)과의 관계도 보통은 넘었다. 지난 얘기지만 두 사람이 한 때는 사돈관계를 맺을 뻔 했다는 말도 있을 정도였다. 76호에 투항하기 전 왕천목은 군통 상해지부의 책임자를 지냈기 때문에 얼마 전까지 그는 바로 76호의 숙적이었던 셈이다. 이렇게 되면 적과 동지의 사이가 시시각각으로 변하면서, 피아를 구분하는 능력은 그대로 생사를 좌우하는 절체절명의 숙제가 된다.

그래서 잠시 그해 여름, 즉 1939년 여름으로 돌아가 왕천목을 다시 한 번 볼 필요가 있겠다.

2) 함정에 빠진 왕천목

당시 76호는 위에서 말한 대로 일본의 지원을 등에 업고 상해 흑사회까지 끌어들여 세력 확장에 열을 올리고 있었다. 목표는 명확했다. 상해의 군통조직을 완전히 소탕하는 것이었다. 8월말에 이사군은 군통 상해지부에 결정적인 공격을 시도하게 되는데, 제1의 목표는 상해 지부장 왕천목이었다. 하지만 왕천목은 전혀 눈치 채지 못한 채 선약된 자신의 부하 한 명을 만나기 위해 공공조계에 있는 정안사로(靜安寺路)에 들어서고 있었다. 그 순간, 이사군의 수하에 의해 자동차 속으로 쑤셔 넣어졌고, 그 길로 제스필드 로드에 자리한 76호로 '모셔졌다'.

하지만 76에 도착한 후 왕천목을 기다리고 있는 것은 채찍과 고춧가루 물, 그리고 못이 박힌 의자 등 고문기구가 아니었고, 그렇다고 미녀와 황금, 그리고 높은 간부자리의 유혹도 아니었다. 이사군은 왕천목을 이른바 우대실로 오게 하고는 예의를 갖춰 좋은 차와 식사로 정중하게 모셨다. 그리고 76호 가입 등에 관한 말도 일절 꺼내지 않았다. '모셔진' 왕천목은 도무지 이사군의 꿍꿍이가 뭔지 몰라 몹시 혼란스러웠다.

당시 76호와 군통 사이의 싸움을 보면 사선(死線)에서 형제가 마주하는 영화 같은 장면이 드물지 않았다. 서로가 잘 아는 동창이고 한때는 형제와도 같은 동지였지만, 이제는 각자의 노선에 따라 혹은 어쩔 수 없는 선택으로 옛날 형제를 죽여야 내가 사는 처절한 전장(戰場)으로 내몰려 있었기 때문이다. 그래서 서로 포로로 잡으면 협박이나 회유로 다시 내 편으로 끌어들이려는 공작을 치열하게 전개했다. 왕천목 역시 마찬가지. 군통 안에서

회유를 위해 세뇌교육 중인 일본군 당시 왕정위의 76호와 국민정부의 군통은 포로를 대상으로 협박이나 회유를 통해 다시 자기편으로 끌어들이려는 물밑 공작을 치열하게 전개하였다. 사진은 전쟁 포로들을 대상으로 회유책의 일환으로 세뇌교육 중인 일본헌병의 모습.
출처: Everett Collection / shutterstock.com

그는 지위도 높고 실제 역할도 매우 컸기 때문에 76호에서도 중요 공작대상으로 점 찍어두고 가능하면 최대한 자기네 역량으로 만들려고 애썼다. 그러다 보니 양측 본부에서는 자신들 요원 하나가 실종되었다는 보고가 올라오면 다음에 올라오는 보고는 둘 중 하나였다. 실종된 우리 요원이 저쪽 사람들을 끌고 와서 우리 요원을 체포해 가거나, 아니면 실종된 우리 요원이 그대로 처형당했다는 소식이었다.

하지만 이번 왕천목의 실종은 그런 차원이 아니었다. 그의 실종은 조직 전체의 와해라는 결과로 이어지기 때문에. 납치당한 그날 왕천목과 만나기로 한 그의 군통 부하는 일이 심상치 않게 돌아가는 것을 느끼고 크게 당황한다. 우리 지부장이 적들에게 구금 혹은 피살되었을 수도 있다는 얘기가 아닌가? 지부장의 실종은 군통 상해지부 전체를 재앙으로 빠뜨릴 수도 있다는 말. 부하로부터 보고를 받은 부(副)지부장은 할 수 없이 군통 국장인 대립에게 보고를 올렸다. 보고를 받은 대립은 즉시 부지부장이 상해지부를 지휘하라는 지시와 함께 왕천목이 잘 아는 연락부서 모두를 즉시 철수하라는 명령을 내린다. 산전수전 다 겪은 대립이지만 이번만큼은 특히 초조한 모습을 감추지 못했다. 실종된 왕천목은 사적으로는 한때 함께 사선을 넘나들었던 형제이자, 공적으로도 군통에서 빼놓을 수 없는 기둥이기 때문에 대립에게도 군통에게도 의미가 남달랐다.

그런 상태로 3주를 기다렸지만 군통 상해지부에서는 왕천목의 어떤 소식도 들을 수가 없었다. 왕천목 지부장이 76호에 투항해 76호 사람들을 끌고 와서 군통의 옛 부하를 체포해 가는 일도 일어나지 않았다. 또한 76호에서도 겉으로 보기엔 아무 일이 없었다. 그리고 귀빈처럼 대접받으며 3주를 보낸 왕천목은 아무 일도 없었다는 듯이 이사군에 의해 석방된다. 이사군의 이런 결정에 그의 상관 정묵촌은 도무지 이해 못하겠다는 반응을 보인 것은 당연하다. 과거 국민당 시절 왕천목과 함께 근무해봤던 정묵촌으로서는 대립에게 충성심이 변함없는 그를 우리 편으로 끌어들인다는 것은 지극히 어려운 일이라는 걸 잘 알고 있었다. 그래서 그가 76호로 마음을 돌릴 때까지 연금상태에서 회유 등 끈질긴 심리전을 계속 폈어야 한다고 생각한 것이다. 풀어주면 지금까지 심혈을 기울인 공작이 다 헛것이 되고 마는 게 아닌가? 하지만 '호랑이를 산에 다시 풀어준' 이사군은 상사의 질책에도 아랑곳하지 않고 그저 웃어넘길 따름이었다.

무탈하게 76호를 빠져나온 왕천목은 왕정위를 즉시 암살하라는 대립의 명령을 받는다. 왕천목은 직속상관 대립의 오랜 부하로서 아직 신임을 잃지 않았다는 확인으로 이 명령을 받아들이면서 매우 안도한다. 나에게 이런 큰 임무를 내리다니, 나에게 아직 기회가 없는 건 아니군! 하지만 그건 자신이 대립이 친 올가미에 스스로 들어간 것에 불과하다는 것을 알아차리는데 그리 긴 시간이 걸리지 않았다.

이미 왕정위는 월남 하노이에서 암살위협에 전전긍긍하던 그때 그가 아니었다. 76호와 일본의 군경이 그의 관저를 겹겹이 에워싸고 있었고, 촘촘히 박힌 바깥 초소에서는 오고가는 사람들을 세밀히 감시했다. 외출할 땐 경찰차가 앞길을 열어 호송하고, 그 외에도 일본인 그들의 전통적인 '가케무샤' 수법이던가, 왕정위로 가장한 여러 명을 동시에 나타나게 하는 위장전술을 폈기 때문에 왕천목은 왕정위에게 아예 접근 자체가 힘들었다. 그런데 임무수행에 골몰하고 있던 차에 한번은 연락하러 나갔는데, 자신의 부하가 갑자기 자신을 향해 총을 쏘는 일이 벌어졌다. 왕천목은 혼란에 빠진다. 부하가 76호에 투항해 자신을 쏜 것인가? 아니면 군통이 나를 제거하라고 내 수하에게 비밀명령을 내렸나? 이번엔 요행스럽게 벗어났지만 얼마안가 더욱 이상한 일이 벌어진다. 그 뒤 며칠 동안 왕천목은 동료들이 계속해서 자기를 미행하는 것을 눈치챘다. 그제야 왕천목은 문득 전혀 생각하지 않았던 의심이 들기 시작하는데… 이건 정말 이상하다. '사장님' 대립이 자신을 제거하라는 명령을 내린 건가?

대립이 이끌던 군통과 정묵촌·이사군이 이끄는 76호 사이의 대결이 본격화되기 시작한 1938년 3월, 대립은 부하들에게 조직을 배신하면 안 된다는 경고를 계속해서 주입시켰다. 동시에 부하들의 언행을 면밀하게 살피며, 부하들에게서 어떤 동요가 보이는지 배반할 여지가 없는지 점검하면서, 혹시라도 있을지 모르는 만약의 사태를 늘 상정하고 있었다. 그러던 차에 왕천목이 아무 탈 없이 76호, 마귀의 소굴에서 복귀한 것이다. 대립은 처음부터 의심이 없지 않았지만, 그렇다고 왕천목이 이미 배반했다는 증거도 없어 당분간 관망할 수밖에 없었다. 그래서 고의로 그에게 왕정위를 암살해 결백을 한번 증명해 보라는 미끼를 던지고 다시 관찰하고 있던 중이었다.

대립 역시 왕정위가 옛날의 그가 아니라는 것을 잘 알고 있었으므로, 왕천목이 쉽게 성공하리라고는 생각하지 않았다. 하지만 한참 시간을 줬는데도 왕천목은 자신의 결백을 증명하는 능력을 보여주지 못했고, 대립도 당연한 수순처럼 가장 가까웠던 부하 왕천목을 향해 킬러들을 내려 보냈다. 세상에서 제일 믿기 힘든 것이 사람이라는 사실을 누구보다도 본능적으로 체득하고 있는 정보부의 수장으로서 대립은 의심가는 인물은 그대로 처리해 버리는 것이 후환을 없애는 지름길이라는 사실을 잘 알고 있었다. 76호의 이간책에 빠졌을 수도 있다는 점을 배제하지 않았지만, 그래도 가장 근본적인 '깔끔한' 해결책을 선택한 셈이다. 하지만 결과적으로 이는 그리 현명한 선택이 되지 못했다. 이사군이 설계한 대로 진행이 됐기 때문이다. 연이은 미행과 총격을 벗어난 왕천목은 크게 분노하여 대립이 의리를 저버렸다고 험한 욕설을 퍼부은 후, 이제 군통을 이탈하고 76호에 투항한다고 선언해 버렸다.

왕천목에 대한 이간공작을 성공시킨 이사군은 왕정위에게 공로를 인정받았지만 그렇다고 모든 일이 자신의 계산대로 굴러가지는 않았다. 왕천목을 풀어주었다고 질책했던 정묵촌은 다시 재빨리 머리를 굴린다. 왕천목이 옛날 국민당 군통 때 자기랑 함께 근무한 동료였다는 점을 상기하고는 76호에 투항한 그에게 매우 친절하게 대한다. 곧이어 76호의 제1청 청장이라는 고위직을 제안하고, 자신의 휘하에 두는 데에 성공한다. 사실 76호를 처음 조직할 때부터 데려다 쓰거나, 후에 보강한 인물들 거의 모두가 이사군의 사람들이었기 때문에 정묵촌은 76호 안에서 매우 고립된 상황에 처해 있었다. 그래서 직급은 높지만 정작 자신이 수족처럼 부릴 수 있는 수하는 거의 없었다. 그러기에 그의 이런 행동은 한 명이라도 내 편을 만들려는 그의 본능적 절박함에서 나온 것으로 이해할 수 있겠다. 그리고 이사군와는 비교할 수도 없이 많은 경력의 두 사람은 과거 부흥사(復興社, 군통의 전신)에 함께 몸담았을 뿐만 아니라 군통(軍統)에서도 동료였으므로 심정적으로도 더욱 가까울 수밖에 없었다.

애써서 끌어들인 사람이 자신의 라이벌과 더욱 가깝게 된 것을 본 이사군은 더욱 속으로 절치부심하고 있었는데, 때마침 터진 조풍클럽 총격사건은 정묵촌에게 타격을 줄 수 있는 절호의 기회였던 것이다. 이사군은 사건의 진상을 밝히겠다는 명분을 쥐고 있었으므로 공공연하게 창끝은 왕천목을 겨눌 수 있었지만, 이사군의 창끝이 궁극적으로 노리고 있는 것은 더 큰 사냥감이었다.

3) 항일매국노제거단의 붕괴

왕천목의 배반은 필연적으로 군통에게 엄청난 타격으로 다가왔다. 왕천목의 배반과 거의 동시에 군통의 외곽조직인 '항일매국노제거단(抗日鋤奸團)' 역시 한데 엮여서 거의 재앙적인 결말을 맞게 된다. 이 '매국노제거단'은 처음엔 주로 북경(당시엔 북평)과 천진에서 활동하던 군통 특무들이 주축이 된 항일활동 단체였지만, 점차 북경과 천진의 고등학생들이 대거 참가하게 된다. 시간이 지나 자연스레 그들이 대학에 진학했으므로 구성원은 고등학생에서 대학생으로 폭넓게 짜여진다. 활발한 활동시기는 1938년부터 1940년까지로 성과도 컸지만, 점차 일본과 그 앞잡이들에게 타격을 입으면서 암살과 폭파 등의 파괴활동에서 정보수집과 피점령지에서 지식인 등을 탈출시키는 공작으로 방향이 바뀌었다.

그런데 그 구성원에 고관이나 유명 기업인의 친척이나 자녀가 많았던 점은 특기할 만하다. 예를 들어 동북의 괴뢰국인 만주국에서 총리를 지낸 정효서(鄭孝胥: 정샤오쉬)의 두 손자인 정통만(鄭統萬)정곤만(鄭昆萬)형제는 할아버지와 정반대의 길을 걸었고, 지금도 우황청심환 등 전통중국 약으로 유명한 북경 동인당(同仁堂)의 주인 악달의(樂達義: 위에따이)의 조카딸이자 동인당 재산의 4분의 1을 소유했던 악천문(樂倩文: 위에치엔원)도 핵심멤버였다.

한 일화로, 1940년 중일전쟁 '전승'기념 축하회를 주최한 한간 언론인 오국치(吳菊癡: 우쥐츠)를 암살한 일당으로 악천문이 체포되었다. 체포한 학생들의 배경을 조사하던 일본 헌병은 그들 배경이 심상치 않은 것을 알고, 앞잡이들을 풀어 각 가정을 방문해 통보하고 보석금 명목으로 돈을 뜯어내게 하였다. 악달의는 돈을 지불하고 조카딸을 꺼내와 안전지대로 옮겼다. 훗날 얼마나 썼냐고 물어보는 지인에게 크게 웃으며 "많이 들었지. 근

이송 직전의 수갑 찬 중국청년들 처음엔 주로 북경과 천진에서 활동하던 군통 특무들이 주축이 된 항일단체였던 '항일매국노제거단'은 점차 이 지역 고등학생, 대학생으로 확대되었다. 사진은 천진의 일본 고위관리 살해혐의로 붙잡혀 이송직전인 중국청년들의 모습.
출처: Everett Collection / Shutterstock.com

데 얼마를 쓰더라도 쓸 만하지!"라고 한 큰 아버지 악달의의 이야기는 유명하다.

하지만 왕천목의 투항으로 '매국노제거단' 구성원들이 대거 노출되면서, 체포되어 감옥에 가거나 혹독한 고문을 당했고, 그 중 상당수는 목숨을 잃었다. 대립이 다년간 고심참담하게 조직하고 운영한 남쪽의 상해와 북쪽의 천진, 가장 중요한 이 두 곳의 공작거점이 심각하게 파괴된 것이다. 그보다 더욱 참담한 것은 왕천목이라는 정보거물의 배반이 동지들을 연결하는 가장 중요한 생명선인 신뢰와 의리를 깡그리 날려버리고, 대신 그 자리에 의심과 불신이 자리하게 만든 것이었다.

나름 억울한 면이 없지 않지만 왕천목은 결국 자신을 믿고 따르던 국민당 군통과 중통요원을 팔고 적지 않은 옛 부하들의 목숨까지 앗아가게 했다. 그러면 그러한 왕천목은 과연 끝까지 76호의 신임을 얻었을까? 물론 그렇지 않다. 처음 납치되어왔을 때처럼 다시 76호의 우대실에 갇힌 왕천목은 자신은 이미 군통과 76호가 서로 쟁취하려는 목표물에서 서서히 76호 안에서 이사군과 정묵촌의 권력싸움의 수단으로 전락하고 있다는 것을 알게 된다. 이때 큰 사고를 친 마하도는 이미 국민당 임시수도가 있던 중경으로 가는 길에 올라 있었고, 며칠 안에 안전하게 도착하면 공로를 인정받아 큰 상까지 받게 돼 있었다. 즉 76호가 도저히 잡을 수 없는 곳으로 이미 몸을 뺀 뒤였기 때문에 정묵촌은 대신에 76호에 갇혀있던 국민당 군통과 중통요원 중 몇 명을 총살함으로써 이사군을 달랬다. 이렇게 달래는 방법도 있다.

4) 대립의 역공작, 책반(策反)

우대실 안에 계속 갇혀 있던 왕천목은 아무리 생각해도 그렇게 오랫동안 아끼던 부관이 어떻게 매수되었는지 이해가 되지 않았다. 하지만 알고 보면 그다지 신기한 일도 아니다. 즉 계속해서 76호의 공세에 밀리던 대립은 긴 고심 끝에 결론을 내린다. 지금까지 우리가 당한 케이스를 분석해 보니 대부분 우리 편이었다가 저쪽으로 넘어간 배신자에 의한 것이었다. 그렇다면 우리도 그 방법으로 적들에게 치명타를 입히는 시도를 해 볼만 하잖아. 이런 공작을 '책반(策反)'이라고 부른다. 그리고 상해의 군통지부에 급전을 때린다. 우리를 배신한 옛 동지들에게 접근해서 큰돈을 걸고 과거를 묻지 않겠다는 약속과 함께 공을 세우면 죄를 씻어주는 것은 물론 다시 등용할 수도 있다고 공작을 펴볼 것.

너희들이 민족을 배신하고 일본놈들 편에 섰는데 민족정기 운운할 것도 없이 만약 일본이 전쟁에서 지면 어떻게 하려고? 만일을 대비해 여기로도 선을 하나 닿아두고 나중에 살 길을 마련해 둬야지… 등의 논리로 전쟁의 추이를 살피며 양단을 쥐고 내심 초조해 하는 옛 군통요원들을 집요하게 파고들었다. 결국 몇몇은 이 공작에 넘어왔고, 다시 적진 내부에서 친일매국노를 처단하는데 있어서 유용하였다. 마하도는 이런 책반공작이 먹혀든 대표적 인물이었다. 그렇다면 군통의 입장에서 다시 사건의 전후를 구성해 보자.

대립의 지시에 따라 군통은 왕천목의 부관 마하도를 마침내 포섭한다. 그리고 곧바로 큰 상금을 내걸고 기회를 보아 왕천목을 필두로 하천풍과 진명초 등 한간특공들을 처단하라는 지령을 내린다. 그런데 조풍클럽에서 기회를 엿보던 그 순간 마하도는 오랫동안 모신 상사인 왕천목과의 의리를 생각해 그가 화장실에 간 틈에 결행했고, 결국 왕천목은 요행히 죽음을 면할 수 있었다. 거사 후 마하도는 혼란을 틈타 그 자리를 벗어난 후, 약속된 장소에서 군통과 접선하고 무사히 중경으로 넘어가게 된다.

그 사이에 76호 내부에서는 이 사건 처리를 두고 여전히 치열한 줄다리기가 계속되고 있었다. 실질적인 권력은 없다고 해도 정묵촌은 그래도 76호의 총책임자였다. 확실한 증거도 없이 이 사건을 그대로 종결짓고 왕천목을 처단함으로써 자신에게 책임을 덮어씌워 치명타를 가하려는 이사군에게 분명한 반대의 뜻을 표명하고 그와 치열한 신경전을 벌이고 있었다. 그때 이사군에게 좋지 않은 소식이 날아든다. 왕정위가 자신이 노리고 있던 경정부장 자리에 이미 정묵촌을 내정했다는 것. 이 소식을 접한 이사군은 격노했다. 애초부터 자신이 그린 그림과는 너무 다르게 나가고 있었기 때문이다. '얼굴마담'으로 모셔온 정묵촌이 자기가 독식해야 할 권력의 상당 부분을 가져간 데다, 권력의 진짜 알짜라고 할 수 있는 경정부장 자리까지 채 가게 생겼으니, 이사군은 더욱 독하게 이 사건을 물고 늘어지며 정묵촌의 주장에 절대 동의하지 않게 된다.

기분이 극도로 가라앉은 이사군은 다시 한번 왕천목의 집을 철저히 수색하라는 명령을 내린다. 그런데 가택을 재수색하던 중 76호 요원들은 왕천목의 첩이 계속해서 목걸이를 만지는 걸 발견하고는 빼앗아 열어본다. 그러나 그 속엔 왕천목과 첩의 사진이 들어 있을 뿐, 별다른 특이점은 없었다. 하지만 목걸이를 만지작거리는 그녀의 행동을 계속 이상하다 여긴 한 요원이 다시 목걸이를 빼앗아 사진 뒤쪽을 파보니, 그 밑에서 나온 것은 놀랍게도 자기 남편의 부관 마하도의 사진이었다. 그러니까 남편의 부하와 몰래 정을 통하고 있었는데, 그 애인이 사고를 쳤으니 걱정된 나머지 무의식중에 계속 애인의 사진이 든 목걸이를 만지작거리고 있었던 것이다. 그야말로 말 그대로 별로 효용가치도 없는 의외의 수확이라고 해야 하나. 별다른 소득을 올리지 못한 76호 일행은 모두 쓴웃음을 지으며 철수한다. 결국 빈손으로 돌아온 부하의 보고를 받은 이사군은 마지막 수단으로 조풍클럽 사건을 왕정위 정부에 보고하고 혐의가 짙다고 판단된 왕천목을 정식으로 체포한다.

위에서 얘기한대로 정묵촌은 1939년 12월 21일에 일어난 정빈여의 암살 미수사건의 피해자이지만, 자기 조직에 잠입한 여자 스파이 정빈여의 미색에 홀려 하마터면 목숨을 잃을 뻔한 사건이었으므로 조직 내에서 크게 면목이 없게 되었다. 그러던 차에 며칠 안 되어 다시 자신의 직속부하인 왕천목의 부관이 동료 두 명을 살해하고 도주한 엄청난 사건이 일어난 것이므로, 이후 정묵촌은 76호 내에서 거의 얼굴을 들지 못하고 부하인 이사군에게 끌려 다닐 수밖에 없게 된다. 아무튼 배신자 진명초와 하천풍을 처단하고, 76호에 내홍을 일으켜 군통의 주요 척살대상이던 왕천목 마저 체포당하게 만들고, 적의 손으로 정묵촌도 거의 반신불수로 만들었으니, 대립(戴笠)으로서는 그동안 자기가 당한대로 어느 정도 앙갚음을 한 셈이라고 하겠다.

5) 훗날의 왕천목

조풍클럽 총격사건은 이렇게 서둘러 종결되었다. 그렇다면 유일하게 남은 '혐의범' 왕천목은 어떻게 되었을까?

범행 후 부관 마하도는 이미 도주한 상태라서 구금돼 있던 왕천목에게 확실한 죄명을 정할 증거는 여전히 없었다. 그래서 그랬는지 2년 뒤인 1941년 왕천목은 석방될 수 있었고, 다시 기용되어 76호 '특공총본부'에서 화북(華北)공작단 부단장 겸 천진(天津) 지부장을 거쳐 중앙감찰위원회 위원을 지냈으며, 1943년에는 강소성(江蘇省) 진강(鎭江)지구 독찰(督察)전문위원을, 1944년에는 강소성(江蘇省) 제4행정구의 독찰 전문위원을 지냈다. 하지만 1945년 일본항복으로 이른바 '8년 항전'이 끝나자 군통의 최정예 킬러 출신으로 군통에 치명타를 가한 이 배신자의 행적은 묘연해진다.

인간세계에서 마치 증발해 버린 것 같았는데, 사실 그동안 그는 북평(北平)의 서산(西山)에서 은거하고 있었다. 일본항복 후 다시 중국은 국공내전의 소용돌이 속으로 빠져들었고, 그를 다시 기억하거나 찾는 사람은 없어서 서서히 잊혀져갔다. 그러다 치열했던 국공내전이 모택동의 승리로 끝나고 장개석은 국민당 군과 지지자들을 이끌고 대만으로의 철수작전을 펴게 된 것은 우리도 잘 알고 있는 사실이다. 그 혼란의 와중에서 대만행 뱃속에서 누군가가 그를 발견한다. 그리고 대만에 안착한 뒤의 그의 행적 또한 거의 알려진 바가 없다. 하지만 여기서 필연적인 의문 하나가 남는다. 국민당의 항일 정보조직을 거의 와해시킨 그의 죄과를 누구도 묻지 않고 넘어간 게 납득이 되는가? 더구나 국민당 정권은 일본항복 뒤 재판을 통해 나름 철저한 친일청산을 했으며, 군통의 상해와 천진지부가 와해되면서 살해당한 국민당 측 요원의 수 역시 만만치 않은데, 그 가족들이 아무런 이의제기가 없었던 것도 납득하기 힘들다.

이에 대한 정보가 거의 없어 정확한 내막은 알 수 없지만, 대체로 사람들이 하는 얘기는 한번 참고 할만하다. 즉 일본이 항복한 뒤에는 장개석도 절대적인 당위성에 여러 가지 정치적 고려를 더해 엄격하게 친일반역자들을 처단했지만, 대륙을 다 뺏기고 대만으로 쫓겨난 입장에서 이전과 같은 엄격한 잣대를 들이대기가 좀 미안하고 쑥스러워졌다는 것이다. 하지만 이는 한 명이라도 자기편으로 끌어들여야 하는 절박한 상황으로 몰린 장개석의 형편을 반영하는 얘기이지, 확실하게 치명적 손상을 입힌 왕천목의 경우 아주 설득력 있는 설명은 아니다. 두 번째로 76호의 이간책에 넘어가 확실하게 76호에 투항했다는 증거는 없지만, 조금이라도 의심나는 사람은 만약을 위해서 확실하게 제거하라는 명령을 대립이 내렸기 때문에 갈 길이 다 막혀 버린 왕천목이 절망 끝에 76호로 투항하게 만든 점을 고려했다는 것이다. 그리고 이전 군통시절의 헌신을 감안, 공과 과를 서로 상쇄시켜 불문에 붙였다는 설명인데, 필자가 보기에 어느 정도 설득력이 있어 보인다.

그리고 예나 지금이나 정보계통의 얘기는 훗날까지 비밀 속에 묻히는 경우가 많은데, 이를 다시 들쑤셨다가 재판정에 서로가 난처한 국가기밀이나 정보가 올라가지 않도록 사안을 종결시킨 것으로 볼 수 있겠다. 아무튼 대만에 정착한 그는 이미 관계가 뒤엉켜버린 과거의 동지와 적에 대해서는 단 한 마디도 입에 올리지 않고 1995년 104세의 나이로 세상을 떠났다.

4. 진삼재의 76호 폭파계획

76호 특공본부 안에서는 노련한 킬러 제아붕(諸亞鵬: 주야펑)이 호랑이 의자로 불리던 고문기구 위에 앉아 있었다. 그는 본래 76호에서도 고위직에 있었는데, 이제 고문기구에 앉아 고문당하는 처지로 떨어진 것이다. 이 당시 76호에서는 내부에 잠입한 첩자를 색출해 내는 작업을 대대적으로 벌이고 있었는데 제아붕은 바로 여기에 걸려든 케이스다. 이사군은 갖은 방법을 다 동원해 그의 입을 열려고 애썼다. 그 이유는 최신정보에 따르면 상해의 군통지부에서 제아붕을 회유해 이미 성공적으로 76호 안에 대량의 폭탄을 묻어뒀다는 것이었다. 그렇다면 한시라도 빨리 폭탄을 찾아내야 할 텐데, 도대체 어디에 폭탄을 묻어뒀단 말인가? 이사군은 초조해졌다.

1940년이 되자 이사군은 이미 76호의 가장 높은 자리에 앉아 있었지만 그가 직면한 가장 심각한 현안은 상부로부터 확실한 신임을 받는 것이었다. 76호와 군통 사이의 상호침투와 이간책, 그리고 회유작전은 그 사이에도 한 순간 멈춤 없이 숨 막히듯 진행되고 있었다. 이 과정에서 서로 입고 입히는 상처는 서로를 만신창이로 만들고 있었다. 하지만 승부의 결판은 아직 요원해 보였고, 이사군의 입장에선 하루도 멈춤이 없는 이 불꽁대전의 원수, 군통 상해지부와의 싸움을 결정적인 승리로 이끌어 정빈여의 암살 미수사건과 연이은 왕천목 부관 마하도의 총격사건으로 인한 곤경에서 하루라도 빨리 벗어날 방안이 절실했다.

이러한 상황은 중경에 본부를 두고 있는 군통국의 대립(戴笠) 또한 마찬가지였다. 지금까지 본대로 1939년 8월에 발생한 지부장 왕천목의 배반으로 상해지부가 순식간에 와해되면서 거의 절멸위기에 빠진 것을 보고 망연자실하던 그에게 전세를 일거에 뒤집는 큰 거사야말로 그 어느 때보다 절실했다. 하지만 결코 대립의 뜻대로 진행되지는 않았다. 절치부심하던 대립은 계속해서 76호에 매국노 처단지시로 요원들을 독려하고 자신이 직접 나서 공작을 지휘했지만, 연이은 실패로 왕정위를 비롯한 매국노 처단은커녕 이쪽 희생만 늘어갔다. 이미 유능한 요원 다수를 잃어버린 대립은 한층 더 복수심에 불타 마침내 마지막 카드를 꺼내들게 되는데 이 과정을 한번 따라가 보기로 하자.

대립(戴笠)의 머릿속에 마지막 킹 카드로 떠오른 사람은 과연 누구일까? 그는 바로 이미 앞에서 등장한 바가 있는 진공주(陳恭澍: 천공수)이다. 진공주가 누구인가? 비록 실패로 끝나고 말았지만, 장개석의 명령으로 월남 하노이까지 왕정위를 추적, 총탄세례를 퍼부어 왕정위를 혼비백산하게 만든, 군통의 '4대 킬러' 중의 한 명이 아닌가? 자기 대신에 비서 증중명 부부가 죽고 다치자 왕정위는 분노하여 돌이킬 수 없는 길로 내달으면서 이른바 매국의 결정판인 염전을 발표하게 된 것은 앞에서 본 바와 같다.

진공주는 명석한 두뇌에 생각이 치밀했으며, 무엇보다도 담대한 사람으로 사격술 또한 뛰어났기 때문에 사람들은 그를 '선비킬러(書生殺手)'라고 불렀다. 대립이 생각해 낼 수 있는 마지막 회심의 카드인 그를 상해지부장으로 발령내고 다시 야심찬 매국노 제거작업에 착수한다. 하지만 결과적으로 이는 다시 치명적인 실패로 귀결된다.

때는 1939년 말, 상해에 머무르던 왕정위는 남경으로의 이른바 '환도'를 서두르고 있었다. 알다시피 환도란 부득이한 사정으로 수도를 떠났다가 다시 본래의 수도로 돌아오는 것을 말하는데 웬 뜬금없는 환도인가? 이는 정통성이 전혀 없는 왕정위의 정치쇼라는 점은 위에서 이미 얘기한 바 있다. 손문을 잇는 정통성을 주장하기 위해 정권이름도 '(僞)중화민국국민정부(中華民國國民政府)'라고 불렀는데, 지금도 남아 있는 당시 공식문서에는 모두 이 호칭으로 기록되어 있다. 말하자면 중화민국의 짝퉁정부인 셈인데, 매국정부라는 국민들의 눈길을 의식한 매국노의 안간힘이기에 안쓰럽다는 생각마저 든다.

아무튼 왕정위가 환도하기 위해 상해를 떠난다면, 군통 상해지부는 가장 큰 암살 목표물을 잃어버리는 셈이고, 76호는 76호 대로 그 과정에서 터질 수도 있는 의외의 불상사에 대비한 방어적 자세로 더욱 내부 감찰에 불을 켤 수밖에 없었다. 그런데 소리도 없이 미동도 없이 목숨을 걸고 진행되는 이 진검승부에서도 우리의 희망처럼 반드시 정의의 손이 올라가진 않는다.

1) 진삼재와 북극공사

날이 저물 무렵, 상해 서쪽에 있는 정안사길(靜安寺路, 지금의 남경서로南京西路)와 모이명로(慕爾鳴路: Moulmein Road, 지금의 무명북로茂名北路)가 교차하는 입구에 까만색 승용차 한 대가 멈췄다. 차에서 내린 깔끔하게 차려입은 신사들은 서둘러 길모퉁이에 있는 건물 앞에 선다. 곧이어 대문을 열어준 사람은 아주 조심스럽게 사방을 살피더니 이들을 들여보내곤 곧바로 문을 잠근다.

이곳은 상해에서 아주 유명한 북극공사(北極公司)인데, 외국의 냉장설비를 전문적으로 판매하는 곳이다. 하지만 겉보기엔 평범한 냉장고 회사이지만 군통 상해지부의 비밀거점 중의 하나였다. 방금 들어간 사람들은 모두 군통의 비밀특무라는 신분을 가지고 있었다. 그들이 한데 모인 이유는 매우 위험하고도 대담한 계획을 실행에 옮기기 위해서다. 계획이 성공하기만 하면 세상을 뒤집는 천둥소리와 함께 마귀들의 소굴, 76호를 일거에 끝장 낼 수 있는 거사였다. 하지만 이 계획은 착수도 하기 전에 이미 76호가 다 파악하고 있었다는 사실을 그들은 전혀 눈치 채지 못하고 있었다. 고위간부이지만 동료들 손에 체포되어 고문대 위에 앉은 제아붕은 잔혹한 킬러이지 의로운 열사는 아니었다. 한 차례 고문이 지나고 나자 그는 적극적으로 자신은 이미 군통과 접선을 했으며 76호와 74호 사이에 있는 작은 도랑에 폭탄을 묻으라는 지령을 받았다고 이사군에게 털어놓는다. 한 번 털어놓기 시작하자 목숨에 대한 애착 때문인지 알고 있는 모든 사실을 죄다, 그것도 적극적으로 불기 시작했다. 폭파계획에 대한 상세한 진술뿐만 아니라 한 무더기 사진 속에서 한 명씩 자신과 접촉한 인물을 짚어나가다가 마침내 사진 한 장을 들어 올렸다. 바로 진삼재(陳三才: 천싼차이)의 사진이었다.

제아붕의 진술 덕분에 도랑 속 폭탄은 제거되었으니, 모두들 지옥에서 빠져나온 기분이었을 게다. 하지만 이사군 마음속 깊은 곳에 진삼재는 악몽처럼 박혔다. 그리고는 새롭게 등장한 사냥감에 집착한다. 진삼재라는 이 사내는 도대체 누구지? 친일매국노와의 싸움을 들여다보면 인간사가 다 그런 것이거니 라고 하기엔 너무나 처절하고 처참한 군상들의 맨 모습이 그대로 드러난다. 삶과 죽음을 종이 한 장 차이로 가까이 두고 벌이는 첩보전에서야 당연히 온통 날 것으로 부딪치면서 배신과 협잡, 공작과 반(反)공작, 그리고 고문과 살인 등 음습하고 끔찍한 단어들이 난무하지만, 그 속에서 진삼재는 고결한 지사의 모습으로 우뚝하다. 잠시 그를 따라가 보자.

그는 1902년생으로 어려서 소주(蘇州)에 있는 원화학당(元和學堂)에서 수학했다. 남달리 매우 총명했던 그는 열네 살이라는 어린 나이로 '보송(保送)'이라고 불리는 학교의 추천제도에 따라 청화대학의 전신인 청화학당(淸華學堂)에 입학할 수 있었다. 1920년에 청화대학을 졸업하고 미국 유학길에 오른 그는 MIT에 버금가는 WPI(Worcester Polytechnic Institute)에서 전기공학을 공부하고, 학사와 석사과정을 순조롭게 마쳤다. 학교 다니는 동안에도 학생회 간부로서, 축구와 테니스 등에 발군의 실력을 보인 스포츠맨으로서, 그리고 졸업 후에는 당시 미국 최고 기업의 하나인 웨스팅하우스에서 근무하면서 전기와 냉장기술 분야에서도 최고 수준의 엔지니어로 성장한다. 여기까지 보면 좋은 환경에서 공부한 빼어난 여느 미국 유학생의 범주에서 크게 벗어나지 않는다. 그리고 1927년에 귀국한 뒤로도 냉장고 판매를 주업으로 하는 북극공사를 세우고 성공한 엘리트 사업가로서 승승장구한다. 당시 상해는 '자본주의의 실험실'이라는 세간의 평가에 걸맞게 돈 많은 매판자본가들과 거기에 유착된 계층이 거대한 연결고리를 형성하고 있었고, '공산주의의 보육실'이라는 호칭에 걸맞게 헐벗은 몸을 가릴 옷가지마저 변변치 못한 빈민계층도 골목마다 널려 있었다. 아무튼 냉장고의 수요는 매우 많았다.

진삼재 미국 유학생 출신 전기공학 엔지니어이자 청년 엘리트 사업가. 사업으로 큰 성공가도를 달리고 있었음에도 목숨을 내걸고 항일전선에 뛰어들었다가 공작 실패로 체포되어 결국 총살되었다. 지금도 청화대학 영웅열사로 칭송받고 있는 인물이다.

진삼재는 미국의 'Frigidare' 냉장고를 '弗里吉代爾(푸Fu리지따이얼)'로 음역한 중국상표로 판매를 독점하고 있었다. 당시 냉장고는 부의 상징이었으므로 부자들은 냉장고와 함께 에어컨·선풍기·모터 등 전기제품을 판매하던 북극공사를 찾지 않을 수 없었고 사업은 날로 번창했다. 3년 뒤인 1930년, 진삼재는 오랫동안 열애 중이던 유학시절 동창생인 백인 아가씨와 성대한 결혼식을 올리고 다음해엔 아들까지 얻는다. 하지만 그는 여느 재력가처럼 단지 부유한 생활에 빠져 살지는 않았다. 형편이 어려운 학교와 병원, 그리고 구호기관에 적지 않은 돈을 희사하는 자선사업가로서 명성이 높았으며, 특히 투철한 민족의식으로 침략자 일본에 저항하는 구국운동에도 매우 적극적으로 나섰다. 1932년에 일본이 상해를 침략하면서 일으킨 이른바 1·28사변 이후에는 좀 더 적극적으로 나서지만, 주로 자신의 사재를 터는 식으로 경제적인 지원을 아끼지 않는 방식을 취했다. 하지만 1937년 항일전쟁이 터지고 전선이 상해로까지 확대되자 10년 동안 평탄하고 부유한 생활을 영위해 오던 이 선비형의 청년엘리트 사업가의 인생에 극적인 전환이 마련된다. 즉 자신이 항일전선에 직접 뛰어들어 일본의 주구가 된 매국노를 직접 처단하기로 한 것. 그 전환의 계기는 한 사내의 예고 없는 방문으로 시작되었다. 그는 바로 군통국 상해지부장으로 새로 임명된 진공주였다.

2) 진공주의 재등장, 그러나…

여기서 잠깐 다시 군통으로 잠깐 눈길을 돌려 보자. 당시 진공주는 천진지부장으로 있다가 왕천목의 배반으로 쑥대밭이 돼 버린 상해지부를 재건하라는 임무를 받고 부임한 지 얼마 되지 않은 때였다. 거의 와해돼 버린 연락거점을 재건하기 위해선 좀 더 은밀하고 의심도 받지 않을 아지트가 필요했는데, 애국청년사업가로 알려진 진삼재와 접촉을 하고난 뒤 매우 특별한 점을 발견하게 된다. 즉 그는 사업가인데다 미국유학도 다녀온 젊은 과학인재라서 누가 봐도 사선을 넘나드는 비밀조직 군통과 연결 짓기란 어려울 거라는 것. 그만큼 적의 눈을 속이기 쉽겠다는데 의견일치를 본 둘은 바로 의기투합, 재빨리 북극공사를 군통의 특별 행동소조의 비밀거점으로 개조한다. 그리고는 왕정위 매국정권에 치명타를 가할 계획에 박차를 가하게 된다.

　진삼재의 작전 배치는 주도면밀했다. 첫 번째로 시도한 공작이 왕천목을 따라 76호에 투항한 제아붕을 매수하는 것이었다. 그 역시 군통 특무 출신이지만, 배반한 뒤 76호의 제2처 전문요원으로 근무하고 있었다. 진삼재는 제아붕이 내응해 주면 왕정위의 승용차를 저격해 암살할 계획이었다. 왕정위가 방탄 승용차를 타고 다닌다는 점을 고려해 대립은 진공주에게 철판도 뚫는 저격용 총을 진삼재에게 구비해 주라고 지시한다. 이 총은 발사하면 철판에 구멍을 뚫는 순간에 ㎠당 수 십 수 백 톤의 압력과 고온이 방출되는, 당시로서는 최신형 저격용 무기였다. 하지만 무기가 아무리 좋으면 무엇 하랴. 두 달 동안이나 비밀리에 왕정위의 차를 쫒으려 했지만 차 그림자도 보지 못한다.
　그래서 진삼재는 왕정위 주변인물 중 왕정위와 가까운 사람을 물색한 뒤 기회를 엿보는 것으로 작전을 바꾼다. 비밀리에 오랫동안 정탐을 하던 중 드디어 기회가 왔다. 진공주가 제공한 정보에 따르면 왕정위는 이전에 맞은 총알이 아직 척추에 한 알 박혀 있어 가끔 발작을 하는데, 그때마다 러시아 간호사를 부르는가 하면, 정기적으로 하비로(霞飛路)에 있는 러시아 진료소에서 치료를 받는다는 것이었다. 그래서 진삼재는 큰돈을 마다하지 않고 그 러시아 간호사를 매수해 기회를 봐 그를 독살할 계획을 세운다. 곧 그 간호사와 약정을 맺고 착수금을 지불하고 성사되면 나머지 약속한 잔금을 주기로 한다. 하지만 왕정위가 예정된 대로 진료소로 막 가려는 순간, 무슨 일인지 갑자기 진료소가 다른 곳으로 옮겨지는 바람에 독살계획은 또다시 수포로 돌아간다. 이 러시아 사람에 대해서는 또 다른 설이 있다. 즉 간호사를 포섭한 게 아니라 진삼재의 보디가드를 했던 러시아 사람이 있었는데, 보디가드 일을 관둔 뒤 76호에 들어가 일한다는 소식을 우연히 접한 진삼재가 그를 매수해서 왕정위를 암살하려고 했다는 것이다. 이바노프라는 이 사람의 이름까지 나온 것으로 보아 간호사 보다는 후자가 더 설득력 있어 보인다.

몇 개의 방안이 수포로 돌아간 뒤, 진삼재는 76호를 아예 직접 폭파해 버리기로 마음먹는다. 한편 이사군은 진삼재의 거점을 찾지 못해 골머리를 썩고 있을 즈음 예기치 못한 우연한 일로 전세가 완전히 역전돼 버린다. 위에서 언급한대로 76호의 끄나풀 노릇을 하던 이바노프라는 이름의 러시아인이 찾아왔는데, 그는 자신이 북극공사 사장 진삼재라는 사람한테 거액에 매수당해 왕정위를 독살할 기회를 엿보고 있었다는 것. 이를 들은 이사군은 76호 정치보위국장 겸 제1국장 만리랑(萬里浪)으로 하여금 일본 사복헌병들을 이끌고 가 소리소문 없이 진삼재를 납치해 오도록 한다. 며칠 후 갖은 고문을 당한 진삼재는 다시 남경으로 압송돼 심문을 계속 받던 중 1940년 10월 2일, 왕정위가 친히 사인한 '즉시처형'에 따라 총살형에 처해진다. 그때 그의 나이 불과 서른아홉이었다.

진삼재가 처형에 이르기까지 다음과 같은 일화가 하나 전해지고 있다. 자신에 대한 위해에 극도로 민감했던 왕정위는 범인이 잡히기만 하면 미수에 그쳤든, 예비단계에서 발각됐든 상관없이 일률적으로 즉시 사형재가를 내렸는데, 진삼재의 경우는 조금 달랐다. 즉 왕정위가 보기에 진삼재는 군통이나 중통의 전문적인 킬러도 아니고, 제법 명성이 있는 전기분야 전문가이자 청년실업가였으므로 직접 회유에 나서기로 한 것. 인재를 자기 옆에 두고 싶어 하는 것은 민족반역자도 예외는 아니다. 전향을 해 자신을 위해 일해 줄 것을 부드러운 말로 부탁하면서, 한편으로 이른바 배후인물 실토를 유도하자 진삼재는 큰 소리로 "나라의 도적은 사람이면 누구나 잡아서 죽이고 싶어 하거늘, 꼭 누가 지시를 할 필요가 있겠는가?"라고 당당히 응대한다. 가장 아픈 곳을 찔린 왕정위는 즉시처형에 사인을 한다.

애기는 좀 더 이어진다. 1942년 1월 28일, 전시 임시수도인 중경에서는 중경 청화대학 동문회를 중심으로 장개석·풍옥상(馮玉祥)·황염배(黃炎培) 등 국민당 최고위층이 참석한 진삼재 추도회가 열렸다. 장개석은 친히 강직하고 애국의 열렬함이 삼국지 명장 상산(常山) 조자룡(趙子龍, 즉 조운趙雲)과 나란히 할 만하다는 뜻으로 '열병상산(烈竝常山)'이라는 제사(題詞)를 써서 그를 추모하였다. 1945년 일본이 무조건 항복하고 얼마 안 있어 저명 작가이자 학자인 정진탁(鄭振鐸: 정전뚜어)은 그해 10월 20일에 출간된《주보(周報)》잡지 제7기에「진삼재」라는 제목의 글을 발표했는데, 요절한 젊은 애국지사에 대한 애통한 마음이 넘쳐난다.

"전쟁은 우리들에게 흑과 백을, 사악함과 올바름을, 충성과 간악함을 분별하게 해주었다. 전쟁은 사회의 쓰레기들을 가라앉게 만들었고, 맑고 새로운 사람들을 떠오르게 만들었다. 비록 그들 맑고 새로운 사람들은 희생당했으며 적지 않게 살해당했지만, 살아남은 자들은 모두 건국의 보물이 되었다. 아깝게도 진삼재 선생은 영원히 이 건국의 대업에 참여할 수가 없게 되었다!"

(戰爭使我們分別出黑與白, 邪與正, 忠與奸來. 戰爭使社會的渣滓們沉淪下去, 而使淸新的分子浮現了出來. 雖然那些淸新的分子們被犧牲、被殺害了不少, 而留下來的却都是建國之寶. 可惜的是, 陳三才先生却永遠不能參與這個建國大業了!)

진삼재가 민족적 자존심을 소중히 간직하고 애국하는 마음을 실천에 옮긴 것은 물론 추앙받아야 마땅하지만 그래도 그의 변신은 참으로 극적이다. 특수훈련을 받은 정보요원 출신도 아니고, 사회적으로 크게 성공한 청년엘리트 실업가가 그의 재력을 통해 단순히 후방지원을 하는 것도 아니고, 목숨을 걸어야 하는 한간응징의 직접행동인 암살과 폭파 등을 자임하고 나선 것은 일반인들의 사고(思考)를 뛰어넘는 매우 드문 일임은 분명하다. 이 극적 변신에 대한 그의 심경은 그가 총살되고 난 뒤 감옥에서 같은 방에 갇혀 있던 청화대 동창 서문기(徐文祺: 쉬원치)가 비밀리에 감춰 뒀다가 진삼재의 오촌 조카딸 탕정우(湯靖宇: 탕징위)에게 전한 유서에서 어느 정도 읽을 수 있다.

영어로 쓴 이 유서는 자신이 생활방식을 바꾸고 인생관 자체를 바꿔야 했던 심정을 진지하고도 절절하게 전하고 있다. "나는 거의 13년의 시간을 쓰고서야 알게 되었다. 한 사람의 행복은 자기가 소유하고 있는 바에 있는 것이 아니라, 다른 사람을 위해 봉사하는 데 있다는 것을…." 그에게 '다른 사람'이란 기꺼이 목숨을 바칠 수 있는 가치를 가진 민족과 국가를 말하는 것이리라. 청화대학 개교 90주년을 맞은 2001년 진삼재라는 이름은 '청화영웅열사기념비(淸華英烈紀念碑)'에 새겨졌다.

한편 야심차게 준비한 공작들이 연이어 참담한 실패로 끝나자, 부임한 지 얼마 되지 않은 군통 상해지부장 진공주는 큰 고민에 빠진다. 어떻게든 조직을 다시 재건하고 76호에 대한 회심의 일격에 나서야겠는데 실제상황은 더욱 수렁 속으로 빠져들고 있었다. 76호의 대대적인 반격이 시작됐기 때문이었다. 1941년 6월 28일 군통 상해지구 서기 유원심(劉原深: 리우위엔선)이 하비로(霞飛路)에서 배신자 주서원(周西垣: 조우시위엔)의 꾐에 빠져 76호에 체포됐는데, 그 뒤 상해의 비밀연락처 몇 곳이 계속 급습을 당하고 적지 않은 요원들이 체포된다. 그 중에서도 일본군을 가장 많이 격살한 제3 행동대대가 가장 참담한 경우를 맞는데, 대대장인 장안화(蔣安華: 쟝안화) 이하 60여 명의 조직원 중 단 한 명을 제외한 전원이 체포되는 횡액을 당한다. 적들은 더욱 기세가 올라 이쪽을 매수하는 한편 일본헌병대의 특수 정보조직인 특고과(特高課)는 76호와 긴밀한 협력 하에 군통조직과 요원들을 향해 샅샅이 훑는 저인망 수사로 좁혀 들어왔다.

여기서 잠시 특고과에 대한 언급을 안 할 수가 없겠다. 특고과는 본래 일본 내무성에 소속된 비밀경찰조직이나, 악명 높던 일본의 대중국정보공작 총책 도이하라가 중국에서도 그 조직을 그대로 원용하여 운영하였다. 이를 통해 도이하라는 이미 중국의 각 지역에서 광범위한 정보수집 활동을 벌였는데, 그 대표적인 것으로 '일본 흑룡회(黑龍會)'를 꼽을 수 있다. 이와 비슷한 조직이 친일반민족행위자로 창씨개명 1호인 송병준(宋秉畯)주도로 1904년 조선 땅에 설립된 '일진회(一進會)'이다.

자료에 따르면 중국에서 특고과의 고문으로 숨진 사람이 1697명이었다고 한다. 전후 처리과정에서 약 5000명의 조직원이 반(反)인도 범죄의 죄명으로 파면되었으며, 소속 하급경찰들도 모두 면직되었다. 하지만 특고과 출신관료들은 여전히 요직에 남았고, 국회의원이 된 자도 54명에 달한다고 한다.

3) 지공주의 투항과 한간들의 계산

아무튼 이렇게 점차 옥죄어 오는 76호와 일본의 압박에 맞서 신공주와 군통 본부에서는 아예 판을 바꾸는 작업에 돌입하기로 방침을 세운다. 즉 신분이 이미 노출됐거나 안전에 문제가 있는 것으로 판단되는 요원들은 지위고하를 막론하고 전원 상해를 떠나게 한 뒤, 후방이나 충의구국군(忠義救

國軍) 중에서 인원을 선발해 보충한다는 안이었다.

대립의 재가를 얻어 계획을 세워보니 전출할 인원은 약 500명 내외였고, 보충으로 들어올 인원은 거의 천 명에 가까웠다. 하지만 이 계획도 조금만 진행되었을 뿐인데 의외의 사건 하나로 모든 것이 틀어졌을 뿐 아니라 진공주 본인도 생사의 기로에 서게 된다.

1941년 10월 29일, 진공주는 한 통의 전화를 받는데, 전화를 건 사람은 공공조계의 감찰기능을 맡고 있는 독찰(督察) 직책에 있던 사람으로, 군통의 가장 중요한 정보선 중의 한 명이었다. 그는 진공주에게 중요한 기밀 하나를 알려준다. 일본 헌병대와 76호가 공조하여 공공조계의 2개 경찰서 수사진을 동원해 군통 상해지부의 정보요원 십 여 명을 체포했다는 것이다. 하지만 이보다 더 심각한 상황은 모든 기밀사항이 기록되어 있는 장부 몇 상자가 통째로 76호의 손으로 넘어갔다는 사실이었다.

진공주는 커다란 위기가 닥쳤음을 직감하고 그 길로 차를 몰아 신갑로(新閘路)에 있는 비밀통신처로 달려가 멀리 중경에 있는 대립에게 긴급전보를 띄운다. 이어서 그는 급하게 지역 서기인 제경빈(齊慶斌: 치칭삔)의 집으로 달려갔지만 거기서 기다리고 있던 이사군의 수하들보다 한 걸음 늦었다. 진공주는 제스필드 로드의 76호로 끌려간다. 거기는 얼마 전 폭탄설치 작전실패로 동지 진삼재가 아까운 목숨을 잃은 곳으로, 이번엔 진공주 자신이 포로가 되어 평생의 숙적 이사군 앞에 잡혀온 것이다. 앞으로 자신에게 어떤 일이 벌어질지, 어떤 운명이 기다리고 있을지 전혀 짐작조차 할 수 없었다.

진공주도 왕천목처럼 우대실로 '모셔졌다'. 며칠 동안 좋은 음식과 향기로운 차 대접을 받으면서 진공주는 이곳에서 살아나가려면 대가를 치러야 한다는 것을 차츰 깨닫게 된다. 군통의 핵심지부인 상해의 최고급 정보를 가장 많이 알고 있는 그는 이제 엄혹한 선택의 순간에 서게 되었다.

1941년 11월 28일, 《신신보(新申報)》와 《중화일보(中華日報)》에는 진공주 등 19명의 군통 비밀특무의 사진이 실린다. 당시 상해의 언론도 친일과 반일 신문으로 나뉘어 치열한 생존경쟁을 하고 있었는데 이 두 신문은 대표적인 매국 친일신문으로 꼽힌다. 군통의 비밀 정보조직 요원들의 사진이 공공연하게 신문에 실리다니? 그리고 기사에는 진공주 등 군통 특무들이 "이전의 잘못을 통절하게 깨닫고(痛悟前非)…." 운운하는 기사가 대서특필되어 있었다. 진삼재가 간절하게 원했지만 적 심장부에 묻힌 폭탄은 끝내 터뜨리지 못한 채 눈을 감았는데, 뜻을 함께 하고 가장 큰 도움을 주었던 동지 진공주는 이 혼돈 속에서 순식간에 가치관이 전도되어 목숨을 구걸하는, 그래서 이승에 남는 길을 택한다. 이사군으로서는 최대의 전과를 올린 셈인데 자기 손에 들어온 보물 진공주를 당연히 죽이지 않는다. 그의 이용가치를 헤아려 그런 것일 게다. 여기에 그들만의 생존계산이 숨어있었다.

여전히 삶과 죽음의 경계를 가늠하기 힘들었던 40년대 초, 끊임없이 둘 중에서 어느 것을 선택해야 하는지 고민에 직면한 양측 정보요원들은 또 다른 선택지를 놓고 심각한 고민을 하고 있었다. 특히 중통과 지난 2년 동안 죽고 죽이는 혈투를 벌여 최종승리를 거두는 듯 했지만 그것은 일시적인 것일 뿐, 손 안의 승리를 곧 죽음으로 맞바꿔야 할지도 모르는 76호의 한 간들에게는 여전히 가장 두려운 단어는 바로 '내일'이었다. 그들은 정보요원다운 예민한 후각으로 손 안의 승리를 훗날의 생존과 바꿀 수도 있지 않을까 하는 때 이른 계산을 하기 시작했다. 민족배반이라는 벗을 수 없는 콤플렉스를 떨칠 수 없었던 그들은 스파이 나름의 방식으로 생존법칙을 터득

해 가고 있었다.

1941년 12월은 매우 중요한 역사의 전환점이었다. 진공주가 이끄는 군통 상해지부를 궤멸시킨 뒤, 이사군은 소원대로 왕정위 괴뢰정권의 경정부장(警政部長)과 강소성(江蘇省) 성장(省長)이라는 두 개의 요직을 동시에 꿰찼다. 이로써 76호는 설립 이래 가장 화려한 한 페이지를 장식하는 듯 했다. 하지만 지금 와서 각종 사료가 얘기하고 있듯이 그 전 달인 1941년 11월 상순, 그러니까 군통 상해지부가 완전히 궤멸되던 무렵 요행히 살아남은 군통요원들은 일본군방면의 중요정보를 캐낼 수 있었다.

그 내용은 일본 제국주의자들은 이른바 '동아시아 성전(聖戰)'의 관건은 중국 땅에서 장개석 국민당 정권과의 싸움이나, 일본의 꼭두각시인 왕정위 정부의 역할에 달린 게 아니라, 일거에 미국을 격퇴시키고 진주만은 물론 말레이시아·싱가포르·홍콩까지 점령하는데 그 사활이 걸려 있다고 본다는 것이었다.

당시 이 정보는 대립과 장개석에게는 물론, 영국과 미국에도 전달되었다. 하지만 각국은 이 정보를 그다지 신뢰하지 않고 지나쳤는데, 곧이어 12월 8일에 일어난 일본공군의 진주만 공습으로 이 정보는 현실이 되었고 전쟁은 태평양으로 확대되면서 전체 판도에 커다란 변화를 예고하고 있었다.

◀ **뉴기니 상공의 일본공군 비행편대** 일본은 '대동아공영' 기치 아래 공영권 확대에 나서 1942년 여름부터 미얀마 점령을 시작으로 동쪽으로는 길버트 군도, 북쪽으로 알류산 열도, 남쪽으로 뉴기니와 솔로몬 제도까지 약 3,200만㎢를 점령해 들어갔다. 사진은 뉴기니 섬 상공을 날고 있는 일본공군 비행편대. 출처: Keith Tarrier / Shutterstock.com

V. 왕정위 정권수립과 처절한 항일

VI

그들의 마지막

Chapter Ⅵ 그들의 마지막

1. 오사보의 무모함과 그 최후

2. 이사군의 죽음
    1) 아메바 독
    2) 대립의 '이이제이' 공작
    3) 왕만운의 후일담

3. 왕정위 정부의 종말
    1) 청향운동
    2) 왕정위의 죽음과 남은 사람들
    3) 종전, 그리고 대심판

글을 마치며

그들의 마지막

1. 오사보의 무모함과 그 최후

　1941년 가을 어느 날 아침 7시쯤 되었을까. 금괴를 잔뜩 실은 장갑차 한 대가 건물 후문을 나와 천천히 일본인이 경영하는 정금(正金)은행으로 향하고 있었다. 그런데 출발한 지 얼마 안 돼 소형 장갑차 한 대가 쏜살같이 달려와서는 장갑차 앞을 가로 막았고, 동시에 길옆에 숨어 있던 괴한 몇 명이 장갑차를 향해 달려들었다. 그러자 재빨리 시동을 끈 장갑차 운전수는 열쇠를 뽑아들고는 그대로 달아나 버린다. 괴한들은 저 친구, 상황파악 한번 빠르군… 하며 장갑차 속으로 들어간다.

　그런데 장갑차를 다른 데로 옮기려 했지만, 꽂혀 있어야 할 열쇠를 좀전에 눈치 빠른 운전수가 뽑아가지 않았던가. 이 난리로 차도에 멈춰선 차들은 계속 경적을 울려대고, 빨리 자리를 뜨지 않으면 곧 일본헌병대에게 잡힐 상황이라 괴한들은 장갑차를 버리고 달아날 수밖에 없었다. 급보를 받고 달려 온 일본헌병대가 도착했을 땐 이미 괴한들은 그림자도 안 보였다.

일본인들은 잠시 어리둥절했다. 아니 일본헌병대가 삼엄하게 지키고 있는 일본식민지에서, 그것도 전쟁 중에 누가 감히 일본인의 금괴를 강탈하려 했단 말인가? 그러나 그들은 곧 한 명을 찍어낸다. 이런 짓을 할 놈은 딱 그 한 놈밖에 없다. 오사보(吳四寶: 우쓰바오) 같은 녀석 아니면 누가 이런 짓을! 그리고 곧바로 그에 대한 감시에 들어갔다. 그런데 이러한 상황이 이해가 되는지? 오사보는 76호의 경비를 담당하는 경위대장이 아닌가. 오사보가 아무리 평소에 겁 없이 막가는 놈이라고 해도 76호라는 기관 자체가 일본인들의 특무기관이나 마찬가지인데, 여기서 근무하는, 그것도 경비를 맡고 있는 놈이 아무리 재물에 눈이 멀었다 해도 언감생심 주인님의 금괴를 털 생각을 해? 어이가 없었지만 일본인들이 오사보를 찍은 건 정확했다.

그는 76호의 경위대장이 되자 부자들과 저명인사를 납치해 돈을 뜯어내는 등 오만가지 망나니짓은 다했다. 돈을 위해서라면 수단방법 가리지 않는 그의 이런 악행은 이미 공공연해, 상해에서 웬만한 사람은 다 알고 있었다. 하지만 그의 위세에 눌려 누구 하나 입 한번 뻥긋하지 못했다.

왕정위 정부의 친일 문인 김웅백의 회고록 『왕정위 정권의 시작과 끝』에서 오사보를 다음과 같이 묘사하고 있다. "특히 오사보는 상해사람들이라면 모두 이를 가는 놈이었다. 그는 원래 흑사회 깡패였는데 운전수 노릇도 했다. 글자도 얼마 알지 못했지만 당당한 체구로 아무리 덜나가도 80kg 이상은 나갔다. 강소성(江蘇省) 남통(南通) 사람이지만 북방 사람 같았다.… 강소농민은행 직원기숙사 집단총격살인 사건, 중국은행 시한폭탄 사건 등등 이 모든 게 그의 작품이었다. 76호에 체포된 그 누구도 그의 손아귀에 든 이상, 말 한 마디 못하고 일단 그가 내리치는 가죽채찍에 피가 철철 흐르도록 맞는 '위엄'을 맛보야만 했다."

상해의 모든 도박장은 오사보에게 이른바 보호비를 바쳐야 했는데 이에는 예외가 없었다. 그의 사부인 고흠보(高鑫寶: 까오신빠오)도 여도(麗都: 리뚜)라는 이름의 도박장을 개설했는데, 그는 오사보가 자기의 옛 부하였던지라, 아무리 그래도 어떻게 자기한테까지 상납을 요구할 수 있겠냐며 돈을 주지 않았다. 그랬더니 오사보는 두말 않고 옛 사부 고흠보를 그대로 죽여버렸다. 그의 이런 행위는 의리를 중시하는 청방(青幇) 홍문(洪門)으로 대표되는 흑사회 조직에선 있을 수 없는 하극상의 배반 행위였다.

오사보에게 지하세계의 검은 돈은 많이 들어왔지만, 그 욕망의 계곡을 다 채우기엔 어림도 없는 양이었다. 그래서 그는 일본인들이 황금을 다량 보유하고 있다는 얘기를 듣고 대담하게도 호시탐탐 이를 손에 넣을 기회를 엿보았다. 지금도 그렇지만 상해에서 관광객이 가장 많이 몰리는 곳은 외탄(外灘: 와이탄)이다. 그곳은 20세기 초 세계 건축물의 전람회장이라는 말을 들을 정도로 현재도 오래되고 중후한 높은 빌딩들이 줄지어 있다. 그중에서 3층 높이의 거대한 시계탑을 안고 있는 8층 건물을 본 적이 있으신지? 화강암과 갈색 벽돌로 지어진 이 빌딩은 1927년 초에 지어진 후 인상 깊은 시계탑 때문에 상해세관 큰 시계 빌딩이라는 뜻의 '강해관대종루(江海關大鍾樓)'로 불렸다. 백년 가까이 현대 중국의 영욕을 지켜본 이 유서 깊은 빌딩은 특히 '해관'이라는 이름에서도 알 수 있듯이 현대 중국의 세관주권을 두고 다툼을 벌이는 주 무대가 되었다.

일본인들이 점령하고 있던 그 당시에도 물론 일본의 세관역할을 하면서 수많은 거래가 이뤄지던 곳이다. 그런 이 강해관 건물에서 일본인 소유의 정금은행으로 금괴를 수송한다는 정보가 오사보의 귀에 들어간 것이다. 사실 강해관에서 정금은행까지는 거리가 매우 가까웠다. 하지만 일본인들은 사람들의 이목을 피하기 위해 장갑차를 강해관의 후문으로 몰고나와 사천로(四川路)를 거쳐 북쪽으로 갔다가, 다시 한구로(漢口路)로 꺾어 들어와 동쪽 외탄으로 들어가는 우회도로를 택했다. 그래서 오사보는 사천로에서 한구로로 꺾이는 곳에 부하들을 매복시켜 놓고 길을 막고 장갑차를 털려고 했던 것이다. 좋게 봐줘도 충직한 머슴에 불과한 오사보가 결국은 주인집 금고를 털려고 하자 일본인들이 어떻게 이를 그냥 놔둘 수 있었겠는가? 일본헌병대는 조사에 들어가자마자 곧 이 사건의 범인은 자신들이 76호에서 기르고 있는 맹견인 경위대장이라는 것을 밝혀낸다. 그래서 이사군에게 찾아가서 오사보를 당장 내놓으라고 통고한다.

일본인들의 계속된 압력에 이사군은 아무리 충견이지만 오사보를 내놓지 않을 수 없었다. "그래도 내가 일본사람들하고 의논했는데, 자네한테는 고문을 안 하기로 했어."라는 약속을 건네면서 오사보를 일본헌병대로 넘긴다. 상해 부자들을 공포에 떨게 했던 오사보는 이렇게 일본헌병대 감방에 갇히는 신세가 된다. 하지만 다른 수감자와는 달리 감옥에서 오사보는 꽤 대접을 받는다. 이사군의 말대로 고문도 당하지 않고, 매일 단독으로 식사를 하고, 체격이 워낙 좋아서인지 다른 죄수들과 섞여서도 억울하게 당하는 일도 없었다. 그런데 그를 달래서 일본헌병대로 넘긴 이사군의 속마음에 부하를 보호해야 한다는 의무감이 꼭 있었을까? 이에 대해선 왕정위 정부의 국민당 중앙사회부 부부장을 지낸 왕만운(汪曼雲)의 회고록을 참고할 만하다. "일본헌병에게 오사보를 데려가게 한 뒤, 이사군은 처음엔 속으로 고소하게 생각했다. 그는 '오사보가 저기 안 들어가면, 우리 76호도 언젠가 저 놈 손에 무너질 거야'라고 한 적이 있다. 그래서 이사군은 오사보가 꼭 죽었으면 하는 마음이었을 것이다."

이사군의 생각이 이해 안 가는 바는 아니다. 모두 민족반역자로 나섰지만, 공적으로 매국노 노릇을 잘해 출세하고 싶은 자가 보더라도 사적으로 자신의 이익을 파렴치하게 취하려는 자는 경멸스러웠을 테니깐. 그래서 자기 대신 처리해주겠다고 나선 일본인들이 속으로는 고마웠을 것이고.

그런데 한 달도 채 안 돼 예상 밖의 상황이 벌어진다. 이사군이 적극 나서서 보증을 서준 덕분에 오사보가 석방된 것. 속으로 꼭 제거해야 할 대상으로 꼽고 있던 오사보를 이사군이 사방을 뛰어다니며 꺼내주려고 애쓴 건 사실이다. 이사군의 설명을 들어보자. "76호가 창립된 것은 일본인들이 시행하는 '중국인에 의한 중국 통치'를 도와서 중국인을 감독하고 다스리기 위한 것이다. 지금 우리 일꾼이 문제를 일으켰는데 외국인인 일본인들이 손보게 한다면, 이건 우리가 너무 힘도 없고 체면도 안 선다는 걸 보여주는 게 아닌가 말이다." 그럴듯한 말이다. 그래서 이사군은 일본인들에게 당신들 무슨 요구가 있으면, 그에 맞춰 알아서 다 처리해주겠다는 약속을 하고 옛 부하를 넘겨받은 것. 그러면서 이사군은 오사보를 징역 3년에 처하되, 그를 소주(蘇州)에 사둔 양옥에 연금하기로 일본인과 담판을 짓는다. 그 양옥 밖에다 철창과 철문을 치고 바깥출입을 못하게 하는 조건이지만, 가족들과 함께 자기집에서 기거하는 게 무슨 징역살이인지. 그동안 사람 죽이느라 고생 많이 했으니, 집에 가서 잘 쉬고 오라는 말밖에 더 되겠는가. 오사보도 기꺼이 동의하고 오랜만에 자기집으로 돌아가 '법적 절차'를 밟기로 한다. 그런데 그가 자기집에 간 다음날 오후에 갑자기 죽었다는 소식이 전해진다.

즉 사신의 집에 도착한 그날부터 계속 토하고 설사도 멈추지 않더니, 이튿날 바로 숨을 거뒀다는 것이다. 사망원인은 곧 밝혀졌는데 일본인이 먹인 독에 당한 것이었다. 즉 그가 출옥하던 그날 일본인들이 마지막으로 준비했다며 송별식사를 내왔다. 밥도 있고 음식도 그럴듯했지만, 오사보는 곧

VI. 그들의 마지막

나갈 거라 별로 먹고 싶지 않다며 사양한다. 하지만 차린 성의를 봐서라 조금이라도 먹어 보라며 강권하기에 오사보는 마지못해 조금 입에 댄다. 즉 이사군과 담판할 때는 이사군의 체면을 세워주느라 오사보의 가택연금에 동의했지만, 오사보를 완전제거하려는 의도는 결코 포기하지 않았고, 송별 음식에다 독을 집어넣은 것이었다. 하지만 여기에 의문이 하나 안 들 수 없다. 오사보를 죽인거야 일본헌병대의 각본이겠지만, 이를 이사군이 모를 리가 없었을 터. 심지어 공모한 게 아닌가 하는 의구심마저 강하게 드는 대목이다. 평소에 너무 포악하고 단순무식한 오사보가 저러다가 더 큰 사고라도 치면 자신의 출세 길에 결정적인 걸림돌이 될 것이라는 것을 이사군이 우려하고 대비책을 생각했을 가능성은 차고도 넘친다. 또 일본헌병이 오사보를 '해결'하지 않았다면 자신이 나섰을지도 모른다는 평을 들었을 만큼, 공모 내지는 묵인의 가능성은 충분히 있을 것으로 보인다.

그러나 인간사라는 것이 본래 한 치 앞도 내다보기 힘들다. 막상 오사보가 비명횡사하자 그의 죽음을 어떻게 받아들였는지는 모르겠지만, 얼마 안 있어 이사군도 오사보와 매우 유사한 방식으로 죽음의 길로 들어서게 된다.

2. 이사군의 죽음

1) 아메바 독

1943년 9월, 소주(蘇州)에서 의외의 소식이 전해졌다. 거물 매국노이자 76호 특공 두목인 이사군이 일본군에 의해 독살 당했다는 소식이었다. 전해진 전말은 다음과 같다. 1943년 9월 6일, 이사군은 화중(華中)지역 헌병사령부의 특고과(特高科) 주임인 오카무라(岡村) 소좌의 초대를 받는다. 집

사람이 집에 간단하게 상을 차렸으니 함께 저녁이나 들자는 것이었다. 이사군은 별로 내키지 않았지만, 그 앞에서는 요즘 말로 '을(乙)'의 입장인지라 가지 않을 수 없었다. 그래서 소주의 자기집에서 상해로 와서 오카무라의 집으로 갔다. 소좌의 집은 외탄의 유명한 건물인 '백로휘(百老彙, Broadway)' 빌딩 안에 있었다. 먹음직한 일본식 요리가 식탁 위에 가득 차려져 있었지만, 이사군은 거의 손을 대지 않고 동석한 다른 사람 손이 간 음식만 조금씩 집어 맛을 보는 정도였다. 그렇게 어색한 시간이 흐르고 마지막으로 오카무라의 아내가 소고기 지짐을 한 접시 내어 오며 자신이 가장 자신 있는 요리이니 한 번 맛보시라고 권한다.

이사군은 노련한 정보요원답게 의심부터 들었다. 왜 나한테만 주지? 라고 생각하고는 함께 간 주임과장에게 먹으라고 건넨다. 그러나 이어서 부인이 세 접시를 다시 가지고 나오면서 말을 잇는다, 우리 일본사람은요. 홀수를 으뜸으로 치기 때문에 음식도 짝수로 차리지는 않는답니다. 그래서 우선 한 접시를 내오고 다시 세 접시를 가져온 거예요. 그러면서 고기 세 접시를 세 사람 앞에 각각 놓았다. 그러자 동석한 세 사람은 먹기 시작했고, 계속되는 칭찬과 함께 맛있다며 이사군에게도 맛보라고 연거푸 권한다. 이사군은 여전히 내키지 않았지만 할 수 없이 한 점 입에 넣는다….

그렇게 작은 연회는 끝났고, 이사군은 소주에 있는 자기집으로 돌아갔다. 그런데 이틀이 지나자 이사군은 자기 몸이 좀 이상하다는 걸 느끼는데, 이내 걷잡을 수 없는 설사와 구토를 하기 시작한다. 그리고 그 상태가 며칠 동안 멈추지 않더니 그대로 절명해 버린다. 증세가 작년에 갑자기 죽은 오사보와 거의 같았다. 죽고 난 뒤 그의 시신은 거의 어린애 크기(당시 기록에는 '원숭이 크기'라는 표현도 나온다)로 쪼그라들어 있었다. 김웅백의 회고록 『왕정위 정권의 시작과 끝(汪政權的開場與收場)』에서는 이사군의 죽음에 대해 다음과 같이 기술하고 있다. "이사군의 몸속에서 땀이 마치 비가 오듯 솟아나왔다. 황경재(黃敬齋: 황징자이)의 부인 김광미(金光楣: 진꽝메이)와 이사군의 부인 엽길경(葉吉卿: 예지칭)이 곁에 있었지만 새로 사온 몇 다스의 수건만 순식간에 흠뻑 다 젖었다.… 평소에 주치의 노릇을 하던 의사 저린손(儲麟蓀: 추린쑨)이 와서 다시 진찰했지만, 도대체 무슨 병에 걸린 것인지 알 수가 없어 약을 쓸 수도 없었다. 그래서 그저 링거를 꽂은 채 각종 수치만 기록할 뿐이었다. 만 하루를 그렇게 침대 위에서 뒹굴던 이사군은 몸속의 수분이 모두 빠져나간 뒤 눈을 감았다. 온몸이 조그맣게, 또 손발도 오그라들면서 수축되어 어린애 같은 모양으로 변하였다."

이사군의 구토물을 거두어 화학실험을 한 결과, 아메바(amoeba) 독으로 확진되었다. 이 독은 당시 일본만이 배양해 낼 수 있는 균으로 만드는데, 다른 어느 나라에도 없는 화학세균이었다. 이 독에 감염되더라도 한 동안 증세가 발현되지 않아 자각증세가 없는 상태가 지속되는데, 그동안 세균은 체내에서 기하급수적으로 증식되며, 약36시간이 지나면 고열과 구토·설사와 함께 심한 탈수증세가 폭발하듯이 나타난다고 한다. 미리 감염사실을 알고 해독 등의 조치를 취하면 살 수 있지만, 증세가 나타나면 이미 어떤 약도 효력이 없다고 전해진다. 이 균은 콜레라에 감염된 쥐의 오줌을 배양해 만드는데, 당시로서는 가장 강력한 살상무기로 전장이나 민간에 대량 살포되었다면 상상만으로도 끔찍한 재앙을 초래했을 것이다.

이쯤 되면 한 가지 집히는 것이 있지 않으신가? 그렇다. 이 균을 배양해낸 그 대단한 일본의 의학자들은 우리에게도 끔찍한 악마의 대명사로 알려져 있는 731부대 소속이다. 우리의 선열들도 그 야만적인 생체실험과 세균실험에 고스란히 노출된 것은 이미 상식에 속한다. 이제는 지나간 한때의 역사로 치부하고 둔감하게 받아들여질 때도 있지만, 새삼 몸서리쳐지는 반인도 범죄가 아닐 수 없다. 이 범죄 덕에 의학이 비약적으로 발전할 수 있는 발판이 마련되었고, 전쟁이 끝난 뒤 미국이 가장 탐내는 전쟁 노획물이 되었다. 그 덕분에 그들 상당수 군의관들은 전쟁이 끝나고도 처벌을 거의 받지 않았으며, 심지어 몇몇은 빼어난 의술의 선구자로 추앙을 받고 상도 받았으니 이런 역사의 아이러니, 아니 장난이 어디 있겠는가? 그래서 신은 없다.

다시 이사군이 죽던 그날로 돌아가 보자. 소주에 있던 이사군의 관저는 하늘 향기가 나는 작은 집이라는 뜻의 '천향소축(天香小築)'이라는 아름다운 이름을 가지고 있었다. 그 속의 악마, 이사군의 병세가 점차 걷잡을 수 없게 되자 가족들은 상해와 소주에서 명의란 명의는 다 불러들였는데, 그 명의들도 처음 보는 증세에 당연히 진단도 약도 처방할 수 없이 속수무책이었다. 그때 일본군 지역 군사단장이 이사군과 매우 가까웠는데, 일본철도병원 원장을 데리고 와서 진찰을 하게 했다. 그때 이 원장을 따라 '천향소축'에 왔던 간호사 우패분(尤佩芬: 요우페이펀fun)은 고령의 나이에도 당시를 생생하게 기억하고 마지막 장면을 증언하고 있는데, 흔히 알려진 내용이나 위 김웅백의 기록과는 약간 다르다. "이사군은 2층에 있었고 아래층에는 의사들이 아주 많이 와 있었어요. 양의사, 한의사 모두 있었지요…. 어쨌든 사망진단은 마지막 의사가 발급하는 것으로 낙착되었는데, 우리 원장님이 음식물 중독이라고 쓰신 거예요. 그러자 일본영사관 사람이 우리 원장님한테 다시 쓰라고, 음식물 중독이라고 쓰지 말라고 했어요. 그러자 원장님이 내가 사망진단서를 쓴다면 내 진단은 음식물 중독이라고 대꾸하듯 말했어요. 그리고 사람들이 이사군이 작게 쪼그라들었다 뭐 그런 말들을 했다는데 그런 일은 없었어요. 내가 갔을 때 그는 일어나 앉았고, 사람들이 나를 미스 우(尤)라고 소개도 했는걸요."

그녀의 증언을 지금 다시 확인할 수도 없어 정확한 사인을 확정짓기는 힘들지만, 대체로 세균에 의해 작게 쪼그라들어 죽었다는 말에 무게가 실려 있으며, 그에 대한 신빙성 있는 증언이나 기록도 더 많은 편이다. 아무튼 대(大)한간 이사군은 그렇게 자신이 가장 의지하면서 잘 보이고 싶어 했던 '일본 주인'의 손에 그렇게 온몸이 오그라들면서 죽어갔다.

일설에 의하면 앞서 같은 세균에 의해 죽임을 당한 오사보의 아내 사애진(余愛珍: 서아이전)이 남편을 죽인 자는 일본인들과 공모한 이사군이라고 믿고 자기 남편의 원수를 갚기 위해 독살했다고 하지만, 이는 일본헌병대가 이사군 살해혐의를 사애진에게 덮어씌우려고 퍼트린 말이라고 보는 설이 유력하다. 76호에 잡혀오는 여죄수들을 심문하고 고문하는 것이 사애진의 임무였다는 말이 있을 만큼 보통 여인이 아니었지만, 이 시기 사애진은 이미 위에서 말한 소설가 장애령의 남편 호란성과 남몰래 정을 통하고 있던 중이라 남편의 원수를 갚을 마음은 애당초 없었다고 보는 게 맞을 듯하다. 실제로 오사보가 죽은 직후, 사애진은 호란성과 동거에 들어갔지만 일본이 항복한 뒤 한간(漢奸)죄로 체포되어 징역 7년을 선고 받는다. 1949년 보석으로 출옥한 뒤 일본으로 건너가 1954년에 호란성과 결혼한다. 부부싸움이 그치지 않았으나 법적으로는 호란성의 마지막 아내가 되었다. 참으로 굉장한 남녀들이다.

다시 이사군의 사망 이야기로 돌아가 보면, 일본영사관이 사망진단서를 고쳐 쓰라고 요구한 사실은 숨길수록 더욱 퍼져나갔다. 얼마 지나지 않아 바로 며칠 전에 딱 한 점 먹었던 소고기 지짐이 거물 매국노 이사군의 목숨을 앗아간 것으로 진상은 밝혀졌다. 이 소식을 들은 사람들은 안도의, 혹은 통쾌함의 박수를 쳤지만 의구심은 가시지 않았다. 일본인들은 왜 그렇게 자기들이 애써서 길러낸 충견을 자기 손으로 죽였을까? 이에 대한 유추를 하기 위해서는 확대일로로 치닫던 당시 전황을 한번 살펴볼 필요가 있다.

1941년 12월 7일, 진주만 공습을 감행하면서 일본의 전장은 동남아시아와 서남태평양, 그리고 인도양까지 확대되었다. 때마침 그때 이사군도 왕정위 정부 안에서 권력의 정점에 올라있었다. 즉 이사군은 왕정위에게서 강소성(江蘇省) 주석을 겸임하는 임명장을 받았는데, 과거 이사군의 정치적 위치를 생각하면 대단히 파격적인 승진이었다. 왕정위 정부의 세력 범위 내에서 강소성은 가장 부유하고 가장 중요한 곳이었다. 그런 지역의 주석 자리가 이사군의 손 안에 굴러들어 왔으니, 그 세력은 전 방면에 거쳐 거침이 없었다.

그런데 인간성의 본질은 안 바뀐다. 자신의 권력이 커지면서 이사군은 정권 내의 각 정파를 아랑곳하지 않았는데, 당연히 왕정위 정권의 다른 고위층과의 갈등이 날로 격화될 수밖에 없었다. 그 중에서도 이사군과 가장 깊이 원한이 맺힌 사람은 또 다른 거물 매국노 주불해(周佛海)였다. 사실 주불해가 이사군에 앞서 경정부장을 지냈고, 다시 행정원 부원장 겸 재정부장(財政部長)을 지냈으니 직급으로 보아 이사군과는 비교할 수도 없는 고위직이다. 하지만 이사군은 한번도 제대로 그를 인정하지 않았다. 이에 대해서 왕만운(汪曼雲: 왕만윈)은 다음과 같이 회고하고 있다. "이사군이 경정부장이 될 수 있었던 것은 주불해가 사임하면서 그에게 자리를 양보했기 때문이었디. 그 대신 주불해는 차관격인 싱무사장 자리에 참모 누군가를 소개하고 싶어 했지만 이사군은 받아들이지 않았다. 그 뒤로도 이사군은 주불해를 아예 싹 무시하는 태도로일관했기 때문에 두 사람 간의 깊은 증오와 원한은 쌓여만 갔다."

2) 대립의 '이이제이' 공작

그리고 이사군에 대한 원한이 뼛속까지 가득한 또 한 사람, 중국식 표현으로 그를 제거해야만 베개를 높이 하고 잘 수 있는 사람-바로 군통 국장 대립(戴笠)이었다. 대립도 일찍이 부하들에게 무슨 대가를 치르더라도 이사군을 제거해야 한다는 명령을 내린 바 있지 않았던가. 하지만 그때마다 뜻을 이룰 수 없었는데, 1943년이 되어서야 드디어 기회가 찾아왔다. 하지만 그 기회는 군통이나 중통이 직접 만들었다기보다는 방금 보았듯이 일본인들이 대립의 소원을 대신 성취해 주는데 그럴듯한 각본을 잘 제공해 주었다고 할 수 있겠다. 즉 일본인들도 당연히 자기네 통치지역을 정치·경제적으로 안정시키고자 했지만, 그들이 보기에도 76호 특공총부를 필두로 하는 이들 무도한 세력으로는 결코 안정시킬 수 없겠다는 판단이 섰고, 이는 갈등의 출발점이 된다. 그리고 무엇보다도 애써 키운 충견 이사군이 갈수록 자기네들 말을 잘 듣지 않는다는 사실에 점차 이를 갈았다.

당시 일본인들이 통치하는 지역의 곡물유통은 철저하게 통제되고 있었는데 이때 상해에 때아닌 식량기근이 든다. 일본당국은 상황해결을 위해 이 지역의 곡물 유통권한을 쥐고 있는 이사군에게 식량통제 정책을 바꿔 강소(江蘇)지역의 식량이 상해까지 유통될 수 있도록 허용, 상해의 식량기근을 해결하라고 요구한다. 하지만 이사군은 계속 여러 핑계를 둘러대면서 식량을 상해로 판매하는 것에 동의하지 않는다. 이사군이 이렇게 일본주군의 말을 듣지 않을 수밖에 없었던 것은 그 나름의 고충이 있었다. 나쁜 놈들의 고충이란 게 뭘까? 이사군 손에는 이미 쌀이 없었다. 그럼 그 쌀은 다 어디로 갔단 말인가? 이사군은 강소 북쪽지역에 게릴라전을 펴는 유격대가 자주 출몰하는 탓에 식량사정이 상해보다 더 나쁘다는 걸 간파한 뒤, 이를 폭리 취할 좋은 기회로 여기고, 자기관리 하에 있는 식량을 여러 루트를 통해 그 지역의 암시장에 죄다 내다 판 것이었다. 이 같은 사실이 일본인들에게 알려지자 크게 분노하며, 더 이상 저 충견은 우리말을 안 듣는다고 확신하게 된다. 하지만 그는 이미 너무 커버렸다. 이사군은 흉악한데다 무장까지 한 특공요원을 대거 거느리고 있었으므로 그를 제거하는데 일본인들은 시종 매우 조심스럽고 신중할 수밖에 없었다.

하지만 이 무렵 일본군의 전선이 계속 확대되자, 군사물자 수요가 급속히 늘면서 일본 점령지구의 경제는 물론 군사물자 공급선도 막혀 원활하게 돌아가지 않고 있었다. 이러한 불리한 상황을 간파한 한간들은 그 틈을 파고들어 자기이익과 생존공간을 놓고 이전투구를 불사한다. 한솥밥을 먹던 그들이 기회주의자다운 면모를 유감없이 발휘하게 되는 계기는 1944년 새롭게 왕정위 정부에 떨어진 금속공출 명령이었다. '가능한 모든 금속 회수'–어디서 많이 듣던 소리 아니던가. 우리에게도 낯설지 않은 공출령에 따라 길거리에는 수시로 금속을 두드리고 펴는 소리가 들렸고, 사람들은 이웃지 못 할 블랙 코미디를 목도하면서 서서히 새로운 예감을 하게 된다. 전황에 어떤 변화가 있는 거구나, 일본사람들 이제 얼마 못 가겠구나…. 그리고 그 금속의 비명은 더욱 한간들의 불안감을 부채질하게 된다.

일이 점점 잘못 되어간다는 불길한 징조를 읽은 왕정위 정권의 한간들은 이제 퇴로를 찾는 데 골몰한다. 반역자들은 원래 그렇다. '성과'가 없는 것은 아니었다. 그 중에는 주불해와 정묵촌이 있었다. 사실 주불해(周佛海)는 일찌감치 1943년 초에 중경방면과 이미 비밀협상을 통해 살 길을 마련해두었다. 그래서 그 뒤 상해시장이라는 식책을 맡을 때도 중경 쪽에 의견을 구했고, 대립의 허가를 받은 뒤 취임한 것이었다. 시장 취임식에서 주불해는 장탄식을 감추지 않는다. "저는 능력이 아주 박약하고 환경도 아주 곤란하다는 것을 깊이 느끼고 있습니다."

Ⅵ. 그들의 마지막

계산에 능한 이사군 역시 대립을 향해 평화의 신호를 보냈다. 하지만 대립이 그렇게 쉽게 이사군과 맺힌 원한을, 그것도 단번에 녹여 없앨 수 있었겠는가? 그래서 중경방면에서는 오히려 주불해와 정묵촌, 이 거물 매국노가 진짜로 항일 쪽으로 뛰어들 성의가 있는지 시험하기 위해 이 둘에게 이사군을 죽이라고 한다.

당시 이사군을 제거하는 방법으로 상·중·하 세 가지 계책이 있었는데, 상책은 일본인을 이용하는 것이요, 중책은 왕정위 정부 내부에서 처리하는 것이요, 하책은 직접 암살하는 것으로 꼽았다. 그들은 논의 결과, 일본인들이 이사군를 제거하고 싶어 하는 심리를 이용, 일본헌병대가 나서서 제거하게 하자는데 의견을 모은다. 그리고 주불해가 직접 나선다. 일본 화중(華中) 헌병사령부 특고과(特高科) 주임인 오카무라 소좌를 찾아가 이사군이 남몰래 중국공산당과 왕래하고 있다고 알려준다. 주불해는 강소(江蘇)에서 이사군의 부패와 독직(瀆職) 꼬리가 길어서 일본인들도 그를 증오하고 있었으며, 거기다 공산당과 내통하고 있다는 죄명만 씌운다면 별 무리 없이 일본인의 손으로 그를 제거할 수 있으리라 계산했다. 그의 계산은 적중했다. 오카무라 소좌는 결국 만족할만한 대답을 꺼내 놓았다. 하지만 평생을 정보요원으로 살아온 이사군 역시 일본인들의 태도가 전과는 다르다는 것을 왜 눈치 못 챘겠는가? 1943년 9월 6일 그날, 오카무라 소좌가 저녁식사 초대를 하자 그 역시 나름 조치를 취하지 않은 것은 아니었다. 소좌의 집으로 올라가기 전에 경호원들에게 두 시간이 지나도 자기가 나오지 않으면 그대로 치고 올라와서 자신을 구하라는 명령까지 해둔 터였다. 하지만 3일이 지나야 온몸에 퍼지는 독이 발린 소고기를 대접받으리라고는 이사군인들 상상이나 했겠는가. 자기집에서 죽기 전, 고통을 못이긴 이사군이 총을 들어 자살할 생각도 했던 모양이다. "죽는 것은 겁 안 나, 근데 나는 평생을 비밀요원으로 살았는데, 일본놈들의 계책에 말리다니! 이건 내가 나한테 너무 미안한 일이야!" 사내답게 총으로 대결한 게 아니라 이렇게 속아서 죽는 것이니 속된 말로 쪽팔린다는 얘기가 되겠다. 매국 따위는 상관없고 나 이렇게 죽는 게 너무 자존심이 상한다는 것이 그의 마지막 말이었다. 가장 이사군 다운 말이 아닌가 싶다. 죽는 마당에 평생 동포에 죄를 지었는데 이제 조금이라도 참회를… 운운 했더라면 오히려 실망스러웠을 것 같다. 악인은 악인답게 살아생전 지키던 신조 그대로, 그래서 후회 없이 저 세상으로 가는 게 차라리 더 사내다워 보인다고나 할까.

이사군이 죽자 76호의 중간 보스들은 누가 그 자리를 차지할 것인가를 놓고 또 한 바탕 진흙탕 싸움을 벌인다. 하지만 떡 줄 사람 마음은 달랐다. 일본인들은 특공총부에 대한 대대적인 개혁작업을 단행한다. 즉 기존에 한 몸이었던 76호 조직을 몇 개의 독립된 부분으로 나눠 버린다. 그렇다고 요즘 말하는 '슬림화'를 통한 독립성 강화, 뭐 그런 것은 전혀 아니고, 자신이 키웠지만 덩치가 너무 커지고 사나와진데다 말도 잘 안 듣는 맹견을 죽이고, 다시 말 잘 듣는 애완견 몇 마리를 키우려는 작업이었다.

한때 하늘을 찌를 듯 위세를 떨쳤던 76호 특공총부는 이렇게 와해되고 만다. 아무리 권세가 하늘을 찔러도 내게 권력을 준 주인의 눈 밖에 나면 이렇게 속된 말로 '한 방'에 나가떨어지는 게 권력의 속성이다. 게다가 그 권력을 주인인 국민이 준 것도 아니고, 침략자에게 나라와 국민을 팔아서 챙긴 권력이라 그 끝은 그렇게 허망하기 마련이다.

3) 왕만운의 후일담
그리고 지금까지 중요사건에 대한 실상이나 속사정 등을 설명하는데 있어 여러 번 인용되었던 회고록의 저자 왕만운(汪曼雲: 왕만윈)에 대한 후일담을 간단히 언급하려 한다.

위에서 언급한 대로 76호 성립을 준비하던 이사군이 두월생과 연결하기 위한 선으로 처음 왕만운이 등장하는데, 그는 청방의 유력자로서 흑사회는 물론 변호사로서 공무원으로서 모두 성공적이었던 인물이었다. 그는 본래 장개석의 국민당 상해시 당부(黨部)에서 간부를 지냈지만, 왕정위가 하노이에서 상해로 돌아온 뒤인 1939년 9월부터 왕정부에 투항해 한간이 된다. 이후 왕정위 정권에서 중앙집행위원과 사회부부부장을 시작으로 사법행정부 정무차장을 거쳐, 1942년 행정원 정무위원과 1943년의 행정원 참찬(參贊, 일종의 고문)과 행정원 청향(淸鄕)사무국 국장 등의 요직을 두루 거친다. 그 사이에 이사군과도 연결되어 비밀결탁이 순조롭게 이뤄지면서 정묵촌과 이사군으로 연결되는 76호 특공조직과 왕정위의 한간집단을 연결하는 중요한 중개자가 된다.

일본이 물러간 직후, 체포된 그는 한간죄로 징역 15년을 선고받았으나, 1949년에 출옥한다. 하지만 1954년에 다시 체포되어 반혁명죄로 무기징역에 처해졌으며, 복역 중 1972년에 옥사한다. 복역 중 자신이 알고 있는 왕정위 집단의 죄악을 밝히고 자신의 죄를 반성한다는 뜻으로 『내가 알고 있는 왕정위 정보특공의 내막(我所知道的汪僞特工內幕)』이라는 책을 거의 비슷한 처지의 마소천(馬嘯天: 마샤오티엔)과 함께 썼다. 물론 감형 등의 혜택을 내심 바랬을 수도 있지만, 이 책은 위에서 인용한 이사군과 처음 만나던 날의 묘사 등등 당시 상황을 이해할 수 있게 하는, 내부인사가 쓴 제1차 자료로 손꼽힌다.

3. 왕정위 정부의 종말

1) 청향운동

1940년 11월 이래 일본조야에서는 앞으로 전 세계적으로 펼쳐질 장기전에 대비해 현재의 전쟁물자 보급정책을 전면 재검토해야 한다는 논의가 활발히 전개되었다. 실제로 1941년부터 이탈리아·독일·인도·태국, 그리고 홍콩 등지에서 일본으로 가던 물자수송이 전면 중지된다. 그러다 보니 중국은 땅덩어리 등 부동산 확보의 대상이라기보다는 일본의 전략물자를 공급하는 기지로 그 중요성이 더욱 부각된다. 이는 당시 식민지 한반도를 돌이켜 보면 우리에게도 낯설지 않은 장면이다. 지리적인 요인으로 우리가 당한 가혹한 수탈의 기억을 중국의 피점령지에 적용해 보면 그 고통은 그리 어렵지 않게 가슴에 와 닿을 것이다.

76호 특공총부에게도 긴급임무가 주어진다. 물자의 원활한 수송을 위해 일본 점령지의 치안을 강화해 보급선의 안전을 확보하라는 것. 한편 일본 군사령부에선 구체적으로 담당부서를 배치하고 해당임무를 부여하기 시작했는데, 대체로 정치와 경제, 그리고 사상 등 세 방면에서 점령지에 대한 감독과 감찰을 강화한다는 내용이었다. 일본군총사령부의 이러한 계획에 따라 상해에 주둔하던 일본군 제13군은 왕정위에게 '숙청방안(肅淸方案)'이라는 걸 내놓고 왕정권이 이 방안실행에 적극협조해 줄 것을 요청한다. 말이 요청이지 그냥 시키는 대로 하라는 강요나 다름없었으므로 왕정위로서도 선택의 여지가 따로 없었다. 게다가 일본의 계획과 정치적 영향력 확대를 노리는 왕정위의 야망이 이것에 자연스럽게 합쳐지면서 왕성위는 뇌레 석극적으로 지지한다는 입장표명을 한다.

일본인들이 말한 숙청방안의 구체적인 행동은 바로 '청향(淸鄕)운동'이었다. 이를 사전적으로 설명하자면, 일본은 중국점령지에서의 통치강화와 일본에 저항하는 혁명세력이나 항일무장을 소멸, 혹은 구축(驅逐)함으로써 점령지의 안정된 병참기지화를 노렸으며, 이를 위해 일본은 치안을 확보해 중국인을 자기들 마음대로 부리고 수탈하려고 시도한 정책이다. 일본과 《청향협정》까지 맺은 왕정위 정부는 1941년 7월 1일부터 '청향위원회'를 만들어 본격적으로 '청향운동'에 돌입하면서 왕정위가 위원장을, 진공박(陳公博)과 주불해(周佛海)가 부위원장을, 이사군이 비서장을 맡아 책임지고 지도하는 형식을 갖췄다. 우선 진행된 것이 '군사청향'. '군사청향'은 일본 점령지역에 침투해 있는 국민당과 공산당의 '신사군(新四軍)' 등 항일 무장세력을 뿌리 뽑는 게 그 목적으로, 전쟁수행 등 군사방면은 일본군이 책임지되 왕정위 휘하의 중국군대와 협력하고, 정치방면은 왕정위 정권이 책임지도록 했다. 그래서 '군과 정치가 함께 나아가며(軍政竝進)', '3할은 군사, 7할은 정치'에 중점을 둔다는 방침 아래 즉시 전개된다.

구체적으로는 하남(河南)·하북(湖北)·호남(湖南)지역을 포함하는 화중(華中)지역에 대한 통치를 강화, 항일 저항세력을 약화시키면서 일본군에게 원활한 보급을 제공하는 병참기지를 확고히 구축해 나가는 것이었다. 군대경험이라곤 전혀 없는 왕정위가 갑자기 군복을 입고 지역시찰을 나와 뭔가를 지시하거나 연설을 하는 현장사진이 제법 남아있는데, 이 시기 청향운동을 지도하던 때의 그의 모습이다.

이어서 진행된 게 '정치청향'인데, 집집마다 수색하듯 훑어서 신원을 확인하고 묶어둠으로써 통제효과를 극대화하려는 목적으로 신분증 발급제도를 완성한다. 이로써 항일지사 색출과 항일 무장세력 적발에 용이한 기본작업을 마친다. 옛날로 치면 '보갑(保甲)제도'에 해당하는 호구조사를 실시하고 주민증을 발급한 셈이다. 보갑제도란 송(宋)나라에서 지방치안 담당 민병제의 군비 절감과 군대강화라는 목적을 위해 시작된 호적관리제도로, 10호가 1갑(甲)이 되고, 10갑이 1보(保)가 되는 행정관리조직을 말한다.

그리고 세 번째 '경제청향'이 끝으로 남았는데, 왕정위는 경제개선을 명분으로 내건다. 하지만 이것은 위에서 말한 대로 조금이라도 더 강력한 수탈을 위해 주민들의 생산을 최대한 짜내는 방안이라고 말하는 게 더 적절하겠다. 이렇듯 군사적인 위협을 가하는 동시에 항일지사를 잡아 가두고, 대규모 수색을 통한 물자수탈이

군복 입은 왕정위 중국 내 치안확보와 원활한 수탈을 목적으로 한 일본 의도에 부응, 왕정위 정부가 1941년 7월부터 시작한 '청향운동' 시기 군대경험이 전혀 없는 왕정위였지만 현장지시나 격려 차 지역시찰을 나설 때 군복을 입었다.

공공연하게 이뤄지자 국민들 사이에선 이건 '청향'이 아니라 재물상자를 다 털어가는 '상자털기(淸箱子)'라는 불만이 터져 나온다. '청향'의 발음과 '淸箱'의 발음이 똑같이 '칭샹'인 것에 착안한 일종의 수탈정책에 대한 비아냥이었지만, 수탈당하는 인심이 그대로 반영된 민중의 소리라고 하겠다.

1941년 12월 7일, 마침내 일본군이 진주만 공습을 감행함으로써 태평양전쟁이 발발한다. 뒤이어 중국 침략 일본군은 상해·북경·천진 등지의 각국 조계지를 밀고 들어왔으며 홍콩까지 점령했다. 왕정위는 이틀 뒤 열린 고급 지휘관 소집회의에서 태평양전쟁의 목적은 아시아를 해방시키려는 역사적 사명을 완성하는 것이니, 중국은 일본과 한마음이 되어 아시아의 새로운 질서를 건설하는데 강력한 동반자가 돼야 한다고 역설하기도 한다. 1942년에서 1943년으로 넘어갈 무렵, 2차 세계대전의 형세는 중요한 전기를 맞이하고 있었다. 일본군은 이미 1942년 6월 4일부터 7일까지 벌어진

미드웨이 해전에서 참패를 맛보면서 진주만 공습을 시작으로 기세 좋게 시작했던 태평양전쟁에서 점차 수세로 몰리고 있었다. 미드웨이에서의 패배는 태평양에서의 주도권을 상실했다는 것이며, 이는 곧 서남태평양에서 미군의 궤멸적인 공격에 직면한다는 것을 의미했다. 이렇게 미국·영국과의 결전을 코앞에 두고 일본은 중국정책을 조정하지 않을 수 없게 된다.

일본은 1942년 말부터 1943년 초에 걸쳐 새로운 대(對)중국정책을 추진하기 시작했는데, 그 주요내용은 왕정위 정부를 좀 더 적극 지원함으로써 대외적으로 더욱 자주적이고 독립적인 이미지를 갖게 해, 왕정부가 관할하는 전체지역을 안정화시키는 것이 골자였다. 하지만 더욱 '안정시킨다'라는 말의 의미는 좀 더 순조롭게 경제수탈을 행하겠다는 말과 다름 아니다. 하지만 일본의 속사정을 들여다보면, 중국을 안정시키는 것은 이미 능력 밖의 일이었다. 일본이 미국과 영국을 향해 선전포고를 한 후, 미·영 등 서양에서 들여오던 전쟁물자와 생활필수품들의 수급이 모두 끊어져 버렸기 때문이다.

그래서 그 불똥이 왕정위 정부 쪽으로 튀었고, 왕정부는 일본요구에 그들의 물자부족을 어쨌든 메워줘야 하는 형국이 돼버린다. 그러니 왕정부가 통치지역에 가했을 경제통제 정책이 얼마나 가혹했을까는 불을 보듯 뻔한 이치. 그 결과, 수탈된 막대한 양의 농산물과 광물 등 전략물자들이 일본으로 실려 갔다. 그리고 통치지역에선 식량과 생활용품을 통제하면서 엄격한 배급제도를 실시한다. 청향위원회는 시간이 지나면서 영향력 범위를 점차 각 지역으로 넓혔지만, 최소한의 주민지지를 받아야 가능한 이런 운동이 성공할 리가 있겠는가. 우선 지역교통망을 다 봉쇄하는 바람에 물류가 멈췄고, 그것을 기화로 모든 물자가 왕정부의 손에 농단되면서 상해·

남경·항주·소주 등 대도시의 주민들은 기름 등 생활필수품은 물론, 쌀 등의 양식을 살 수 없어 극도의 혼란과 기아에 허덕여야 했다. 우리 할아버지 할머니들이 얘기하는 소위 대동아전쟁(태평양전쟁의 일본식 호칭) 때 조선반도가 온통 수탈당하면서 겪은 고생과 거의 판박이라 그들이 참혹하게 당했을 고통이 남의 얘기로만 느껴지지 않는 건 아직 청산되지 않은 우리네 역사 때문일까.

아무튼 중국인들이 물고기와 쌀의 고향이라고 자랑하던 강남에서는 매일같이 하얀 쌀이 트럭에 가득 실려 끊임없이 공출되는 장면을 그저 쳐다만 볼 수 있을 뿐, 한 공기라도 퍼서 밥상에 올리는 건 쉽지 않았다. 당시 주부들은 지정된 쌀가게에 달려가 배급되는 이른바 '호구미(戶口米)'를 싸우듯 사오고도 얼마 안 있어 곧 밥솥에 안칠 게 없다는 근심에 잠을 설쳐야 했다. 연속극《파친코》에서 쌀 한 줌을 보물처럼 아끼던 장면이 조선반도에서, 중국 강남에서 똑같이 연출되고 있었다고 보시면 되겠다.

하지만 다투어 쌀을 사와 봐야 두 달도 제대로 먹을거리가 안 되었다. 그럼 나머지 모자라는 쌀은? 우리에게는 '야매 쌀'이라는 일본식 말이 더 익숙하던가? 도리 없이 암거래 쪽을 기웃거릴 수밖에 없었다. 소위 암거래 쌀이란 개별적으로 시골을 뛰어다니며 쌀을 구해 도시로 밀거래하는 장사꾼이 파는 쌀이다. 그 쌀 밀거래꾼들도 생명의 위험을 무릅쓰고 뛰는 사람들이었다. 예를 들어 상해 교외의 농촌에 나가서 몰래 쌀을 사서는 옷 속에 쑤셔 넣거나 마대 자루나 바짓가랑이 속에 넣어 상해로 들어오는데, 그래봐야 몇 십 근밖에 갖고 올 수 없었다. 그나마 상해 시내 곳곳에 설치된 봉쇄선을 지나야 했는데, 그때마다 목숨이 왔다 갔다 하는 위험을 감수해야만 했고. 영화《색계(色戒)》를 보면 마지막 장면에 보석가게에서 이(易)선생 역의 양조위가 급하게 보석가게에서 도망친 뒤, 여주인공 왕가지(王佳芝: 왕지

아즈) 역의 탕웨이가 인력거를 타고 현장을 빠져 나가다가 길이 봉쇄되던 장면이 기억나시는지? 길 곳곳에 바리케이드를 설치하고 중국인의 몸을 수색하는 장면이 실감나게 나오는데, 이때 몸속에 숨긴 쌀이 발각되기라도 하면 몰수당하는 것은 물론 재수 없으면 목숨을 잃기도 했다. 이렇게 위험한 일로 생계를 꾸리는 밀매꾼을 당시 상해사람들은 '포단방(跑單幇: 파오딴빵)'이라고 불렀는데, 지금도 인천에서 위해(威海)나 연태(烟台)를 왕복하는 배를 타고 주로 농산물을 소규모로 거래하는 이른바 '보따리 장사'를 이렇게 부른다.

당시 왕정부 통치 하의 상해와 남경은 경제적으로 점차 헤어나올 수 없는 수렁 속으로 빠져들고 있었다. 당시 상해지역의 화폐유통 상황을 보면 일본군이 점령지에서 사용하던 군용권(軍用券)과 왕정위 정부가 발행한 중저권(中儲券), 그리고 장개석 국민당이 남경에서 이전에 발행한 법폐(法幣)까지 함께 통용되고 있었다. 이 시기 왕정부는 중앙은행인 저비(儲備)은행이 발행한 화폐인 중저권(中儲券)을 단일통화로 만들기 위해 국민당이 발행하던 화폐 법폐(法幣)를 사용금지 시키는 법령을 반포한다. 이 중저권은 '중앙저비은행태환권(中央儲備銀行兌換券)'의 준말로 왕정부의 중앙은행 격인 중앙저비은행이 1941년 1월 6일부터 발행해 강제로 통용시킨 화폐이다. 이 화폐는 이후 일본이 항복할 때까지 화중(華中)·화동(華東)·화남(華南) 등 광범위한 점령지에서 통용된다. 하지만 적절한 정책적 고려와 제약 없이 마구잡이로 남발하여 물가폭등으로 이어졌다. 여기에 상황을 더욱 악화시킨 것은 중저권과 같은 가치를 지니고 있던 일본군이 사용하던 군용권이었는데, 문제는 일본 점령지구에서는 이 군용권이 거의 무제한으로 발행되고 있었다는 점이다. 일본군의 군용권 남발은 불난 데다 기름을 끼얹는 꼴이었다. 그러다보니 걷잡을 수 없었던 점령지역에서의 인플레는 더욱 악화되었고, 그로 인한 경제적인 손실은 통계로 잡을 수 없을 만큼 막대하였다. 상해와 남경 등 피점령지 주민들은 급등하는 물가 때문에 한시도 두려움을 떨칠 수 없었다. 1944년 한 해만 해도 상해의 쌀값은 한 담(擔, 약 5말)에 5천 원에서 5만 원으로 10배 뛰어 올랐다. 전쟁 전에는 11원이었는데…. 그런데 왕정부는 이에 아랑곳하지 않고 일본의 전쟁소비를 메워주기 위해 금융을 손에 쥐고 가혹한 경제통제 정책을 실시해 대량의 농산물과 광물 등의 전략물자들을 일본으로 실어 나르기 바빴다.

그 와중에 왕정위는 1942년 5월, 같은 괴뢰국인 만주국을 방문해 만주국 '황제'로 신분이 바뀐 부의(溥儀: 푸이)를 배알한다. 아주 공손하게…. 왕정위는 젊은 한때 만주족 지배의 청나라를 엎어야 희망이 있다고 생각한 혁명가가 아니었던가. 그리고 자신의 혁명을 실현하기 위해 암살하려 했던 사람이 눈앞에서 자신을 맞아주고 있는 만주국 황제의 부친 애신각라 재풍이 아니던가. 비상시국의 역사는 가끔 이런 블랙 코미디를 연출해 훗날 호사가에게 얘깃거리를 남긴다. 1943년 1월 9일, 왕정위정부는 급기야 영국과 미국을 향해 선전포고를 하기에 이른다.

한편 일본군의 전선이 날로 확대됨에 따라 군수물자의 수요는 더욱 긴급하게 늘어난다. 위에서 언급한 대로 1944년에는 일본이 왕정위 정부에게 내린 모든 금속 회수명령으로 길거리 여기저기서 금속 두드리는 소리가 요란했는데, 귀 밝고 눈뜬 시민들은 점차 다른 조짐을 읽기내기 시작한다. 일본의 패망이 짐짐 다가오는 소리가 아닐까!

2) 왕정위의 죽음과 남은 사람들
1944년 3월이 되자 파탄의 징조가 서서히 모습을 드러낸다. 암살자로 몸을 일으킨 왕정위는 여러 번 암살목표가 되지만, 다행히 목숨은 구할 수 있었다. 하지만 그 흔적은 몸의 곳곳에 남아있었는데, 위에서 언급한 1935년 11월 1일, 국민당 4차 6중 전회에서 왕아초(王亞樵)가 보낸 자객 손봉명(孫鳳鳴)이 쏜 총에 무려 네 발이나 맞는 사건이 기억나시는지? 병원으로 이송 후 수술로 세 발은 제거했으나, 척추에 박힌 한 발은 끝내 제거하지 못했고, 오랜 시간 고통 속에서 여생을 보내게 된다. 수시로 발작을 하던 그를 일본사람들은 1944년 3월, 나고야 제국대학 병원으로 입원시킨다. 그러나 몇 달 간의 투병에도 불구하고 11월 10일, 그는 끝내 치료에 실패하고 일본에서 61세 나이로 생을 마친다.

결과적으로 그렇게 숨을 거둔 것은 그에게 행운이라고 해야 할 것이다. 훗날 민족반역자로 재판에 회부되는 수모도 안 겪었고, 그의 시신은 일본 정계의 엄숙하고 정중한 절차를 거쳐 중국으로 운구돼 속마음이야 다 다르고 복잡했겠지만, 부하들이 최고의 예를 다한 장례로 지난날의 상관을 보내줬기 때문이다.

왕정위의 사망원인에 대해 많은 사람들이 연상과 추측을 했지만, 지금까지도 거기에 무슨 음모가 있었는지 확실한 증거는 찾을 수 없다. 단지 당시 미군 폭격기의 동경공습이 시작되던 때라 병세가 위중한 왕정위를 난방시설이 안 되어 있는, 습기가 가득한 지하실로 거처를 옮겼기 때문에 거기서 폐렴에 걸려 결국 죽고 말았다는 것이 가장 유력한 추측이다. 누군가 이렇게 말했다. 주인인 일본인들도 자기 목숨 보전하기에도 막막했을 텐데, 누가 일개 꼭두각시의 생명 얘기를 꺼냈을 것이며, 누군들 새삼 다시 얘기할 가치가 있었겠냐고….

왕정위가 시신으로 돌아오자 남경 괴뢰정권의 관료들은 손문이 묻힌

중산릉(中山陵) 옆 매화산(梅花山)에 그를 안장한다. 나중에 누가 무덤을 파내고 시신을 불태우는 등 해코지를 할까봐 왕정위의 부인 진벽군(陳璧君: 천삐쥔)은 무덤 속을 콘크리트처럼 굳게 하는 흙인 응토(凝土)에다 특별히 5톤이나 되는 잘게 부순 쇠를 섞어 묘혈을 두텁게 구축한다.

노년의 진벽군 남편 왕정위를 친일로 내모는데 큰 역할을 한 20세기 최악의 여자 매국노. 일본항복 후 체포되어 상해 감옥에서 복역 중 1959년 67세로 병사하였다.

장례식에 참석한 사람들의 얼굴은 앞길에 대한 초조함과 낙담으로 수심이 가득했다. 왕정위가 죽고 난 뒤, 남경 괴뢰정권의 매국노들은 몹시 불안하고 당황해 하면서 마음을 다잡지 못했다. 왕정부의 2호 한간으로 꼽히는 진공박(陳公博) 같은 사람은 원래 왕정위가 대리주석을 시키려고 했던 사람이다. 그는 왕정위의 병이 깊었을 때 대리주석을 지냈으니, 왕정위 사망 후에는 '대리'자(字)를 떼야 했지만, 진공박은 두 글자를 떼어낼 수 없다고 고집을 부렸다.

그의 심복이 그 이유를 물어보자 "왕정위가 연출한 이 연극은 이미 사람도 떠났고 노래도 멈춤에 이르렀다. 그래서 내가 여기 온 것은 계속 이 연극을 연출하려고 온 게 아니라, 엉망진창이 된 이 판을 수습하러 온 것이라 마음이 매우 안 좋다!"라고 대답한다. 주불해도 이와 비슷한 말을 한 적이 있는데, 그가 1943년 이후에 쓴 일기에는 슬프다 괴롭다 슬프다는 말을 매우 많이 썼으며, 해는 기울고 갈 길은 머니 이제 방법이 없다고 쓰여 있다.

3) 종전, 그리고 대심판

1945년 8월 15일 일본 '천황'은 「정전조서(停戰詔書)」를 발표하면서

일본 항복조인식 날 '비행' 일본이 공식서명한 항복문서가 전달되는 중국에서의 항복의식이 1945년 9월 9일 남경 육군총사령부에서 진행되었다. 사진은 일주일 전인 9월 2일 일본 항복조인식이 거행되던 미군 미주리(Missouri)호 상공으로 비행하는 미 공군 전투기들.
출처: Everett Collection / Shutterstock.com

무조건 항복을 선언하였다. 이틀 뒤 진공박(陳公博)은 임시회의를 소집해 5년 5개월 동안 유지돼 왔던 왕정위 괴뢰정부는 이제 해산한다고 선포한다.

중광당(重光堂) 비밀회담에 일본대표로 참가한 적이 있는 이마이 다케오(今井武夫)는 후에 남경에 설치된 일본군총사령부 부(副)참모장으로 승진했는데, 바로 이 사람이 1945년 8월 21일부터 23일까지 호남(湖南)의 지강(芷江)에서 진행된 항복 절차 등 업무에 관한 협상에서 중국침략 일본군 사령관 오카무라 야스지(岡村寧次)를 대신해 참석한 자다. 이 자리에서 그는 일본항복을 기록한 첫 번째 공문서, 즉 공식문서 번호1호(中字第一號)가 되는 비망록의 수령증에 사인을 했으니, 중국을 삼키려는 음모의 기획자로 출발하여 결국 자기나라 일본의 패망을 목도하는 동시에 중국인의 '항전 8년' 최종승리에 있어서 적국의 증인이 된 셈이다. 1945년 9월 2일, 일본 외상인 시게미쓰 마모루(重光葵)가 일본을 대표하여 미국 군함 미주리호 함상에서 정식으로 항복문서에 서명을 하고 중국 등 전승국에 항복문서를 전달하였다.

이어서 7일 후인 9월 9일 오전 9시, 남경 육군총사령부에서 거행된 중국 전쟁지역에서의 항복의식에서 중국침략 일본군 사령관인 오카무라 야스지(岡村寧次)가 항복문서에 서명을 하여 중화민국정부 육군 총사령관 하응흠(何應欽: 허잉친)에게 전달하였다. 이로써 중국인들이 즐겨 입에 올리는 '8년 항전'이 공식적으로 중국의 승리로 막을 내리게 되었다. 그리고 그때부터 일본의 주구가 된 이들 한간으로부터 온갖 박해와 유린을 당했던 국민들의 성토 목소리가 들끓었으며, 도피하는 한간들과 해를 입은 중국인들의 고발과 신고, 추적과 체포 등으로 인해 중국 전역이 한동안 연일 시끄러웠다. 1945년 연말에 이르도록 민족반역자와 부역자 등 한간에 대한 재판이 준비되면서 이들이 등장하는 재판정은 온 국민의 초미의 관심사가 되었다.

화동지역의 경우 '중화민국국민정부', 즉 왕정위 정부의 수반인 왕정위는 이미 세상을 떠났으므로, 그의 수속이었던 거물 한간들에 내한 새판이 속속 열렸는데, 법정에서 한간 그들이 펼치는 치열한 자기변호와 자기비판 및 참회, 그리고 비굴함과 당당함 등의 장면들은 이를 지켜보던 법정 청중들은 물론 중국인들에게 울분과 함께 웃음과 박수, 야유와 고함을 자아내게 하였다. 일본이 물러가고 난 뒤, 새로운 장막으로 펼쳐지는 법정공방 이야기와 이들 한간 재판 그 뒷이야기는 별도로 기회가 되는 대로 좀 더 자세히 하기로 하고, 여기서는 동포에게 그렇게 잔인했던 76호의 두 괴물 중 이미 일본인에게 독살당한 이사군 말고 남은 한 명, 정묵촌의 최후가 궁금하실 것 같아 간단히 덧붙인다.

이듬해인 1946년 9월 정묵촌은 한간(漢奸), 즉 매국노 혐의로 체포되었으며, 곧이어 남경에서 재판을 받는다. 자신에게 더해진 한간죄상에 대해서 그는 모두 인정하지 않고, 시종일관 오히려 자신은 난관을 뚫고 국민당을 위해 막중한 임무를 수행한 공신이라는 주장을 굽히지 않는다. 사실 이 부분에 대해선 좀 더 세밀히 들여다 볼 필요가 있다. 즉 정묵촌이 한간행위를 한 것은 움직일 수 없는 사실이지만, 일본이 항복하고 1년이나 더 지나서야 체포된 사실부터 이 사이에 뭔가 곡절이 있었을 것이라는 직감이 든다.

위에서 잠시 언급한 대로 일본패망의 징조가 보이자 왕정위 정권에서 부역하던 거물한간들은 살 길을 모색하기 시작했는데, 물론 정묵촌도 그 중에 빠지지 않는다. 1945년 8월 일본이 항복할 당시 그의 직책은 절강성(浙江省) 주석이자 성(省) 보안사령이자 절강성 당부(黨部)의 주임이었다. 그런데 전쟁이 끝나자 일본패망 전부터 중경 쪽의 대립(戴笠)에게 들인 공이 주효했는지, 정묵촌은 중경의 위임서를 받아들고 방금까지 목숨 걸고 맞서 싸우던 국민당 군사위원회로부터 절강성 책임자(專員전원)로 임명받는다. 그리고 중경 측에서 던져준 이 직책에 정묵촌도 최선을 다해 임한다.

사실 기회주의자들은 변신하는데 시간이 필요하지 않다. 자신에게 이익이 된다는 확신만 서면 그야말로 순식간에 자신의 동지는 물론 가족까지도 팔아치우는 인간들이다. 그리고 그렇게 변신한 자들은 끊임없이 자신의 새로운 충성과 진심을 증명해야 하기 때문에 더욱 포악하고 집요하게 변한다.

우리 현대사에서도 부당하게 나라를 장악한 자들은 권력주변에서 맴돌던 기회주의자들이 아니었던가? 아무튼 항복선언 뒤 우왕좌왕하고 있는 일본인들을 설득해 공산당에 투항하지 않고 국민당에게 투항하게 한 것도 자신의 공로라고 그는 법정에서 계속 열변을 토한다. 즉 자기가 주관하던 요충지 절강성을 국민당이 접수할 수 있도록 한 것을 큰 공으로 내세우고 있었는데, 문제는 그의 주장이 객관적으로 상당부분 사실이라는 점이다. 이는 그의 한간재판의 쟁점이 되었고, 또 법정에는 국민당 고위관원이 대거 출두해 그가 일본과의 전쟁 말미에 국민당을 위해 상당한 공헌을 했음을 증언하기도 했다. 그러나 본인의 필사적인 자기변호와 많은 사람들의 도움에도 불구하고 최고법원은 최종적으로 '적국과 내통하고 본국에 반항을 도모한' 죄로 사형을 선고한다.

1947년 7월 5일, 사형 집행장으로 향하던 정묵촌은 안색이 창백해지더니 이내 땅바닥에 털썩 주저앉아 일어나지 못한다. 결국 그는 간수 두 명에게 질질 끌려 나간다. 현장에 있던 자의 전언으로는, 집행장으로 들어서다 문 앞에 잠깐 멈춰선 그는 이미 눈동자의 힘이 다 빠진 몽롱한 혼미상태였다고 한다. 평소에 살인을 직업으로 삼았던, 마귀소굴의 책임자답지 않게 유언도 유서도 남기지 못했다.

그런데 정묵촌의 사형에는 흥미 있는 이야기가 전해진다. 국민당 초기 정보기구의 창설과 육성에 빼놓을 수 없는 인물인 진립부(陳立夫: 천리푸fu)는 만년에 『성패지감(成敗之鑑)』이라는 제목의 회고록을 남겼는데 정묵촌의 죽음에 대해서도 언급하고 있다. 한 마디로 살 수도 있었다는 것이다. "정묵촌은 본래 안 죽을 수 있었다. 하지만 그가 병이 나자 의사에게 진찰받으러 감옥에서 잠깐 나왔는데, 나온 김에 현무호(玄武湖)를 유람하게 된다. 그런데 이 소식을 장 위원장, 즉 장개석이 알게 되었고 장개석은 버럭 화를 내며, '병났다는 놈이 현무호에는 어떻게 놀러 갔다는 거야? 이놈은 꼭 총살시켜 버려야 돼!'라고 소리를 질렀다."

노년의 장개석 1945년 일본 패망 후 국공내전의 전면전에서 패배, 1949년 대륙을 모택동에게 넘겨주고 대만으로 가서 마지막 하루까지 계엄 하의 총통 겸 국민당 총재로 절대권력을 행사하였다. 1975년 4월 5일 향년 87세로 사망.

진립부의 말대로라면 사형수가 호수에 놀러 갔다는 것인데, 상식적으로 이해가 잘 되지 않는 이 상황에는 보충설명이 좀 필요해 보인다. 그 무렵 정묵촌은 비록 사형선고는 받았지만 마음에 여유가 있었다. 이유는, 실제로 전쟁 말기에 국민당에 적지 않은 공헌을 했지만, 그동안 저지른 죄과가 웬만한 상해시민들은 다 알고 있을 만큼 컸기 때문에 국민여론을 감안해 일단 사형선고를 하되, 시간이 좀 지나면 석방하는 것은 물론 가능하면 다시 중용할 용의도 있다는 언질을 받았기 때문이다. 이런 언질을 할 사람은 중경에 있던 대립밖에 없는데, 대립 역시 장개석 위원장의 재가를 받고 보낸 약속이었다.

그러나 이는 전쟁 막바지에 절강성을 공산당에게 내어주지 않기 위한 국민당의 필사적인 공작의 한 과정이었고, 절강성을 손에 넣은 지금 정묵촌은 이용가치가 없어진 애물단지에 불과했다. 그러나 무엇보다도 정묵촌에게 치명적이었던 사실은 자신에게 결정적으로 유리한 증언을 해줄 수도 있는 대립이 1946년 3월 17일, 비행기 사고로 이미 이 세상 사람이 아니었다는 점이다. 그리고 매국노를 위해서 장개석에게 다시 말을 꺼낼 수 있는 사람은 아무도 없었다. 대립이 없는 마당에 모든 처신을 살얼음 밟는 듯해도 살아날까 말까한 상황에서 이 운 나쁜 매국노는 하필이면 현무호에서 국민당의 기관지 격인《중앙일보》기자에게 목격되었고, 다음날 중앙일보에 작지 않은 크기로 실린 기사를 본 장개석의 한 마디에 그대로 처형되고 말았던 것이다.

사실 일본의 침략시기에 동원되었던 모든 앞잡이 조직과 크고 작은 민족반역자들은 침략자들의 눈에는 이용가치가 있는 귀여운 소모품일 뿐이다. 평화니 민주니 하는 그럴듯한 구호를 내걸더라도 그들의 진정한 목적은 사리사욕을 채우는 데 있었으며, 이익을 내걸고 침략을 좀 더 편하고 효율적으로 하려는 침략자들의 계산과 이 속마음이 맞아 떨어지면 신속하게 지원도 받고 고관대작도 되고 이쁨도 받게 되는 것이다. 그리고 그 이용가치가 다하면 쓰레기처럼 버려지는 것이고…. 지금까지 본 이사군과 오사보(吳四寶) 등의 인생과 말로가 그것을 잘 웅변해 주고 있다. 아무튼 전쟁은 그렇게 끝났고 이제 남은 일은 민족반역자를 처단하는 일이다. 모든 중국인들이 숨죽이며 주시하는 가운데 한간 심판이 시작되었다.

1948년『중화연감(中華年鑑)』의 통계에 따르면 각 성(省)과 시(市)의 법원에서 1945년 11월부터 1947년 10월까지 처리한 한간 안건의 대략적 상황은 이렇다. 검찰이 심리 종결한 사건은 모두 4만5679건으로 이중 기소된 자가 3만185명이었으며, 이어서 기소 후 법원으로 넘어가 심리 종결된 안건은 모두 2만5155건으로 이 중 사형 369명, 무기징역 979명, 유기징역 1만3570명이었다. 이 숫자는 유기징역 이상 숫자에서『중화연감』의 1만4918명보다 약간 많은 1만4932명일 뿐, 같은 해 1월 5일 국민정부 사법행정부가 공표한 숫자와도 거의 일치한다.

왕정위 정권의 실질적 주인 왕정위는 일찍 병사하여 법정엔 서지 않았지만, 땅속에서 편안한 잠을 자지는 못했다. 1946년 1월 21일 저녁, 장개석의 명령으로 국민정부의 공병대가 150톤의 폭약으로 왕정위의 무덤을 폭파시킨 뒤 그의 시신을 꺼내 비밀리에 화장해 버린다. 훗날 사람들은 그의 묘지가 있던 자리에 정자 하나를 세워 휴식공간으로 만들었다.

손문의 아들로 당시 국민정부 부주석이던 손과(孫科: 쑨커)는 이 정자의 기둥에 대련(對聯)을 이렇게 썼다.

"적들은 스며들어 날뛰었지만(敵寇潛蹤)"
"산하는 옛 모습 그대로(河山如故)"

 글을 마치며

"한간에 대한 중국인의 저항과 심판을 우리에게 투영해 보고 지금까지도 숙제로 남아있는 역사문제 해결을 위한 타산지석으로 삼는다면, 그것으로…"

지금까지 20세기 최악의 한간(漢奸)으로 꼽히는 왕정위를 중심으로 그의 휘황했던 젊은 날, 전면적인 중국침략인 중일전쟁의 발발과정과 평화회담, 상해에서의 일본의 중광당 공작, 왕정위의 월남에로의 탈출과 암살기도, 국민당 정보기구 군통·중통과 왕정위 정부의 76호 간의 사생결단 혈투, 거기서 기억할만한 항일투사의 이야기 등을 풀어 보았다.

처음 이 글을 구상할 때는 한간들과 76호의 친일매국 행각과 응징에 나선 국민당의 군통과 중통의 반격 등 동족 간의 피비린내 나는 싸움을 옮긴 뒤, 이어서 일본이 항복하고 바로 열렸던 한간에 대한 심판 법정의 모습까지 그리고자 했다. 하지만 쓰다 보니 분량이 늘어나서 일본 항복 후의 재판 이야기는커녕 왕정위 정부가 정식으로 성립된 후 일본 항복까지의 5년도 자세히 다루지 못했다. 아쉽지만 뒤로 미룰 수밖에 없다. 뿐만 아니라

이 책에서 다룬 내용조차도 편폭의 제한과 전체 균형을 맞추느라 이미 서술한 부분도 결국 일부 삭제하고 넘어간 부분도 참 아쉽다.

예를 들어 장개석과 왕정위의 반목으로 인한 국민당 정부의 분열과 통합과정, 대립과 왕아초의 만남이 암살로 끝맺는 과정, 남경대학살, 서안(西安)사변, 화북(華北)자치, 안내양외(安內攘外), 왕정위의 탈출과정, 장개석일기, 남의사(藍衣社)와 연결되는 염동진의 백의사(白衣社), 하노이에서의 왕정위 암살미수에 대한 여러 설, 왕정위의 귀국과정, '중화민국유신정부'의 명확한 정의, 정빈여 체포과정, 일본에 의한 이사군 제거, 왕정위의 사망과정과 장례, 한간들의 구체적 친일행위 등에 관해서 적지 않은 자료가 있었음에도 간략히 줄이거나 아예 생략한 부분이 적지 않아 다음 기회를 기약할 수밖에 없게 되었다. 모두 필자의 미숙한 글쓰기 탓이니 이해해 주시기 바란다.

이 책은 학술적 탐구를 목적으로 시도된 글이 아니고 일본이 강점한 식민지에서 중국인의 매국행위와 이를 응징하고자 하는 저항이 있었으며, 결국 어떤 심판을 받았다는 이야기를 들려드리는 데 그 목적이 있었다. 그리고 이 글에 사용된 자료 역시 무슨 기밀문건이나 새로 발견된 자료가 아닌, 중국인들에게는 익숙한 이야기이거나 중국 사이트를 조금만 검색해 보면 알 수 있는 자료를 바탕으로 엮었다. 하지만 그러다 보니 오히려 사실관계나 학문적으로 다툼의 소지가 있을 수 있는 부분들, 즉 사건발생의 날짜부터 인과관계 파악이나 사건결과에 대한 분석에 이르기까지 여러 면에서 상세하게 논증해야 할 부분이 적지 않게 드러났다. 작게는 각주로, 크게는 학술논문으로 더욱 깊게 천착해야할 필요성을 느끼지만, 일반독자를 상정하고 대중적인 읽을거리로 쓴 글인지라, 엇갈리는 여러 설 중에서 필자의 판단에 따라 취사선택하여 단순하게 처리한 점을 양해해 주시기 바란다. 그리고 무엇보다 왕정위라는 인물을 어떻게 볼 것인가에 대한 문제에서 그를 친일한간으로, 혹은 판단미숙으로 자행한 실수로, 혹은 무자비한 일본의 침략에 중국민중을 구하기 위한 고육지책으로… 등 다양한 해석이 가능하지만, 필자로서는 한간이라는 비교적 간단한 자리매김으로 글쓰기를 했다는 점도 양해해주시기 바란다. 그래서 이 글은 일본이라는 외족의 침입에 맞서는 중국인들의 결사항전과 이와 정반대로 일본에 빌붙어 잔인무도한 만행을 저지른 한간들에 향한 심판을 우리에게 투영해 보고 새삼스럽지만 지금까지도 숙제로 남아있는 역사문제 해결을 위한 타산지석으로 보일 수 있다면 그것으로 족하다.

학문적 규명이 필요한 여러 쟁점에 대해서는 필자의 전문성이 부족하므로, 계속 해당분야 전문연구자들에게 가르침을 청하고자 한다. 좀 더 흥미가 있는 독자께서는 이 방면의 여러 전문 연구자의 논문을 참고하시기 바라며, 지면 관계로 일일이 논문 제목을 열거하지 않은 점을 양해해 주시기 바란다. 특히 배경한·분녕기·황동연 세 교수의 연구 성과는 주목할 만하며 또 논쟁적이다.

또 이 글은 우리나라에도 번역 소개된 바 있는 티모시 브룩(Timothy

Brook)의 『근대 중국의 친일합작』이 주장한 바, 중국인은 일본의 침략에 대부분 저항한 적이 없다는 견해와 대척점에 있지 않다. 중국 역대 왕조의 교체 중 평화적인 '정권교체'가 이루어 진 적이 거의 없었다. 선양(禪讓)을 했다는 믿기 힘든 오제(五帝)시대와 하(夏)나라 등은 차치하고, 굳이 하나 들자면 북위 우문태(宇文泰, 507-556)가 키운 무력집단인 관농집단(關隴集團)이 당나라 건국까지 70년 가까이 몇 개 왕조 탄생의 요람이 되면서, 결국 양(楊)씨의 수(隋)나라에서 인척관계로 얽힌 당나라의 이(李)씨 가문으로 정권이 넘어간 과정을 상대적으로 피를 덜 흘린 예로 들 수 있겠다. 그 밖에도 몇몇 예를 들 수 있겠지만, 역사연표 속에 촘촘히 박혀있는 왕조교체기 마다 대륙은 피로 가득하였고, 그 속에서 민초들은 때리면 맞고 죽이면 죽는 무력함 속에서 자신의 운명을 자기가 정할 수 없었다. 그런 점에서 20세기 초반의 대학자 양계초(梁啓超)가 중국인을 가리켜 육민(戮民), 즉 도륙하고 남은 백성이라고 부른 이 아픈 단어에 공감한다. 강대한 외적이 들어오자 아주 소수의 반역자들은 머리를 조아리면서 맛보지 못했던 권력과 부귀영화를 누리며 동족을 억누르는 길에 나섰고, 또 소수는 이들 매국노들을 향해 목숨을 걸고 총을 들었지만, 대부분의 민초들은 처자식을 부양하고 삶을 영위하는데 급급할 수밖에 없었을 것이다. 민초들은 그렇게 그렇게 살아나갈 수밖에 없었을 것이다.

우리도 노예 상태에서 벗어나는데 35년이나 걸리지 않았던가. 그런데 35년 동안 우리는 저항을 안했던가? 이는 어느 시기 어느 민족에게도 정도의 차이만 있을 뿐, 변함없이 혹은 마땅히 보이는 현상일 것이다.

그래서 우리는 시간이 지나도 그 어려운 선택을 한 소수의 지사들을 역사에 이름을 새기고 잊지 않고 받들어야 할 것이고, 동시에 소수의 매국노 역시 잊지 말아야 할 것이다. 그래서 땅도 넓고 인구도 많았지만 일견 이해하기 힘든 중국인들의 무기력함을 보고 티모시 브룩의 주장에 공감하면서도 그럼에도 불구하고 필연적으로 이런 사람들도 있었다고 소개하고 싶은 것이다.

맨 앞에서도 얘기했지만 일본의 침략을 마주한 우리에게도 희미한 옛이야기 같지만 광복 후 80년 가까이 지난 지금도 여전히 아물지 않은 상처로 남아있는 개운치 않은 마음을 작은 책으로 풀어보았다. 중국어문 전공의 비전공자로서 작은 소망하나 이루었다는 점에서 스스로 위로하고자 한다.

이제 내 손을 떠나면 더 이상 내 자식이라고 감싸거나 수정이나 가필을 할 수 없을 터, 독자 여러분의 많은 질정을 바란다.

PNA World
Publish (LAO·PH) Partner

pnaworld@naver.com으로 "똑똑"
독자 여러분의 삶이 곧 문화이며,
여러분의 일상이 곧 콘텐츠입니다.

중국친일
매국노

漢奸
(한간)

초판1쇄 인쇄	2023년 08월 08일
초판1쇄 발행	2023년 08월 15일

지은이 이강범

기획편집 허 윤
북디자인 김국현

펴낸곳 주식회사 피엔에이월드(PNA World Co., Ltd.)
출판등록 2016년 05월 23일
주소 서울시 강남구 영동대로 602, 6층 에이157호(삼성동, 삼성동 미켈란107)
대표전화 02-6227-3175 / 팩스 02-2273-4150
e메일 pnaworld@naver.com
홈페이지 http://www.pnaworld.com
전용Mall https://shop.pnaworld.com(Mall 브랜드 '일상이 곧 문화인 PNA Mall')

ISBN 979-11-91691-04-7 (03300)

- 지은이와의 협의 하에 인지는 생략하며 잘못된 책은 바꾸어 드립니다.
- 이 도서의 내용 일부나 전체 무단전재 또는 복제(재편집 또는 강의용 교재 등 포함) 및
  내지 '페이지 뷰'와 디자인 콘셉트에 대한 무단도용·복제를 금하며, 원할 경우
  주식회사 피엔에이월드의 사전동의를 얻어야 합니다.
- 본문의 등장인물 얼굴 캐리커처는 이강범 저자의 작품이며,
  표지 및 각 장 도입부(본문 앞 첫 페이지)의 고서 이미지와 각 장 첫 본문 위의
  책갈피 이미지 출처는 Shutterstock.com의 Gam-Ol, Tattoboo, Vdant85입니다.

* 책값은 뒤표지에 있습니다.